高等职业教育城市轨道交通运营管理专业系列教材
职业教育国家级精品在线开放课程配套新形态一体化教材

城市轨道交通运输设备的运用（第二版）

费安萍　姚琴兰　杨　恒◎主　编
沈俊娜　廖全蜜　陈木明◎副主编
周世爽◎主　审

中国铁道出版社有限公司
CHINA RAILWAY PUBLISHING HOUSE CO., LTD.

内容简介

本书是“十二五”“十四五”职业教育国家规划教材，紧跟城市轨道交通、城际轨道交通、普速铁路和高速铁路融合新业态，适应城市轨道交通智能运维发展趋势，集成国家级精品在线课程“轨道交通运输设备运用”教育教学改革成果和数字教学资源，是新形态活页式教材。本书内容包括线路车站及供电设备的运用、车辆设备的运用、通信信号设备的运用、车站机电设备的运用。本书主要特色是项目导向、任务驱动，“岗课赛证”融通；适应学生自主学习，推进教学改革；校企合作、产教融合，专家大师示范，系统集成数字资源。

本书适合作为高等职业教育城市轨道交通运营管理专业教材，也可作为轨道交通运输岗位职工培训书。

图书在版编目（CIP）数据

城市轨道交通运输设备的运用 / 费安萍，姚琴兰，杨恒主编. -- 2 版. -- 北京 ：中国铁道出版社有限公司，2024. 9. --（高等职业教育城市轨道交通运营管理专业系列教材）. -- ISBN 978-7-113-31332-6

Ⅰ. U239. 5

中国国家版本馆 CIP 数据核字第 2024601YX2 号

书　　名：城市轨道交通运输设备的运用
作　　者：费安萍　姚琴兰　杨　恒

策　　划：李中宝　　**编辑部电话：**（010）83527746
责任编辑：李中宝　李学敏
封面设计：崔丽芳
责任校对：苗　丹
责任印制：樊启鹏

出版发行：中国铁道出版社有限公司（100054，北京市西城区右安门西街 8 号）
网　　址：https：//www.tdpress.com/51eds/
印　　刷：北京联兴盛业印刷股份有限公司
版　　次：2020 年 10 月第 1 版　2024 年 9 月第 2 版　2024 年 9 月第 1 次印刷
开　　本：787 mm×1 092 mm 1/16　**印张：**16.25　**字数：**413 千
书　　号：ISBN 978-7-113-31332-6
定　　价：72.00 元

第二版前言

本书基于城市轨道交通和城际轨道交通站务系列岗位的运输设备运用方面的真实工作任务开发，是职业教育国家级精品在线开放课程“轨道交通运输设备运用”教学专家团队与广州地铁、深圳地铁、中国铁路广州局集团有限公司等轨道交通头部企业近30年地铁站务和铁路运输订单培养合作的成果，系高等职业教育轨道类项目任务式编写体例教材。本书第一版自出版以来，受到国内高职院校城市轨道交通运营管理专业师生的欢迎，先后评为教育部“十二五”“十四五”职业教育国家规划教材。

我国广州、深圳、北京、上海等城市地铁现已迈入特大线网运营时代，日均客流量和客流强度居世界前列；2020年3月我国颁布《中国城市轨道交通智慧城轨发展纲要》，为城市轨道交通智能运维明确了发展方向和具体实施办法；2020年11月广州地铁集团正式接管设计时速200 km的广清城际轨道交通运输管理业务，开启城际轨道交通公交化运营以及城市轨道交通、城际轨道交通、普速铁路和高速铁路融合新业态。当前快速发展的新形势对城市轨道交通技术技能型人才素质提出了新要求，教材第一版的内容和形式已经不适应当前人才培养的需要，急需更新。本书在第一版的基础上，适应结构化、模块化专业课程教学要求，以轨道交通企业真实生产项目、典型工作任务为载体组织教学单元，融通“岗课赛证”要求，配套国家精品在线课程，是适应线上线下混合教学模式的新形态一体化教材。本书特色如下：

1. 项目导向、任务驱动，“岗课赛证”融通

重构“轨道交通运输设备运用”课程结构，将线路、车站、车辆、牵引供电、信号、联锁、闭塞、通信、车站机电设备等九大设备真实运输生产工作任务，归类为四大运输设备运用项目、17个任务，实施项目导向、任务驱动教学，开发项目、任务编写体例式教材；融入全国职业院校技能大赛高职组“城轨智能运输（赛项编号：GZ071)”竞赛、城市轨道交通站务“1＋X”技能考证，实践“岗课赛证”融通。

2. 适应学生自主学习，变革教材结构，深入推进线上线下混合教学模式改革

针对17个任务，结合高职教育教学规律，采用真实案例进行“情境导入”，提出技能、知识、素质三维的“学习目标”，结合线上数字资源开发“学习地图”，以PDCA理念提出六大学习活动（自学资讯、计划与决策、任务实施、检查与评价、反馈与改进、完善与拓展），科学系统梳理每一任务必须具备的理论知识和程序性知识等“相关知识”，结合主流技能大赛、行业最新技术开发的“巩固与提高”“前沿技术”模块，以教材结构改革服务教学模式改革。

第二版前言

3. 校企合作、产教融合，专家大师示范，系统集成数字资源

本书由“双高校”广州铁路职业技术学院国家骨干专业——城市轨道交通运营管理专业带头人费安萍教授与广州地铁运营总公司车务八部杨恒副总经理领衔编写，校企共同组建由车务、机务、电务、工务、车辆检修、供电专业领域的教学专家与技术专家组成的编写团队，紧紧围绕轨道交通头部企业主流运输设备，将九大运输设备从设备组成、设备参数、设备功能、生产设备操作、设备工作原理、设备技术发展历程六个维度分析、拆解、归类为55个学习重点和难点，由国家级课程教学团队开发55个重难点微课精讲教学视频，相关地铁技术专家开发企业标准实操视频。

全书由广州铁路职业技术学院费安萍、姚琴兰和广州地铁运营总公司车务八部杨恒任主编；广州铁路职业技术学院沈俊娜、廖全蜜和广州地铁运营总公司车务八部陈木明任副主编。具体编写分工如下：沈俊娜、费安萍、何红编写项目一，姚琴兰、陈木明编写项目二，费安萍、曾险峰编写项目三，杨恒、廖全蜜编写项目四，全书由深圳地铁集团有限公司周世爽主审。

书中参考引用了国内外有关从事城市轨道交通研究的专家、学者的著作，在书末列出了主要的参考文献，在此我们表示衷心的感谢。

由于时间关系及编者水平有限，书中疏漏和不妥之处在所难免，敬请读者反馈，以便今后修订和完善。

编　者

2024 年 2 月

目　录

项目一
线路车站及供电设备的运用

项目二
车辆设备的运用

项目三
通信信号设备的运用

目 录

项目四

车站机电设备的运用

项目一 线路车站及供电设备的运用

项目综述

城市轨道交通运输设备包括线路和站场、车辆和牵引供电、信号和通信、车站其他机电设备(自动售检票系统、火灾自动报警系统和自动灭火系统、安全门、环境与设备监控系统、通风与空调设备、给排水及消防设备、防淹门、自动扶梯和电梯、门禁系统、综合监控系统等),是城市轨道交通正常运营的生产设备,是运输生产安全和运营效率的技术保证。其中线路、车站、车辆、牵引供电等是列车运行的基础设备。通过本项目的学习,使学习者对城市轨道交通的线路设备、车站、牵引供电系统的设备组成、技术参数、设备功能、设备操作、设备工作原理及技术发展历程有较全面的了解。

学习本项目要求掌握线路的分类、组成、限界、线路标识等,了解线路平面及纵断面对列车运行的影响,能计算线路换算坡度;熟悉单开道岔的组成和功能并能按作业标准人工转换道岔;明确城市轨道交通车站的分类,剖析常见车站的功能和结构;了解城市轨道交通供电系统,对轨道交通列车牵引电能获得和车站低压配电和照明有基本认知。

任务1 辨识线路及其标志

情境导入

日常乘坐地铁或高铁时,有没有注意线路有哪些重要组成部分?请看图联系自己的乘车体验,谈谈下列三种不同轨道交通线路表达方式的异同。

(1)某城市地铁线路轨道见图1-1。

图1-1 某城市地铁线路轨道

（2）某地铁车站线路平面布置图见图1-2。

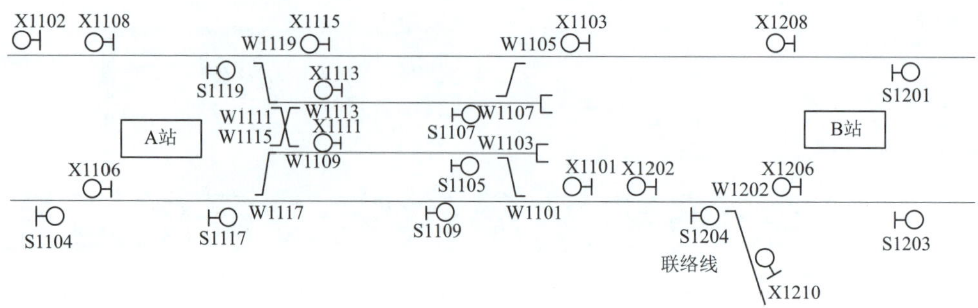

图1-2　某地铁车站线路平面布置图

（3）某地铁隧道区间线路图见图1-3。

图1-3　某地铁隧道区间线路图

学习目标

技能目标

（1）能测量轨距、线间距等静态线路几何尺寸，观测线路水平、高低及爬行情况。

（2）能判断线路平面及纵断面对列车运行的影响，并能计算线路换算坡度。

（3）能正确识别线路标志。

知识目标

（1）了解轨道交通线路的分类、组成、参数及作用。

（2）了解各类线路标志的含义。

（3）理解限界的含义及作用，理解线路中心线的含义，理解线路平面、纵断面的组成及作用。

素质目标

培养吃苦耐劳、认真细致、实事求是的职业精神和工作态度。

任务作业单

为完成以上技能、知识和素质目标，本任务作业单见表 1-1。

表 1-1　任务作业单

序号	任　　务
1	辨识线路及其主要组成部分，说出主要组成部分功能
2	辨识线路常见标志
3	在直线地段、曲线地段、道岔区段进行静态线路轨距、线间距、曲线加宽、外轨超高等几何尺寸检测
4	直线地段线路爬行观测

学习地图

读者可自主学习参考智慧职教 MOOC 学院平台国家级精品在线开放课程“轨道交通运输设备运用”项目一任务 1 辨识线路及其标志。课程学习地图如图 1-4 所示。

图 1-4　课程学习地图

自学资讯

1. 本任务的两种自学方式

(1)在图 1-4 中的“新知学习”模块学习。

(2)扫描二维码学习。

轨道交通线路的分类

轨道的组成及作用

线路的标志

限界

线路的平面

2. 重要知识点

(1)线路组成。

(2)线间距。

(3)线路标志。

(4)线路限界。

(5)使用轨距尺测量轨距。

计划与决策

(1)针对不同种类的轨道交通线路，学习线路的组成、线路标志、线路爬行和水平状态。

(2)检测直线地段、曲线地段及道岔区段三种情境的轨距、线间距、曲线加宽、外轨超高等几何尺寸，明确各人任务职责，完成任务实施计划。

(3)形成决策意见，实地考察和检测线路相关技术参数。

任务实施

以小组为单位，实地考察轨道交通线路，并在本书配套实训指导手册完成以下训练：

(1)分别选择一条城市轨道交通线路、城际轨道交通线路或铁路线路，实地考察线路的组成、线路标志。

(2)分直线地段、曲线地段及道岔区段三种情境，测量静态线路轨距、线间距、曲线加宽、外轨超高等几何尺寸。

(3)观测直线地段线路爬行和水平状态。

相关知识

一、线路

1. 线路组成

城市轨道交通线路简称线路，它是由路基(或桥隧建筑物)和轨道组成的一个整体工程结构。轨道是由钢轨、轨枕、联结零件、道床、道岔和其他附属设备等不同力学性质的材料组成的构筑物，如图 1-5 所示。为了使列车能按规定的速度安全、平稳和不间断地运行，线路各部件必须经常保持完好状态，以确保能够质量良好地完成旅客运输任务。

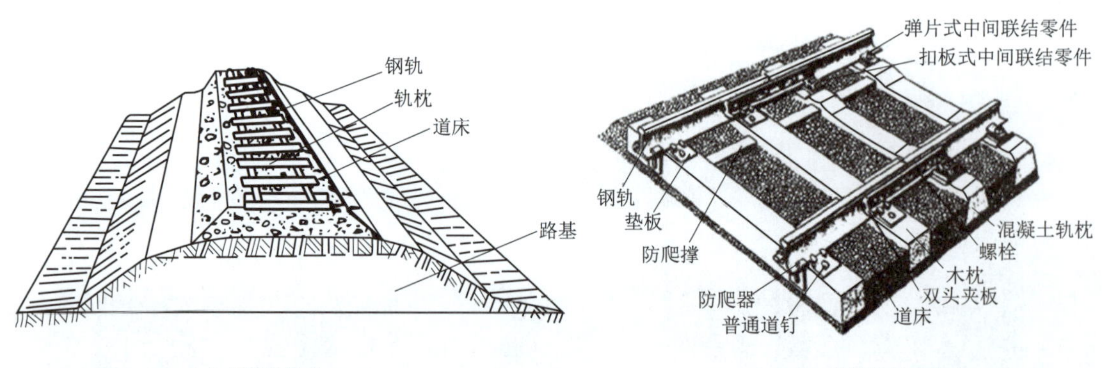

(a) 线路的组成　　(b) 轨道的基本组成

图 1-5　线路和轨道的组成

一般地，城市轨道交通线路分为正线、配线(包括联络线、渡线、临时停车线、折返线等)和车场线。正线为上下行双线设计，列车运行方向按右侧(或左侧)行车，车站两端端墙内方为站内，相邻两车站端墙之间为区间。

路基是铺设轨道的基础，它直接承受轨道的压力，并将其传递到地基。路基状态如何直接关系到线路的质量，影响行车速度及行车安全。路基有两种基本形式，即路堤和路堑，如图1-6所示。垂直线路中心线的路基横截面，称为路基横断面。路基的形式共有6种：路堤式、路堑式、半路堤式、半路堑式、不填不挖式、半堤半堑式。

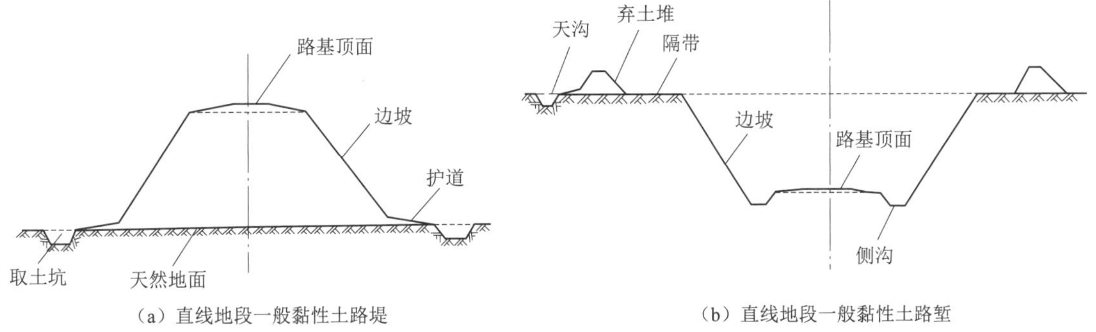

(a) 直线地段一般黏性土路堤　　(b) 直线地段一般黏性土路堑

图1-6　路堤和路堑

2.轨道的组成及各部分的作用

现代的轨道通常用两根专门轧制的工字形截面的钢轨固定在轨枕上而形成。轨道是一个整体性工程结构，经常处于列车运行的动力作用下，其作用为直接承受车轮传来的巨大压力，并把它传给路基及桥隧建筑物，起着机车车辆运行的导向作用。轨枕一般横向铺设，用木材、钢筋混凝土或钢材制成，通过道床将荷载传递到路基上去。

(1)钢轨

钢轨由轨头、轨腰和轨底三部分组成，钢轨断面如图1-7所示。

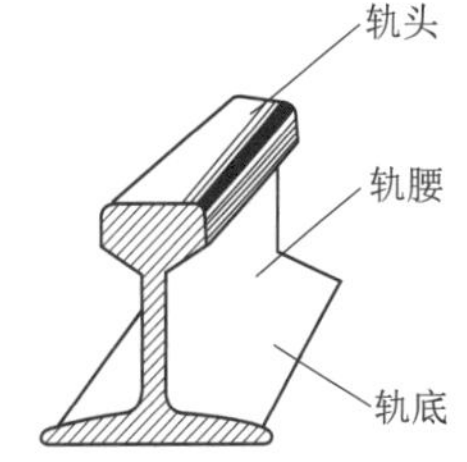

图1-7　钢轨断面

钢轨的功用是支承和引导机车车辆的车轮运行，并把车轮传来的压力传给轨枕，以及为车轮滚动提供阻力最小的表面，钢轨还有为供电、信号电路提供回路的作用。正线与配线上钢轨应设轨底坡，其坡度为1/40，但在道岔与道岔间不足25 m的直线段不应设轨底坡。

根据《地铁设计规范》(GB 50157—2013)要求，地铁正线与配线宜采用60 kg/m及以上的钢轨，车场线宜采用50 kg/m的钢轨。钢轨应采用25 m、12.5 m标准轨以及标准缩短轨，接头应采用对接，在曲线内股应采用现行标准的缩短轨，当采用缩短轨接头对接有困难时可采用错接，但错接距离不应小于3 m。

普通线路是将标准钢轨用夹板联接铺设在轨枕上，钢轨接头处留有轨缝，温度升降时钢轨能自由伸缩。地下线的直线与曲线半径为300 m及以上的曲线地段，应铺设无缝线路。无缝线路是将25 m轨端无螺栓孔的钢轨焊接成1 km及以上长的轨条铺设在轨枕上，接缝大大减少，因此消灭了列车通过接头区的冲击力，从而减小了振动与噪声。由于在1 km长的钢轨内不存在轨缝，当温度升高或降低时钢轨内部就产生了巨大的温度压力或拉力，这是无缝线路的一个显著特点，隧道内温度变化幅度较小，铺设无缝线路十分有利，如在地面线路铺设无缝线路则需要加强养护与监控，并适时进行应力放散工作，以防止线路胀轨跑道。

运营线路必须对钢轨进行定期与不定期探伤与检查，根据国家相关技术标准进行钢轨伤损的标示与跟踪，在高架桥与隧道内钢轨伤损达到轻伤则应及时更换，在普通线路(道岔)以及无缝线路缓冲区的重伤和折断钢轨应立即更换。

(2)轨枕

轨枕的作用是支承钢轨，并将钢轨传来的压力均匀地传递给道床，保持钢轨应有的位置和轨距。轨枕应具有必要的坚固性、弹性和耐久性，并且造价低廉、制作简单、铺设及养护方便。轨枕按其制作材料的不同，主要有木枕和钢筋混凝土枕两种。

我国普通轨枕的长度为 2.5 m，道岔用的岔枕长度为 2.6～4.8 m，钢桥用的桥枕长度为 3.0～4.8 m 等多种规格。单位长度线路铺设轨枕的数量，应根据轨道类型确定，一般铺设数量为 1 520～1 840 根/km。铺设轨枕数越多，轨道强度就越大。

地面线路采用国家标准轨枕铺设，隧道等采用钢筋混凝土短轨枕式混凝土整体道床时，短轨枕宜在工厂预制，混凝土强度等级不应低于 C35，底部宜伸出钢筋以加强与混凝土整体道床的连接。采用连续支承混凝土整体道床时，应采用整体灌注式。每公里铺设轨枕的标准按照《地铁设计规范》规定要求进行铺设。

(3)道床

道床的作用是支承轨枕、把从轨枕传来的压力均匀传布给路基，它还有缓冲车轮对钢轨的冲击、固定轨枕的作用，在地面线还能起到排除轨道中雨水的作用。

地铁隧道普遍采用整体式道床，无须补充石砟或更换轨枕，而且整体性强、稳定性好、轨道几何尺寸易于保持、减少养护维修工作量，但是不足的是工程造价高、施工难度大、一旦形成无法纠偏，出现病害难以整治，且道床弹性差。高架线路可采用新型轨下基础，地面线路宜采用碎石道砟以降低投资。

地铁线路道床纵向排水坡度可与线路坡度一致，但不宜设置为平坡，道床面还应有不小于 3% 的横向排水坡。地铁隧道内混凝土整体道床与地面碎石道床相连时，衔接处应设置弹性过渡段。碎石道床按国家现行有关规范的规定设置防爬装置，如图 1-8 所示。

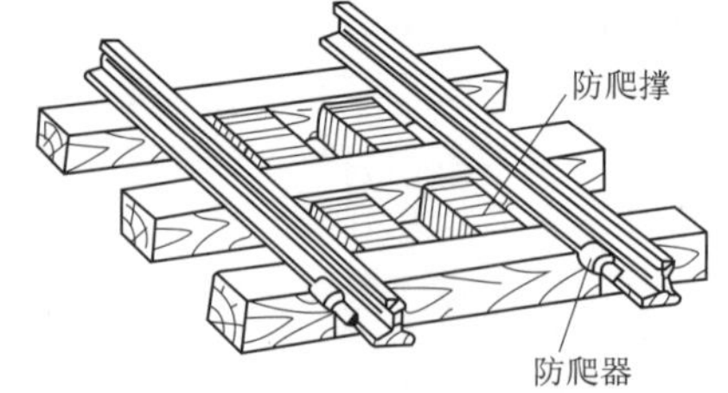

图 1-8　防爬器和防爬撑

隧道内的轨道结构可分有砟(有碎石道床)和无砟(无碎石道床)两种。

有砟道床同土路基上道床一样，施工简单，防噪声性能好，但需要增加隧道的开挖量，而且维修工作量较大，一般城市轨道交通中不采用。无砟道床最为普遍的是混凝土整体式道床，这种结构利用扣件把钢轨和混凝土基础直接连接在一起，如图 1-9 所示。

整体式道床采用就地连续灌注混凝土基床或纵向承轨台，简称 PACT 型轨道。这种形式结构简单，减振性能较好，但施工较为复杂。此外也可以把预制好的混凝土枕与混凝土道床浇筑成一个整体。或者采用预制的钢筋混凝土支承块与混凝土道床浇筑成一体，这在我国铁路隧道广为采用。

高架桥上的道床与隧道内相似，也分为碎石道床和混凝土整体道床。碎石道床与前述土路基上道床相同。桥上整体道床结构也称无砟无枕梁结构，是通过扣件直接把钢轨和混凝土桥面连接。应用较广泛的是在混凝土梁上二次浇筑混凝土纵向承轨台。

(4)减振垫层与扣件

由于整体道床轨道结构没有碎石道床提供必要的弹性，因而一般要配用弹性较好的扣件以减小振动和噪声。

减振垫层为压缩型橡胶垫板（见图 1-10），放在钢轨与承轨台之间，能显著减小车辆振动，降低噪声。

图 1-9　无砟道床

图 1-10　压缩型橡胶垫板

扣件是联结钢轨与轨枕间的中间零件，如图 1-11 所示。其作用是将钢轨固定在轨枕上，保持轨距并阻止钢轨的横纵向移动。

3. 道岔

道岔是线路上供机车车辆安全转线的设备，用来使车辆从一股道转向或越过另一股道，如图 1-12 所示。道岔构造复杂，零件较多，过车频繁，技术标准要求高，是轨道交通线路设备的薄弱环节之一，道岔对轨道交通运输有较大的影响。

图 1-11　扣件

图 1-12　道岔

4. 桥隧建（构）筑物

轨道交通桥梁、涵洞及隧道，均应修建为永久性结构，具有良好的耐久性，符合工程结构抗震和相应的技术规范要求，桥上和隧道内有砟轨道应满足大型养路机械清筛作业的要求，其限界应根据规划考虑发展的需要。

桥涵的承载能力和动力性能要符合有关规定的技术要求，并根据承载能力及技术状态，制定运用条件。桥涵建（构）筑物应确保通过的线路具有良好的稳定性和平顺性，结构构造应便于检查和养护，并设置检查设施。桥上通过重型铁路救援起重机前，应进行承载性能检算。隧道断面面积应满足旅客舒适性要求，衬砌、洞门结构、洞口仰坡、轨下基础应安全稳定，并具备良好的防排水系统。

全长 500 m 以上的钢桥、全长 3 000 m 以上的隧道设置通信设备，必要时设置固定照明、安全警报装置；非全封闭运营时，应进行巡守，必要时进行监视。

桥梁、涵洞孔径及净空，应满足国家防洪设防标准，能保证设计的最大洪水正常通过，并保证流冰、泥石流、漂浮物和通航等必要高度。桥梁墩台基础应有足够深度，当基础及其附近存在超过容许冲刷时，应防护、加固既有桥涵基础，必要时改建原有桥涵。墩台基础工后沉降应满足相应的限值要求。桥梁、涵洞应考虑排洪和灌溉等综合利用。

桥梁、隧道应按规定设置作业通道、专用洞室、电缆沟(槽)、电气化预埋件及必要的检查和消防设备等，应预留轨旁设备安装条件。铁路桥梁作业通道和隧道内安全空间、救援通道、应急照明和通信以及其他相关设施的设置等应符合有关设计规范规定。隧道内空气标准达不到规定要求时，应设置机械通风，瓦斯隧道还应设置必要的瓦斯监测设备。

一般的，直线桥梁自线路中心至作业通道栏杆内侧的净距：200 km/h 以上铁路无砟轨道桥面应不小于 3.45 m，有砟轨道桥面应不小于 3.75 m；200 km/h 及以下铁路应不小于 3.25 m。作业通道宽度应不小于 0.8 m。桥长超过 3 km 时，应每隔约 3 km(单侧约 6 km)在线路两侧交错设置 1 处可上下桥的救援疏散通道，并设置防护门。长度 3～20 km 的隧道，应按相应规定设置紧急出口或避难所；长度超过 20 km 的隧道或隧道群，应设置紧急救援站。

5.限界

限界的作用是确保机车车辆在轨道交通线路上运行的安全，防止机车车辆撞击邻近的建筑物或其他设备。一切建筑物，在任何情况下，不得侵入建筑限界；地铁一切设备，在任何情况下，不得侵入地铁设备限界；机车、车辆无论空、重状态，均不得超出机车、车辆限界。

城市轨道交通限界包括车辆限界、设备限界、建筑限界、接触网(轨)限界。

(1)车辆限界

车辆限界是指限制机车车辆横断面最大容许尺寸的轮廓。当机车车辆停留在平直铁道上，车体的纵向中心线和线路的纵向中心线重合时，机车车辆的任何部位，在正常情况下(特殊情况除外)都不得超出机车车辆限界规定的尺寸。

车辆限界应根据车辆主要尺寸等有关参数，并考虑在静态和动态情况下所达到的横向和竖向偏移量及偏转角度，按可能产生最不利情况进行组合计算确定。

(2)设备限界

设备限界指邻近线路的设备(与机车车辆相互作用的设备除外)不得侵入的最小横断面尺寸轮廓。应根据车辆限界、轨道状态不良引起车辆偏移和倾斜，并考虑适当的安全量等因素计算确定。

(3)建筑限界

隧道建筑限界指邻近线路的建筑物不得侵入的最小横断面尺寸轮廓。区间直线地段各种类型的隧道建筑限界与设备限界之间的间距，应能满足各种设备安装的要求。其他类型与施工的隧道建筑限界，应按照《地铁设计规范》规定要求进行加宽与加高，主要包括车站站台、站台门与线路中心线之间的净距、高架车站安全门与线路中心线之间的净距、疏散平台、感应板等的规定。

(4)接触网(轨)限界

接触网(轨)限界应根据受流器的偏移、倾斜和磨耗、接触轨安装误差、轨道偏差、电间隙等因素确定。

与铁路不同，由于城市轨道交通线路的车辆类型、运行速度不同，城市轨道交通限界目前没有统一的规定值。以某一地铁线路为例，某地铁线路区间直线段矩形隧道设备及车辆限界示意如图 1-13 所示。某地铁线路区间直线地段圆形隧道设备及车辆限界如图 1-14 所示。

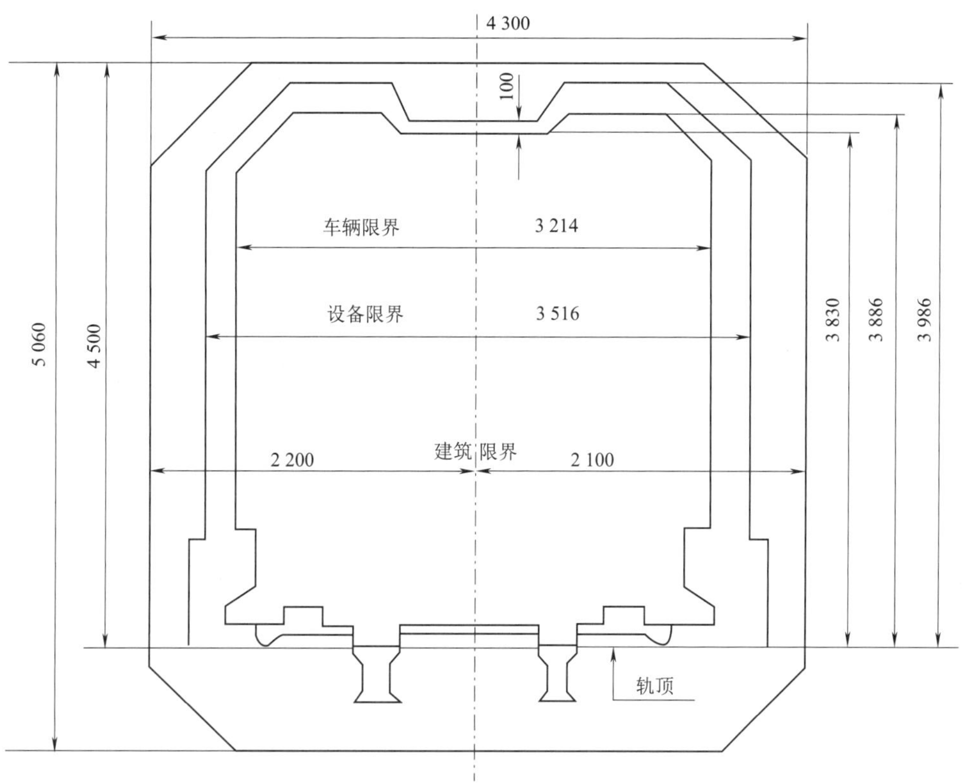

图 1-13　某地铁线路区间直线地段矩形隧道设备及车辆限界示意图(单位:mm)

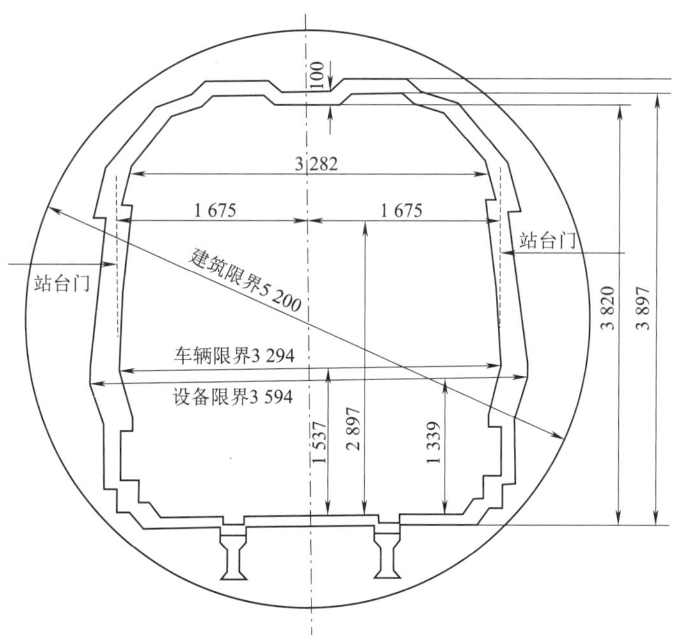

图 1-14　某地铁线路区间直线地段圆形隧道设备及车辆限界示意图(单位:mm)

6. 线间距

线间距指相邻线路中心线间的距离，作用是保证行车安全、站内作业安全；两线间装设行车设备。

线间距影响因素包括车辆限界、设备限界、建筑限界、线间设备计算宽度和线间办理作业性质需要的安全量等。

7. 线路标志

线路标志包括：公里标、半公里标、曲线标、圆曲线和缓和曲线的始终点标、桥梁标、隧道（明洞）标、坡度标，以及线路工区和供电段的界标。

城市轨道交通线路上应设置百米标、坡度标、制动标、圆曲线和缓和曲线始点及终点标、曲线标、竖曲线始点及终点标、水准基点标、限速标、警冲标、停车位置标志等。

地铁隧道内百米标、限速标、停车位置标志应设在行车方向的一侧（例如：右侧行车制设右侧）；警冲标应设在两会合线间，其位置应根据设备限界及安全量确定，隧道外的标志可按国家现行有关规范的规定设置。停车标设于各车站站台端部相对应的隧道壁位置和存车线、折返线、信号机前；在接近车站 300 m、200 m 分别设置接近车站预告标，100 m 位置设站名标。

（1）公里标、半公里标

设在一条线路自起点计算每一整公里、半公里处，如图 1-15 所示。

图 1-15 铁路公里标、半公里标

城际铁路的公里标、半公里标，设在一条线路自起点计算每一整公里、半公里处，如图 1-16 所示。地铁公里标如图 1-17 所示。在有接触网支柱的地段设置在距实际位置最近的接触网支柱上，在站内无接触网支柱的地段按标准式样标注在站台侧面，在桥梁地段可设置在线路一侧的防护墙上，在隧道地段设置在边墙上。其实际位置应在钢轨轨腰或无砟轨道底座上标注。

图 1-16 城际铁路公里标、半公里标

图 1-17 地铁公里标

(2)曲线标

设在曲线中点处，标明曲线中心里程、半径大小、曲线和缓和曲线长度，如图 1-18 所示。

图 1-18　曲线标

(3)圆曲线和缓和曲线的始终点标

设在直缓、缓圆、圆缓、缓直各点处，标明所向方向为直线、圆曲线或缓和曲线。铁路圆曲线和缓和曲线标如图 1-19 所示，地铁圆曲线和缓和曲线标如图 1-20 所示。

图 1-19　铁路圆曲线和缓和曲线标

(a) 曲线标（直缓点/缓直点）

(b) 圆曲线标/缓和曲线标

图 1-20　地铁圆曲线和缓和曲线标

（4）桥梁标

设在桥梁两端桥头处，标明桥梁编号、中心里程和长度，如图 1-21 所示。

（5）隧道（明洞）标

直接标注在隧道（明洞）两端洞门端墙上，标明隧道号或名称、中心里程和长度，如图 1-22 所示。

图 1-21　桥梁标

图 1-22　隧道标

（6）坡度标

设在线路坡度的变坡点处，两侧各标明其所向方向的上、下坡度值及其长度。坡度标（平坡、上坡、下坡）如图 1-23 所示，地铁坡度标如图 1-24 所示。

图 1-23　坡度标（平坡、上坡、下坡）

图 1-24　地铁坡度标

8.线路安全标志

在下列地点应设置警示、保护标志(见图 1-25):

①在未全封闭的轨道交通线路桥梁、隧道两端的线路两侧,设严禁通过标,如图 1-25(a)所示。

②在轨道交通线路桥梁跨越河道上下游规定的地点,设严禁采砂标,如图 1-25(b)所示。

③在轨道交通线路信号、通信光(电)缆埋设地点,设电缆标,如图 1-25(c)所示。

④在电气化铁路接触网、自动闭塞供电线路和电力贯通线路等电力设施附近易发生危险的地方,设严禁进入标,如图 1-25(d)所示。

(a)严禁通过标

(b)严禁采砂标

(c)电缆标

(d)严禁进入标

图 1-25　线路警示、安全标志

二、线路平面

线路在空间的位置是用它的中心线来表示的。线路中心线是指距外轨半个轨距的铅垂线与两路肩边缘水平连线交点的纵向连线。线路中心线在水平面上的投影,叫作线路平面,它表明线路的曲、直变化状态和走向。

线路平面由直线、圆曲线以及连接直线与圆曲线的缓和曲线组成。

1.曲线

线路在转向处所设的曲线为圆曲线,其基本组成要素有:曲线半径 R,曲线转角 α,曲线长 L,切线长度 T,如图 1-26 所示。

在线路设计时，一般是先设计出 α 和 R，再按下式计算出 T 及 L：

$$T=R\cdot\tan\frac{\alpha}{2}$$

$$L=\frac{\pi}{180}\cdot R\cdot\alpha$$

曲线半径愈大，行车速度愈高，但工程量愈大，工程费用愈高。

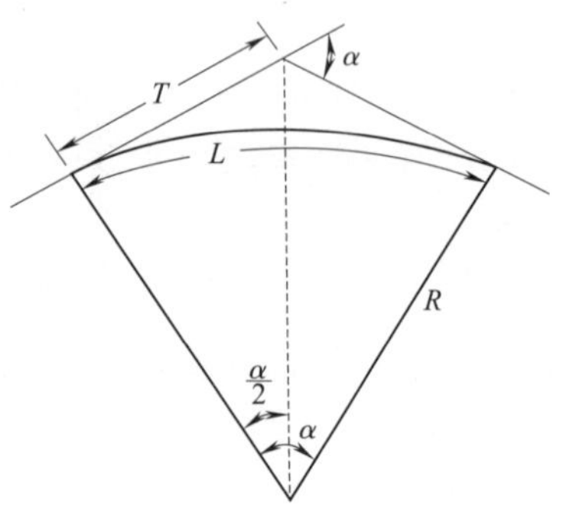

图 1-26　圆曲线要素

小半径曲线地段需要适当限速运行，当列车通过曲线时，为了提高运营安全性与乘车旅客的舒适性，在圆曲线地段应根据曲线半径和实测行车速度，在曲线外股钢轨合理设置超高 H，$H=11.8V^2/R$(mm)（V 为列车运行平均速度），曲线超高一经设定则不能任意调整。

线路直线与圆曲线往往不是直接相连的，中间要加一段缓和曲线。地铁或轻轨曲线半径宜从大到小选择，最大不超过 3 000 m，当曲线半径小于 400 m 时，轮轨磨损大、噪声大，应尽量少用。为了使列车按规定速度安全平稳运行，需要根据行车速度、车辆轮对有关尺寸等因素规定线路曲线的最小半径。线路曲线半径最小值是地铁主要技术标准之一。

2.缓和曲线

为保证列车安全，使线路平顺地由直线过渡到圆曲线或由圆曲线过渡到直线，以避免离心力的突然产生和消除，常需要在直线与圆曲线之间设置一个曲率半径变化的曲线，这个曲线称为缓和曲线，如图 1-27 所示为设有缓和曲线的线路。

缓和曲线的特征为：从缓和曲线所衔接的直线一端起，它的曲率半径 ρ 由无穷大逐渐减小到它所衔接的圆曲线半径 R。它可以使离心力逐渐增加或减小，不致造成列车强烈的横向摇摆，这对改善运营条件、保证行车安全和平顺都有很大的作用，如图 1-28 所示。

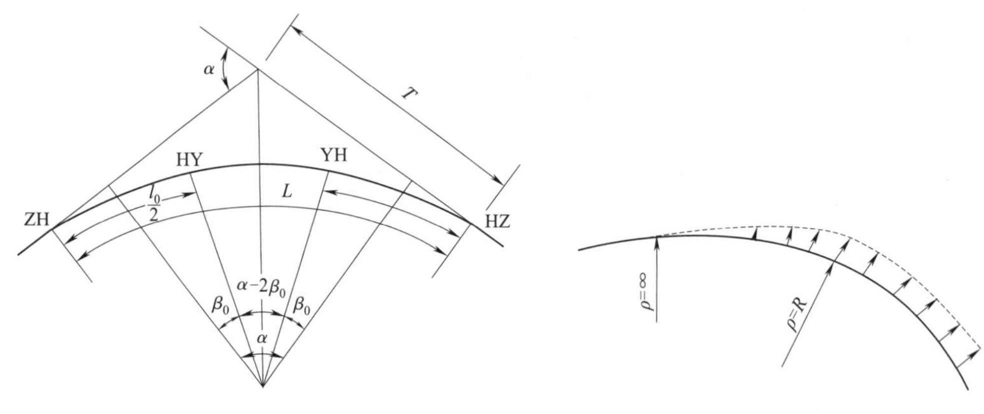

图 1-27　线路缓和曲线

图 1-28　离心力变化示意图

3.夹直线

两相邻曲线，转向相同，称为同向曲线；转向相反，称为反向曲线。两条相邻曲线间应设置一定长度的直线，以保证列车运行的平稳。车辆运行在同向曲线上，因相邻曲线半径不同，超高高度不同，车体内倾斜度不同；车辆运行在反向曲线上，因两曲线超高方向不同，车体时而向左倾斜，时而向右倾斜。这两种情况都会造成车体摇晃震动，为了保证运营安全，提供平稳的行车条件，线路不宜连续设置多个曲线，并在曲线之间必须保证足够长度的夹直线。

三、线路纵断面

线路中心线展直后在铅垂面上的投影，叫线路纵断面，它可表明线路的坡度变化。线路纵断面由平道、坡道及设于变坡点处的竖曲线组成。

1.坡道的坡度

坡度是一段坡道两端点的高差 H 与水平距离 L 之比，用 $i‰$ 表示，如图 1-29 所示。

$$i‰=\frac{H}{L}\tan\alpha$$

$$i=1\,000\times\frac{H}{L}=1\,000\tan\alpha$$

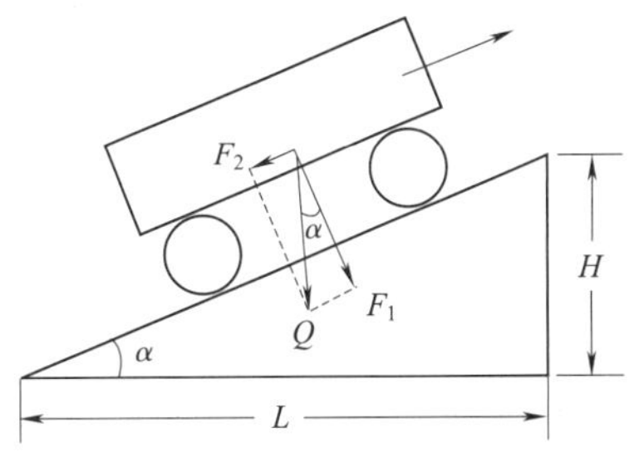

图 1-29　坡道坡度及坡道附加阻力示意图

式中　i——坡度值；

α——坡道段线路中心线与水平线夹角；

Q——列车重量，kN；

F_1，F_2——分力，kN。

线路根据地形的变化，有上坡、下坡和平道。上、下坡是按列车运行方向来区分的，通常用“+”号表示上坡，用“−”号表示下坡，平道用“0”表示。例如，+3‰是表示线路每 1 000 m 的水平距离升高 3 m；−3‰则表示线路每 1 000 m 的水平距离降低 3 m。

线路纵断面上坡度的变化点，叫变坡点。相邻变坡点间的距离，叫坡段长度。地铁或轻轨线路纵坡长度不小于远期列车长度，还应满足两相邻竖曲线间的夹直线坡段长度不小于 50 m 的要求。

地铁线路尽可能采用较平缓的坡度。一条线路最大坡度的确定，必须考虑各类车辆在最大坡道上停车时的启动与防溜，同时考虑必要的安全系数。最大坡度也是地铁主要技术标准之一，《地铁设计规范》规定：正线的最大坡度宜采用 30‰，困难地段可采用 35‰，配线的最大坡度宜采用 40‰。

地铁隧道线路考虑排水需要，正线最小坡度不宜小于 3‰，困难地段在确保排水的条件下，可采用小于 3‰的坡度。车站站台线路由于停车及站台面平缓要求宜设置在 3‰的坡道上，困难条件下可设置在 2‰或不大于 5‰的坡道上，但是要确保排水坡度不小于 3‰，以利于排水畅通。隧道内的折返线与存车线，应布置在面向车挡的下坡道上，其坡度宜为 2‰。

地面及高架桥上的车站站台线路不受排水影响宜设在平道上，车场线可设在不大于1.5‰的坡道上。

2.竖曲线

车辆经过变坡点时，将产生振动和竖向加速度，引起旅客不舒适，同时由于坡度变化，车钩会产生一种附加应力，车辆经过凸凹地点时，相邻车辆处在不同坡道上，易产生车钩上下错移。为保证列车运行平稳，防止脱钩、断钩，应在相邻坡段间用一圆顺曲线连接，使列车顺利地由一个坡段过渡到另一个坡段，这个纵断面上变坡点处所设的曲线，叫作竖曲线，如图 1-30 所示。

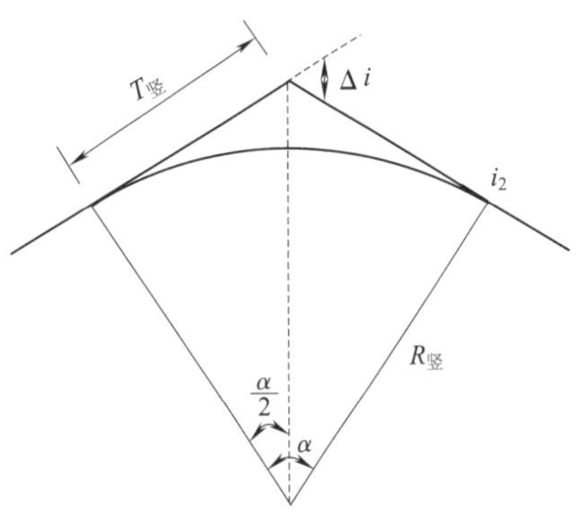

图 1-30　竖曲线

由图可知，竖曲线切线长 $T_{竖}$ 为

$$T_{竖}=R_{竖}\cdot\tan\frac{\alpha}{2}=\frac{1}{2\,000}\cdot R_{竖}\cdot\Delta i$$

式中　Δi——相邻坡段坡度代数差的绝对值。

线路坡段长度不宜小于远期列车长度，并应满足相邻竖曲线的夹直线长度不小于 50 m 的要求；两相邻坡段的坡度代数差等于或大于 2‰时，应设圆曲线型的竖曲线连接，竖曲线的不应小于表 1-2 的规定。车站站台有效长度内和道岔范围内不得设置竖曲线。

表 1-2　竖曲线半径

线别		一般情况/m	困难情况/m
正线	区间	5 000	2 500
	车站端部	3 000	2 000
联络线、出入线、车场线		2 000	

四、基本阻力与附加阻力

1. 基本阻力

列车在空旷地段沿平、直轨道运行时所受到的阻力。包括车轴与轴承之间、轮轨之间以及钢轨接头对车轮的撞击阻力等。基本阻力在列车运行时总是存在的。

2. 附加阻力

列车在线路上运行时，受到的额外阻力，如坡道阻力、曲线阻力、起动阻力等。附加阻力随列车运行条件或线路平、纵断面情况而定，阻力方向与列车运行方向相反。

当列车通过曲线时，由于惯性力的作用，外侧车轮轮缘紧压外轨，使其磨耗增大。又由于曲线外轨长于内轨，外轮在外轨上的滑行等原因，运行中的列车所受阻力比在直线上所受阻力大，两者之差称为曲线附加阻力。

曲线附加阻力与列车重量之比，叫单位曲线附加阻力，即 $\omega_{曲}$，用（N/kN）来表示，它的大小通常用试验公式求得：

①当列车全部位于曲线上［见图 1-31(a)］时：

$$\omega_{曲}=\frac{600}{R}(\text{N/kN})$$

②当列车只有一部分位于曲线上［见图 1-31(b)］时：

$$\omega_{曲}=\frac{600}{R}\times\frac{L_{曲}}{L_{列}}(\text{N/kN})$$

式中　600——实验常数；

$L_{曲}$——曲线长度，m；

R——曲线半径，m；

$L_{列}$——列车长度，m。

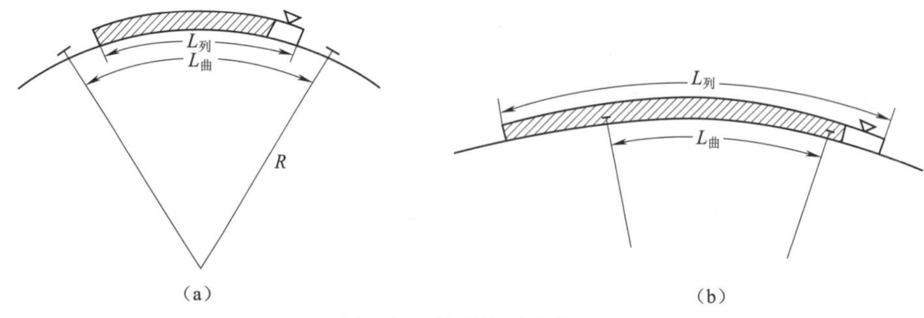

图 1-31　列车位于曲线上

同理，列车同时运行在几个曲线上时：

$$\omega_{曲}=\frac{600}{R_1}\times\frac{L_{曲1}}{L_{列}}+\frac{600}{R_2}\times\frac{L_{曲2}}{L_{列}}+\cdots\cdots(N/kN)$$

例如：列车长 600 m，位于曲线 1、夹直线和曲线 2 的一部分上，夹直线长 80 m，如图 1-32 所示，试求列车所遇到的单位曲线附加阻力。其中，R_1 位 400 m，R_2 位 600 m，$L_{曲1}$ 为 474.44 m。

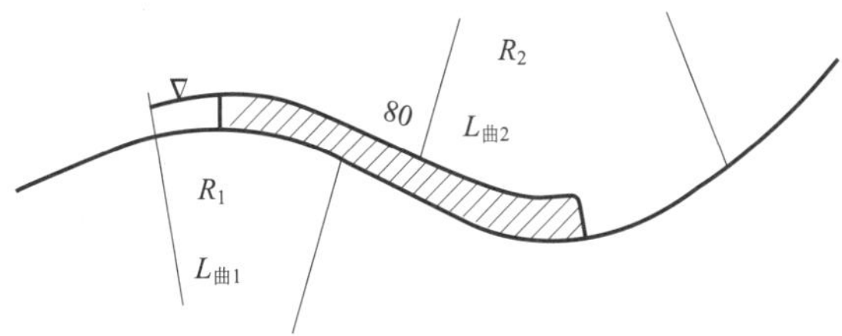

图 1-32　例题图

解：如图 1-32 所示，列车位于曲线 2 上的长度 $L_{曲2}$ 为 600－474.44－80＝45.56(m)

$$\omega_{曲}=\frac{600}{R_1}\times\frac{L_{曲1}}{L_{列}}+\frac{600}{R_2}\times\frac{L_{曲2}}{L_{列}}$$

$$=\frac{600}{400}\times\frac{474.44}{600}+\frac{600}{600}\times\frac{45.56}{600}=1.27(N/kN)$$

答：列车所遇到的单位曲线附加阻力 1.27 N/kN。

从式中可知，曲线阻力与曲线半径成反比。曲线半径越小，曲线阻力越大，运营条件就越差，说明采用大半径曲线对列车运行的影响较小。而小半径曲线亦具有容易适应地形困难的优点，对工程条件有利。因此，在设计铁路线时必须根据铁路所允许的旅客列车的最高运行速度，由大到小合理地选用曲线半径。

根据 $\omega_{曲}=600/R$ 可知曲线半径愈小，曲线附加阻力愈大，还会给运营工作带来以下不利影响：

①限制行车速度。从列车通过曲线的最大允许速度 $v_{max}=\sqrt{\frac{R(h+\Delta h)}{11.8}}\approx 4.3\sqrt{R}$ 可知，列车通过曲线的最大允许速度与曲线半径的平方根成正比。曲线半径愈小，列车通过曲线的速度受到的限制也愈大；

②增加轮轨磨耗。列车运行在曲线上时，由于内侧与外侧钢轨长度不等，使车辆的内轮与外轮在钢轨上产生相对纵向滑行，钢轨与轮缘磨耗增加。曲线半径愈小，这种磨耗愈严重；

③增加轨道设备。列车运行在曲线上时，为防止外轮对外轨挤压而引起的轨距扩大，以及钢轨带动轨枕在道床上的横向移动，对小半径曲线地段的轨道应增加轨枕根数，加设轨距杆、轨撑；

④增加轨道养护维修费用。小半径曲线地段的轨距、水平、方向都极易发生变位，因此养护维修工作量较大，增加了养护维修费用。

五、坡道附加阻力

列车在坡道上行驶时其重量 Q 可以分解为 F_1 和 F_2 两个分力(见图 1-29)，F_2 平行于坡面即为坡道的坡度引起的坡道附加阻力，用 $W_{坡}$ 来表示。

$$W_{坡}=F_2=Q\cdot\sin\alpha(kN)=1\ 000Q\cdot\sin\alpha(N)\approx 1\ 000Q\tan\alpha(N)=Q\cdot i(N)$$

坡道附加阻力与列车重量之比，叫作单位坡道附加阻力，用 $\omega_{坡}$ 来表示。

当列车整列位于坡道上时：

$$\omega_{坡}=\frac{W_{坡}}{Q}=\frac{Q\cdot i}{Q}=\mathrm{i}(\mathrm{N/kN})$$

当列车只有一部分位于坡道上时：

$$\omega_{坡}=i\cdot\frac{L_{坡}}{L_{列}}(\mathrm{N/kN})$$

当列车同时位于几个坡道上时：

$$\omega_{坡}=\pm i_1\times\frac{L_{坡1}}{L_{列}}\pm i_2\times\frac{L_{坡2}}{L_{列}}\pm\cdots\pm i_n\times\frac{L_{坡n}}{L_{列}}(\mathrm{N/kN})$$

式中　$i_1,i_2,i_3,\cdots,i_n$——各坡段的坡度千分数，上坡取“+”，下坡取“−”；

$L_{坡1},L_{坡2},\cdots,L_{坡n}$——列车位于各坡段的长度，m；

$L_{列}$——列车长度，m。

列车在线路上运行，有时上坡，有时下坡，所以坡道附加阻力也有正、负。上坡时，坡道附加阻力与列车运行方向相反，坡道附加阻力为正；下坡时，坡道附加阻力与列车运行方向相同，坡道附加阻力为负，负阻力也就是加速力。

六、换算坡度

如果在坡道上有曲线，列车在坡道上运行时所遇到的单位附加阻力应为单位曲线附加阻力与单位坡道附加阻力之和。由于曲线附加阻力无负值，而坡道附加阻力有正、负之分，所以总单位附加阻力：

$$\omega_{总}=\omega_{曲}+\omega_{坡}(\mathrm{N/kN})$$

根据前述的 $\omega_{坡}\pm i(\mathrm{N/kN})$ 的对应关系，将总的单位附加阻力换算为坡度，则有

$$i_{换}‰=(\omega_{曲}+\omega_{坡})‰=(i_{曲}\pm i)‰=‰$$

如此求得的坡度，称为换算坡度，又称加算坡度。由此可知，当坡道上有曲线时，列车上坡运行时坡道就显得更陡；而下坡运行时，坡道则显得更缓了。

例题：试按图 1-33 所示资料（列车长 800 m），求列车运行在 BC 段的换算坡度。

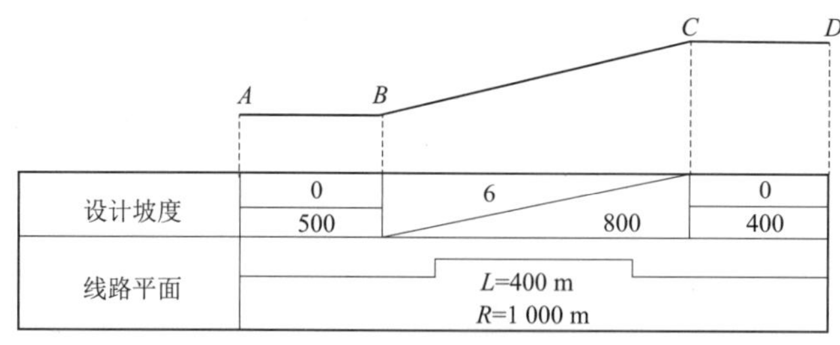

图 1-33　例题图

解：列车上坡运行时的换算坡度

$$i_{换}^{BC}‰=(\omega_{曲}+\omega_{坡})‰=\left(\frac{600}{1\,000}\times\frac{400}{800}+6\right)‰=6.30‰$$

列车下坡运行时的换算坡度

$$i_{换}^{CB}‰=(\omega_{曲}+\omega_{坡})‰=\left(\frac{600}{1\,000}\times\frac{400}{800}-6\right)‰=-5.70‰$$

答：BC 段的换算坡度上坡时为 6.30‰，下坡时为 5.70‰。

技能训练

使用轨距尺测量轨距

轨距尺的使用主要包括以下几个步骤：

1. 准备工作

检查轨距尺的外观是否完好无损，在测量前，需要对轨距尺进行调零操作，确保测量的准确性，根据需要选择相应规格的轨距尺，并准备好其他必要的测量工具。

确定测量位置。在确定需要测量的铁路道岔或轨道区段后，选择合适的位置放置轨距尺，并调整好放置位置，使其与轨道垂直，紧贴铁轨。

2. 测量轨距

使用轨距尺测量相应轨道区段的轨距，根据测量结果记录下相应的数值，在测量过程中，应维持走行轮、测量轮、轨面、轨内侧清洁，保持匀速推行，速度为 3～4 km/h，上道时，将走行轮搭于轨顶面，固定端测量轴承定位在钢轨内侧，手拿提手并握紧，将活动端轴承固定在另一端钢轨内侧。

3. 校核测量结果

在测量完毕后，需要对测量结果进行校核，以确保测量的准确性。

此外，在使用过程中需要注意物品的存放和保护，以免出现损坏情况，在使用电子道尺时，需要去除钢轨测量点处的渣子、污垢，开机 5 min 待电子元件热稳定后，将固定端放于一轨的内测，收缩测量头后卡入另一根轨，左右轻微移动，找到最小轨距示值，此时看屏幕上的轨距、水平的显示数值。

检查与评价

完成自我评价、小组评价及教师评价，任务评价见表 1-3。

表 1-3　任务评价

<table>
<tr><td colspan="5">项目一任务 1　辨识线路及其标志</td><td rowspan="4">综合评价</td></tr>
<tr><td>姓　　名</td><td></td><td rowspan="3">自我评价</td><td rowspan="3">小组评价</td><td rowspan="3">教师评价</td></tr>
<tr><td>组　　别</td><td></td></tr>
<tr><td>组员姓名</td><td></td></tr>
<tr><td>知识
技能评价</td><td>1. 能说出线路 6 个主要组成及功能；
2. 能辨识主要线路标志；
3. 清楚三种限界含义及范围；
4. 能测量静态线路轨距、线间距、曲线加宽、外轨超高等几何尺寸；
5. 会评估直线地段线路爬行和水平状态</td><td></td><td></td><td></td><td rowspan="3"></td></tr>
<tr><td>方法
能力评价</td><td>1. 具备根据学习资讯进行分析推理、归纳总结、建构知识架构的自学能力；
2. 具备安全使用轨距尺、卷尺、弦线等工具的能力；
3. 具备在线路上安全测量观测作业的团队协作、沟通交流能力</td><td></td><td></td><td></td></tr>
<tr><td>思政评价</td><td>1. 具备劳动安全、设备安全、运输生产安全的安全意识和岗位责任意识；
2. 具备认真细致、沉着冷静的岗位职业素养</td><td></td><td></td><td></td></tr>
</table>

反馈与改进

通过检查与评价得到反馈，同时进行反思，并撰写实训指导手册的任务总结报告。

记录人		时间	
总结报告	请阐述任务评价反馈后，对辨识线路及其标志的认知、理解与使用的反思，并对任务实施过程的体会		

完善与拓展

(1)读者可通过图 1-4 所示的“视野拓展”模块学习拓展内容。

(2)分析比较轨道交通不同种类线路的限界和线路平、纵断面要求。

巩固与提高

一、做中学

(1)地下车站(含地下通道)、隧道外边线外侧(　　)米内，为地铁安全保护区。

A. 25　　B. 30

C. 40　　D. 50

(2)《地铁设计规范》中，道床面低于钢轨底面不宜小于(　　)。

A. 70 mm　　B. 60 mm

C. 80 mm　　D. 90 mm

二、思考与提高

(1)城市轨道交通线路由哪几部分组成？其分类是怎样的？

(2)轨道主要由哪些部件组成？轨道的作用是什么？

(3)线路平面的组成要素有哪些？什么是曲线附加阻力？纵断面的组成要素有哪些？

(4)什么是线路换算坡度？

(5)什么是限界？城市轨道交通线路限界包括哪几种？

任务 2　人工转换道岔

情境导入

道岔是轨道交通线路的转线设备，日常运输生产中，道岔的转换绝大多数都跟随排定的列车进路(或调车进路)电气集中联动转换，但在线路施工或轨道电路故障等情况下，需要人工转换道岔。以下是一个城市轨道交通车站人工转换道岔的作业场景：

×时×分，某地铁 A 站行车值班员收到调度控制中心命令，车站人工转换道岔 018 号调度命令，值班员立即与值站一起核对调度命令。

调度命令内容：10 时 24 分行调发令，因 A 站 P1113 号道岔故障无法修复，自接令起下线路钩锁 P1113 号道岔排列 A 站至 B 站上行发车进路，任命 A 站值班站长为事故处理主任，人员工器具准备完毕到端门处后报行调。

10 时 31 分，值站与一名站务员按 018 号调度命令要求，下线路人工排列进路，并钩锁对应道岔，完成任务。

结合以上案例，请大家思考以下几个问题：

(1)什么时候需要人工转换道岔？

(2)人工转换道岔指哪些岗位的作业人员？一次转换道岔需要几个人呢？

(3)人工转换道岔有哪些注意事项？

学习目标

技能目标

(1)能辨别单开道岔各组成部件，能画出单开道岔结构示意图并标注各部分名称。

(2)能正确判定道岔开通位置，能在规定时间内按照标准完成人工转换道岔作业。

知识目标

(1)辨析道岔的类型及编号，能说出单开道岔的各部分组成及功用。

(2)掌握道岔号数及对列车过岔速度的影响。

(3)掌握人工转换道岔的作业标准。

素质目标

(1)培养下线路作业的劳动安全防护意识和设备安全操作意识。

(2)培养认真负责、遵章守纪的职业精神。

任务作业单

为完成以上技能、知识和素质目标，任务作业单见表 1-4。

表 1-4　任务作业单

序号	任　　务
1	画出普通单开道岔示意图，并标注各结构组成名称
2	辨识人工转换道岔的各项工器具和防护用品
3	人工转换单开道岔： 情境一：道岔原位置与进路所需位置一致； 情境二：道岔原位置与进路所需位置不一致
4	讨论人工转换道岔双人作业与单人作业的异同点

学习地图

读者自主学习智慧职教 MOOC 学院平台国家级精品在线开放课程“轨道交通运输设备运用”项目一任务 2 人工转换道岔，课程学习地图如图 1-34 所示。

图 1-34 课程学习地图

自学资讯

1. 本任务的两种自学方式

(1)在图 1-34 中的“新知学习”模块学习。

(2)扫描二维码学习。

道岔的分类及编号

道岔的组成

手摇道岔作业实训

2. 重要知识点

(1)道岔的分类及组成。

(2)道岔的中心线表示。

(3)手摇道岔作业。

(4)人工转换道岔。

计划与决策

(1)根据任务作业单实地考察道岔，熟悉各部分道岔结构。

(2)按人工转换道岔标准流程、步骤和注意事项，准备作业工具和劳动保护用品，清点数量。

情境一：道岔原先位置与进路所需位置一致。

情境二：道岔原先位置与进路所需位置不一致。

(3)讨论人工转换道岔时双人配合作业与单人作业的异同点。

(4)小组讨论和组间交流实操劳动安全和防护事项。

任务实施

以小组为单位，在本书配套实训指导手册完成以下训练。

(1)准备铅笔、橡皮、尺子，在纸上画出一幅普通单开道岔示意图(注意各部分比例)，先画转辙器部分，再画道岔连接部分，最后画辙叉与护轨部分，并在适当位置标注各结构组成名称。

(2)去实训室清点人工转换道岔的各项工具，按劳动作业标准穿戴劳动安全防护用品，携带工具和设备。

(3)携带道岔评分标准、评价表，双人一组进行人工转换道岔操作。进入现场作业须严格遵守劳动安全规定，做好安全防护，人工转换单开道岔。

情境一：道岔原先位置与进路所需位置一致。

此种情形下，到达道岔现场位置，如现场无钩锁器，用钩锁器在适当位置为道岔加锁，撤回到安全区域后并向上级汇报道岔开通方向及加锁情况。

情境二：道岔原先位置与进路所需位置不一致。

此种情形下，执行手摇道岔“六部曲”，具体训练过程见“技能训练”。

相关知识

一、道岔的分类

道岔的作用是使机车车辆由一条轨道转入或越过另一条轨道。道岔构造复杂，过车频繁，技术标准要求高，是城市轨道交通线路设备的薄弱环节之一。掌握道岔的基本结构、类型、操作技能和故障处理及合理选用等知识对城市轨道交通运营管理人员具有重要意义。

1. 按构造分

道岔构造复杂，具有过岔速度受限、行车安全性低、养护维修投入大等特点，因此与曲线、钢轨接头并称为轨道的三大薄弱环节。道岔因其构造不同而形式多样，它的基本形式有三种：即线路的连接、线路交叉、线路连接与交叉的组合。常用的线路连接有各种类型的单式道岔和复式道岔；线路交叉有垂直交叉道岔和菱形交叉道岔；线路连接与交叉的组合有交分道岔和交叉渡线道岔等，最常见的是普通单开道岔。

(1)单开道岔

普通单开道岔是最常见、最简单的线路连接设备。

单开道岔是各种道岔中的主要形式，在城市轨道交通应用最为普遍。单开道岔主线为直线，侧线由主线向左侧或右侧岔出，分为左开及右开两种形式，如图 1-35 所示。

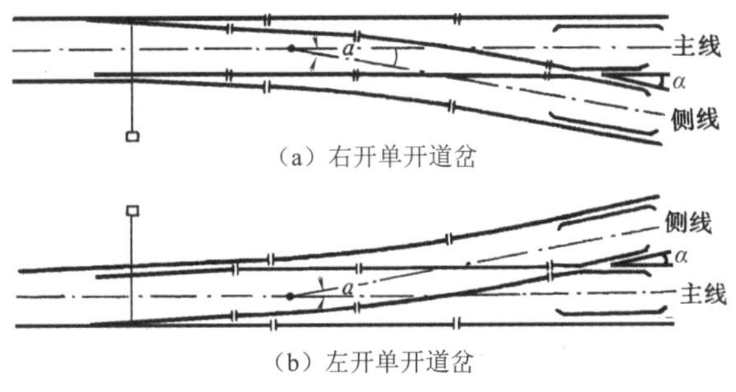

图 1-35　单开道岔的形式

(2)其他类型道岔与交叉设备

除了单开道岔外，按照用途和构造形式的不同，还有双开道岔、三开道岔、菱形交叉、交叉渡线和交分道岔等。

①双开道岔：道岔衔接的两条线路各自向两侧分岔，如图 1-36 所示。

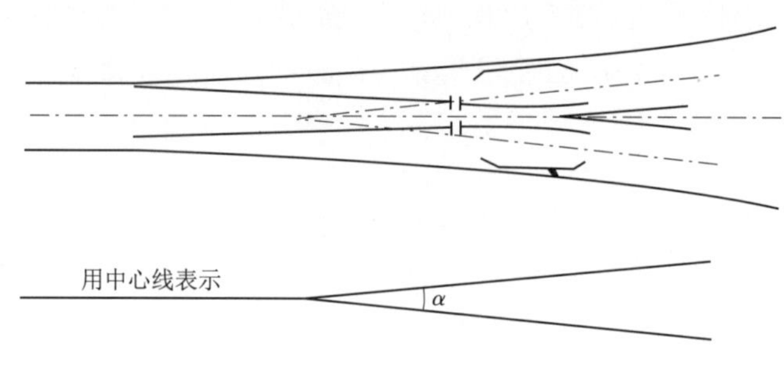

图 1-36　双开道岔

②三开道岔：可以同时衔接三条线路，如图 1-37 所示。

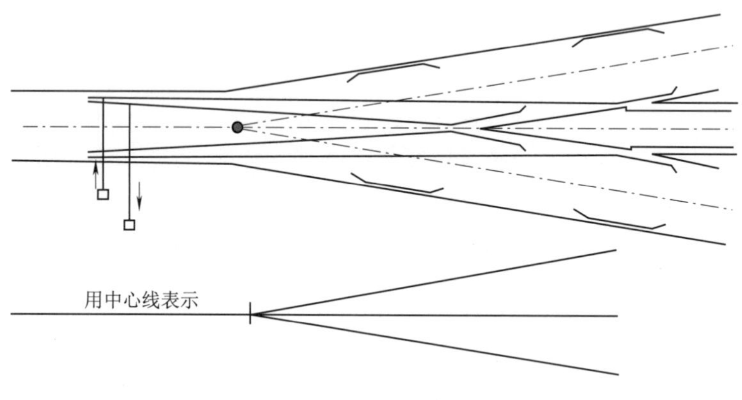

图 1-37　三开道岔

③交分道岔：四组单开道岔和一副菱形交叉设备的结合体。

④交叉设备：只有辙叉而无转辙器部分，机车车辆通过交叉设备时，只能沿着原来的线路继续运行而不能转线。

⑤交叉渡线：由四副单开道岔和一组菱形交叉设备组合而成。

对称双开道岔的特点是相衔接的两条线路各自向两侧对称分岔，如图 1-38 所示。菱形交叉即两条线路平面相交时引渡列车由一条线路跨越另一条线路的设备。机车车辆通过交叉设备时，只能沿原线路继续运行而不能转线，如图 1-39 所示。

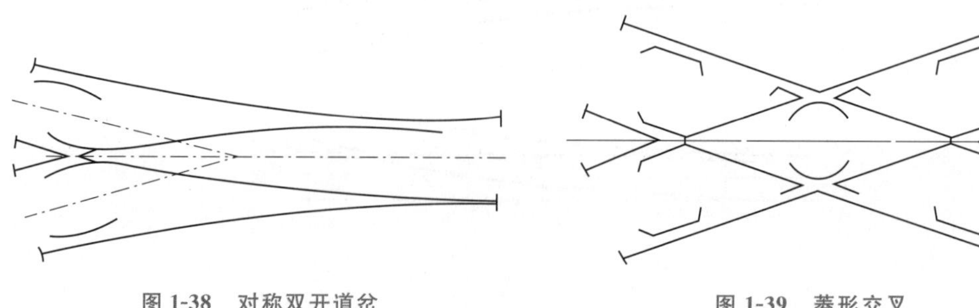

图 1-38　对称双开道岔　　图 1-39　菱形交叉

交叉渡线是将四组单开道岔和一组菱形交叉组合在一起的设备，如图 1-40 所示。交分道岔是在菱形交叉的基础上，增设两组转辙器和两条侧线，使机车车辆既可以顺交叉轨道直向运行，也可以沿曲线转入侧线运行的道岔，如图 1-41 所示。

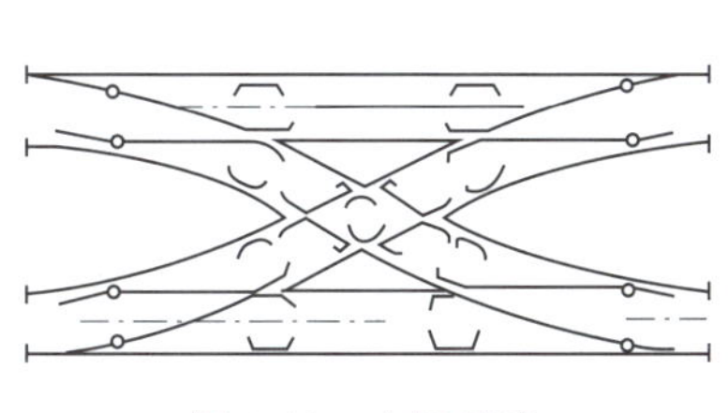

图 1-40　交叉渡线

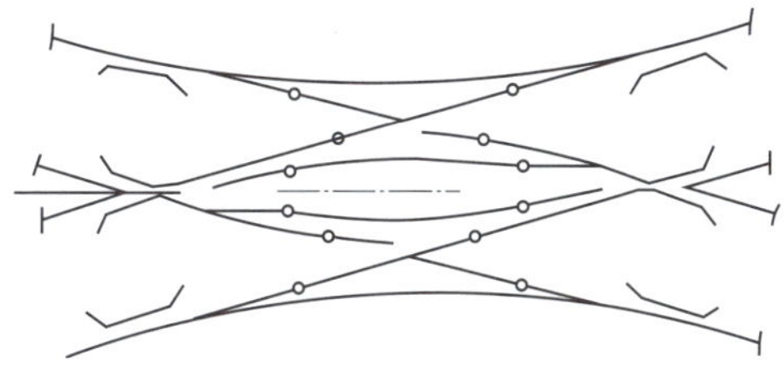

图 1-41　交分道岔

2. 按道岔号数分

道岔因其辙叉角的大小不同，有不同的道岔号（N），道岔号数表明了道岔各部分的主要尺寸。道岔号数用辙叉角（α）的余切值来表示，如图 1-42 所示。

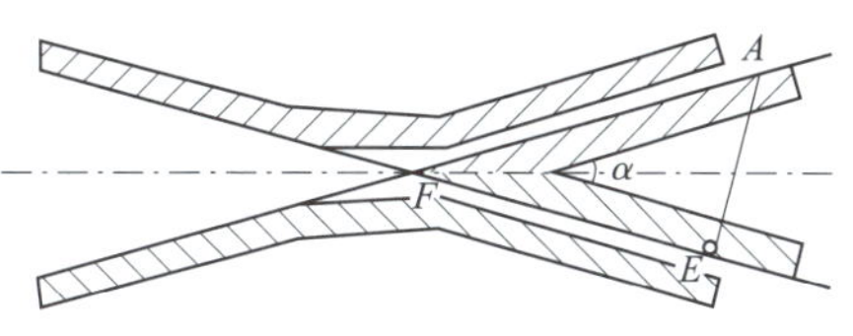

图 1-42　道岔号数计算示意图

辙叉角 α 越小，N 值就越大，导曲线半径也相应越大，机车车辆侧线通过道岔时允许速度也就越高。所以，采用大号码道岔对于列车运行是有利的，然而，道岔号越大，道岔全长就越长，铺设时占地就越多。因此，采用多大号的道岔来连接线路，应根据线路的用途来决定。

目前，我国定型生产的普通单开道岔主要有 9、12、18、30 号等型号，它们所允许的侧向过岔最高速度推荐为 30 km/h、45 km/h、80 km/h、140 km/h。

二、单开道岔

1. 单开道岔的组成

单开道岔由尖轨和转辙器部分、辙叉及护轨部分、连接部分及岔枕组成，如图 1-43、图 1-44所示。

图 1-43　单开道岔示意图

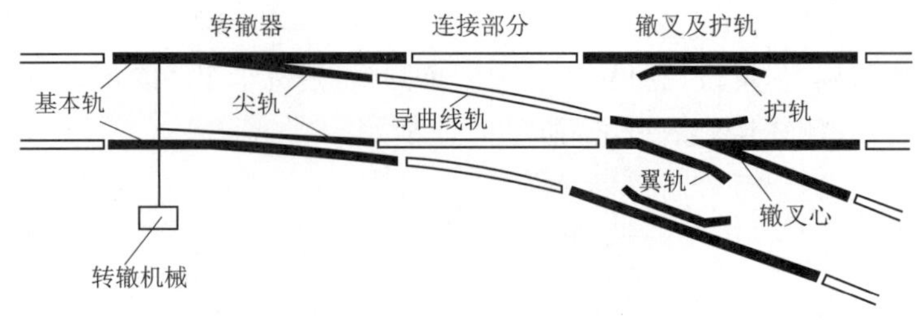

图 1-44　单开道岔的组成

（1）尖轨和转辙器部分

由两根尖轨、两根基本轨、联结零件（包括连接杆、滑床板、垫板、轨撑、顶铁、尖轨跟端结构等）和转辙机械组成。操作转辙机械可以改变尖轨的位置，确定道岔的开通方向，引导机车车辆进入不同方向。

（2）辙叉及护轨部分

辙叉及护轨部分包括辙叉心、翼轨、护轨、主轨及其他联结零件，作用是保证车轮安全通过两股轨线的相互交叉处。

辙叉与护轨组成一个整体，共同配合发挥作用。辙叉按其构造分为锰钢整铸式和钢轨组成式；按翼轨与心轨的相对关系分为固定式和可动心轨式；按平面形状分为直线式和曲线式以及钝角辙叉与锐角辙叉等。

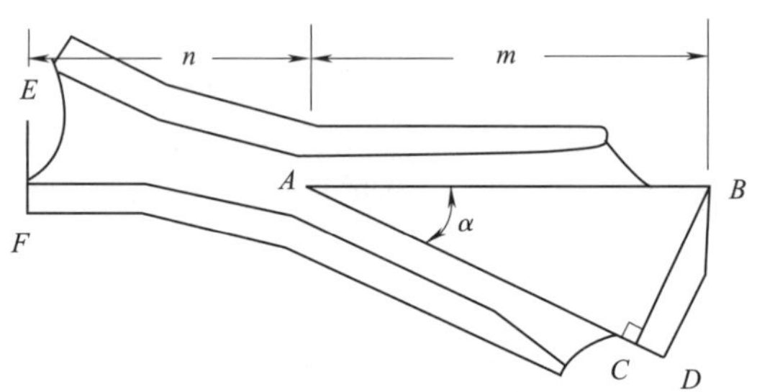

图 1-45　辙叉号数示意图

辙叉号数也称道岔号数，是表示辙叉角大小的一种方式。因为辙叉角是以度、分、秒表示的，运用很不方便，故在实际工作中都以辙叉号数 N 表示。辙叉号数以辙叉角的余切值表示，如图 1-45 所示。

$$N=\frac{AC}{BC}=\cot\alpha$$

式中　N——辙叉号数（道岔号数）；

α——辙叉角；

BC——叉心工作边任一点 B 至另一工作边的垂直距离；

AC——由叉心理论尖端至垂足 C 的距离。

显然，辙叉角愈大，道岔号数愈小；反之辙叉角愈小，道岔号数愈大。

现场鉴别道岔号数可以采用较简便的方法，即在辙叉心轨顶面上找出一脚长的宽度处，由该处向前量至辙叉心轨理论尖端处，实量几脚就是几号道岔。

护轨必须与辙叉配合使用，护轨有两个方面的作用：一是控制车轮的运行方向，使之正常通过“有害空间”而不错入轮缘槽；二是保护辙叉尖端不被轮缘冲伤。

道岔的有害空间是指从辙叉咽喉至实际尖端的一段轨线中断的距离。道岔的有害空间是限制列车过岔速度的一个重要因素。为消灭有害空间，适应列车高速运行的要求，可采用活动心轨道岔，辙叉心轨和尖轨是同时扳动的，当尖轨开通某一方向时，活动心轨的辙叉心轨就与开通方向一致的翼轨密贴，与另一翼轨分开，从而消灭了有害空间。

护轨在中间的一段应为与主轨平行的直线，其长度为由咽喉至叉心顶宽 50 mm 间的距离再附加 100～300 mm，该直线段内护轨与主轨轮缘槽宽度为 42 mm，然后两端各向轨道内侧弯折一段长度，称为过渡段或缓冲段，其弯折角应近似等于尖轨的冲击角，使车轮进入护轨时起缓冲和引导作用。护轨末端的外侧面，将轨头在 150 mm 长度内斜切去一部分，形成喇叭口，该处的宽度规定为 90 mm。

护轨是用普通钢轨经过刨切弯折成的，并用间隔铁、螺栓等零件与主轨联结。间隔铁为可调整宽度的双螺栓型，以便在护轨侧面磨耗达到限度时，可以调整轮缘槽的宽度。

(3)连接部分及岔枕

连接转辙器与辙叉的部分称为连接部分，作用是连接转辙器、辙叉及护轨部分，使之成为一组完整道岔。它包括两股直线钢轨和两股曲线钢轨。

钢轨长度是根据道岔号数及导曲线半径大小经过计算确定的，其最短长度不应小于 4.5 m。导曲线平面形式一般为圆曲线。其半径大小与道岔号数、道岔长度及侧向过岔速度等因素有关。为了保持导曲线的位置和圆顺度，除可在连接部分铺设支距垫板外，还可在导曲线钢轨的外侧安装一定数量的轨撑，必要时对小号道岔还可增设轨距杆。

由于连接部分的四根钢轨都被钉在同一根岔枕上，导曲线一般不设超高，所以道岔导曲线是限制侧向过岔速度的因素之一。

2. 道岔用中心线表示法及其几何要素

(1)道岔用中心线表示法

活动心轨辙叉示意如图 1-46 所示，道岔中心线表示法如图 1-47 所示。

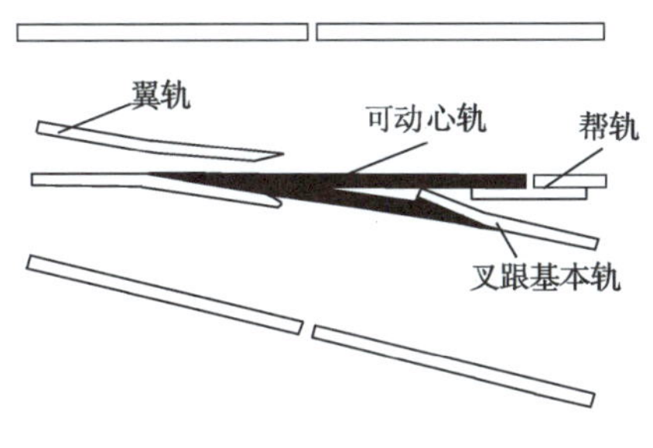

图 1-46　活动心轨辙叉示意图

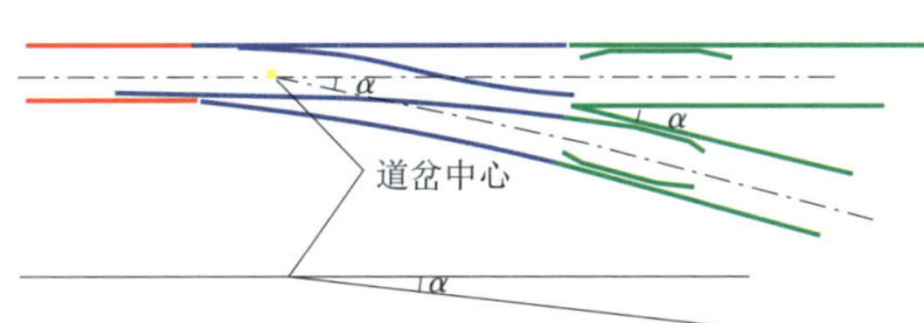

图 1-47　道岔中心线表示法

在已知道岔两线路中心线的交点和辙叉号数、道岔类型时，可按选定的比例尺用单线把道岔表示出来。

(2)道岔几何要素

单开道岔主要几何要素如图 1-48 所示。图中 O 表示道岔中心(直线线路中心线与侧线线路中心线的交点)；a 表示从道岔始端轨缝中心至道岔中心的水平距离；b 表示道岔后部实际长度(从道岔终端轨缝中心至道岔中心的水平距离)；$L_{全}$ 表示道岔全长(道岔始端至道岔终端的水平投影长度)；a_0 表示道岔前部理论长度(尖轨尖端至道岔中心的水平距离)；b_0 表示道岔后部理论长度(道岔中心至辙叉心轨理论尖端的水平距离)；q 表示尖轨尖端前的基本轨长度；m 表示从辙叉理论尖端至辙叉后跟轨缝的距离(简称辙叉跟距)。

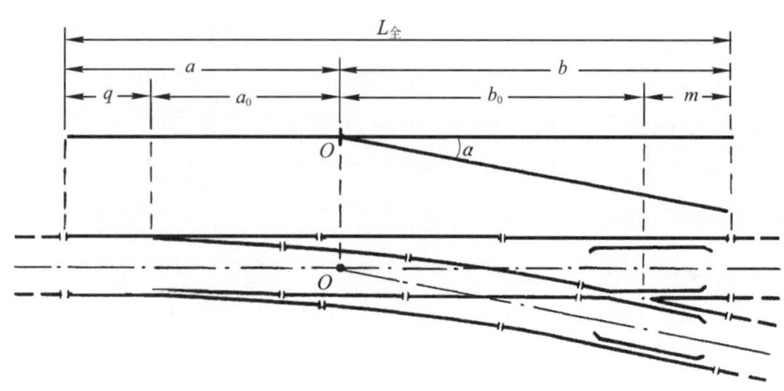

图 1-48　单开道岔主要几何要素

3. 道岔配置

(1)道岔对行车速度的影响

道岔是轨道的薄弱环节，当列车运行速度超过道岔的允许通过速度时，轻者会造成脱轨，严重者会引起列车颠覆。道岔对行车速度的影响在于以下因素：

①道岔存在有害空间；

②尖轨和道岔结构的不平顺；

③连接部分存在导曲线，在导曲线上不设缓和曲线和超高，对列车侧向过岔速度限制较大。

由于以上原因，故机车车辆经过道岔时，列车运行速度会受到较大的影响。

(2)城市轨道交通道岔配置

城市轨道交通道岔的配置，一般由地铁企业针对每一具体地铁线路的设备条件编制行车组织规则规定。以某城市轨道交通企业为例，四号线行车组织规则规定正线采用 60 kg/m 钢轨的 9 号固定辙叉、9 号可动心轨道岔及 12 号道岔，车厂试车线采用 60 kg/m 钢轨的 9 号道岔，其他采用 50 kg/m 钢轨的 5 号道岔，道岔类型及侧向构造速度见表 1-5；五号线行车组织规则规定正线采用 60 kg/m 钢轨的 9 号固定辙叉、12 号固定辙叉，车厂试车线采用 60 kg/m钢轨的 9 号道岔，其他采用 50 kg/m 钢轨的 7 号和 5 号道岔，道岔类型及侧向构造速度等见表 1-6。

表 1-5　某地铁四号线道岔类型及侧向构造速度

道岔类型	5 号道岔	9 号道岔	9 号可动心轨道岔	12 号道岔
尖轨类型	AT 弹性可弯尖轨	AT 弹性可弯尖轨	AT 弹性可弯尖轨	AT 弹性可弯尖轨
辙岔类型	高锰钢整铸	高锰钢整铸	可动心轨	高锰钢整铸
钢轨类型	50 kg/m	60 kg/m	60 kg/m	60 kg/m
铺设位置	车厂内道岔调车、车辆进出车厂，共 49 组	正线、试车线及配线；全线 47 组，其中试车线 1 组，正线及配线 46 组	正线 W1402 道岔	正线 W1406、W1408、W1410、W1412 道岔，共 4 组
侧向速度/$(\text{km}\cdot\text{h}^{-1})$	20	35	50	50

表 1-6　某地铁五号线道岔类型及侧向构造速度

道岔类型	5 号道岔	7 号道岔	9 号道岔	12 号道岔
钢轨类型	50 kg/m	50 kg/m	60 kg/m	60 kg/m
铺设位置	车厂内道岔，共 44 组	车辆段及综合基地 10 组 7 号道岔，1 组 7 号交叉渡线	正线及配线、试车线；全线设置 38 组 9 号道岔，文冲站 1 组 9 号道岔 4.6 m 间距交叉渡线，车辆段 1 组 9 号道岔	滘口站采用 1 组 12 号道岔 4.4 m 间距交叉渡线
侧向速度/(km·h^{-1})	20	25	35	50

三、人工转换道岔

列车或调车车列在城市轨道交通运行的路径称为进路，进路上道岔的位置决定列车或调车车列的运行方向。如果进路上道岔位置不正确，则会导致列车进入异线或挤岔，因此需按要求将进路上的道岔转换至规定位置。

一般城市轨道交通运用联锁设备按进路需要转换道岔，当联锁设备故障时，需要城市轨道交通车站站务人员人工下轨道手摇道岔，将进路上的道岔人工手摇至列车或调车车列进路所需的位置。

城市轨道交通现场手摇道岔主要包括六个步骤，简称手摇道岔“六步曲”，具体内容如下：

一看：看道岔开通位置是否正确，尖轨及辙叉心处是否有杂物，是否需要改变位置。

二开：打开盖孔板及钩锁器的锁，拆下钩锁器。

三摇：摇道岔转向所需的位置，在听到“咔嚓”的落槽声后停止。

四确认：手指尖轨，口呼“尖轨密贴开通×位”，并和另一人共同确认。

五加锁：另一人在确认道岔位置开通正确后，用钩锁器锁定道岔尖轨，盖上盖孔板并上锁。

六汇报：向站控室汇报道岔开通位置正确，人员出清。

技能训练

人工转换道岔

以情境导入案例为例，站务人员下线路人工转换道岔时需有行调的调度命令指示，在进入线路前，需先清点手摇道岔必备工具和物品，主要包括红闪灯、荧光衣、钩锁器、手摇把、信号灯、扳手、盖孔板钥匙、钩锁器锁及钥匙等，一般是两位工作人员配合一起作业。

下线路转换道岔的工作人员均须穿戴好防护衣物，共同携带工具到线路附近安全区域(有站台门的，在端门处)向行调申请下线路人工转换道岔的命令，得到行调允许后到需要转换的道岔附近，在保障自身安全情况下，一起在距离道岔转换位置的来车方向 5 m 处设置红闪灯进行安全防护。人工转换道岔具体流程为：

图 1-49　看道岔尖端

一看：先由一名站务员走到道岔附近，需要面向尖轨，如图 1-49 所示，查看道岔开通位置、钩锁器及尖轨与基本轨间滑床板缝隙，剑指口呼，是否无异物，是否为列车所需进路所在位置，有无钩锁器，完毕后另一人重复上述动作确认。如果该道岔位置正确，无须转换，没有加钩锁器的需进行道岔加锁；有加钩锁器的可向车站行车值班员汇报道岔开通位置。需要注意：道岔只有在位置和进路所需位置不一致时，才需要人工转换。

二开：当判定需要转换道岔时，走到对应道岔的转辙机旁边，由其中一人利用盖孔板钥匙打开道岔对应的转辙机的盖孔板并进行断电操作，操作时同样需手指口呼，断电后由另一人进行确认。如果第一步有钩锁器时，首先需要将钩锁器拆下放在线路外安全区域。

三摇：由其中一人将手摇把插入转辙机孔，按进路所需位置顺时针或逆时针摇动道岔，如图 1-50 所示，另一人在一旁确认。听到转辙机“咔嚓”落槽声后，操作人需口呼“听到落槽声”，表示道岔已手摇到位。一般情况下，手摇把按正确方向转动时比按错误方向转动时省力。如果是双转辙机牵引的道岔，需要两个人保持同向转动手摇把，不得反向转动。

四确认：在听到转辙机“咔嚓”落槽声后，双人回到线路，需双人手指尖轨与基本轨，先后两次确认道岔开通的位置(左位或右位)，一侧尖轨与基本轨是否密贴，缝隙是否有异物，开通位置正确，是否需要加锁。

五加锁：确认尖轨与基本轨密贴之后，需要在尖轨与基本轨密贴处加装钩锁器，如图 1-51 所示，加锁时必须使用扳手将其锁紧，另一人确认。钩锁器的作用在于避免列车经过时尖轨与基本轨分开，造成道岔的四开状态，引起列车脱轨。

图 1-50　手摇道岔

图 1-51　用钩锁器加锁道岔

六汇报：在第五步加锁完毕后，需清理好现场工具，撤除红闪灯，人员工具出清线路，站在线路旁边安全位置处，向车控室或行调汇报道岔的开通位置、尖轨是否密贴、是否加装钩锁器。汇报内容为：报告车控室(或行调)，××号道岔已手摇至右位，尖轨密贴，缝隙无异物，已加钩锁器，人员工具已出清，××-××站上行发车进路准备完毕。

作业过程中人员必须严格按照标准作业程序进行手摇道岔作业，严格遵守“手指口呼、双人确认、一人作业、一人防护”原则，严谨细致做好每一步，在保证人身安全的前提下完成作业。

检查与评价

任务评价见表 1-7。

表 1-7　任务评价

<table>
<tr><td colspan="2">项目一任务 2　人工转换道岔</td><td rowspan="4">自我评价</td><td rowspan="4">小组评价</td><td rowspan="4">教师评价</td><td rowspan="4">综合得分</td></tr>
<tr><td>姓　名</td><td></td></tr>
<tr><td>组　别</td><td></td></tr>
<tr><td>小组成员</td><td></td></tr>
<tr><td>知识技能评价</td><td>1. 辨析三种及以上不同道岔类型。
2. 所画单开道岔示意图比例适当,结构无遗漏,标注正确。
3. 说出道岔号数和侧向行车允许通过速度之间的关系。
4. 熟练转换单开道岔</td><td></td><td></td><td></td><td rowspan="3"></td></tr>
<tr><td>方法能力评价</td><td>1. 根据资讯进行分析推理、归纳总结、建构知识架构的自学能力。
2. 人工转换道岔时的团队协作、沟通交流能力。
3. 严格按照人工转换道岔作业流程进行标准化作业的能力</td><td></td><td></td><td></td></tr>
<tr><td>思政评价</td><td>1. 劳动安全、设备安全、运输生产安全的系统安全意识。
2. 在设备故障情况下胸有成竹、临危不乱和沉着冷静的岗位职业素养</td><td></td><td></td><td></td></tr>
</table>

反馈与改进

通过检查与评价得到反馈,进行反思,并撰写实训指导手册的任务总结报告。

<table>
<tr><td>记录人</td><td></td><td>时间</td><td></td></tr>
<tr><td>总结报告</td><td colspan="3">请阐述任务评价反馈后,对人工转换道岔的认知、理解与使用的反思,并谈谈任务实施过程的体会</td></tr>
</table>

完善与拓展

(1)读者可通过图 1-34 所示的"视野拓展"模块学习拓展内容。

(2)拓展了解高速铁路道岔。

巩固与提高

一、赛中学

完成全国职业院校技能大赛高职组“城轨智能运输(赛项编号:GZ071)”竞赛题库以下题目:

(1)道岔由转辙部分、(　　)和辙叉部分组成。

A. 电气部分　　B. 机械部分

C. 连接部分　　D. 控制部分

(2)交叉渡线通常由(　　)个单开道岔组成。

A. 2　　B. 3　　C. 4　　D. 5

(3)确认道岔位置可采取(　　)方法。

A. 通过道岔定(反)位表示确认　　B. 通过有关进路开通方向确认

C. 与行车调度员进行核对确认　　D. 现场确认

(4)需要进行手摇道岔的情况有(　　)。

A. 车站控制台上道岔标识失去表示或不能正常表示(复示)时

B. 车站控制台显示与实际不符时

C. 道岔无法操控时

D. 转辙机停电时

(5)下列关于道岔的描述中,错误的是(　　)。

A. 可采用集中控制或现场手摇方式转换道岔位置

B. 设备正常时,可通过信号控制台的显示判断道岔位置

C. 道岔与进路和信号之间有相互制约的联锁关系

D. 道岔尖轨与基本轨密贴,表示道岔已处于锁闭状态

二、思考与提高

(1)单开道岔由哪几部分组成？各部分的作用分别是什么？

(2)道岔对列车运行有何影响？试举例说明。

(3)简述手摇道岔六部曲。

任务3　剖析车站的功能及结构

情境导入

车站是城市轨道交通客流集散的场所,具有供旅客候车、乘降、换乘的功能,某些车站还需要提供折返、停车检修、临时待避功能。为保证上述功能的实现,车站通常配备有通风、照明、卫生、防灾等设备,为旅客提供安全、舒适的候乘环境。

请每人分享一次乘坐轨道交通列车的有趣经历,讨论并总结记录乘车过程中了解的各类轨道交通车站的特点和优缺点。

学习目标

技能目标

(1)能铺画车站站场平面示意图。

(2)能分析车站布局,以具体车站为例,绘制车站站厅、站台层平面示意图,标注乘客进出站流线。

(3)能分辨不同车站标识的含义。

知识目标

(1)掌握车站组成、分类。

(2)明确车站不同线路的使用,掌握车站线路编号和道岔编号、线间距。

(3)明确车站功能,掌握车站布局对进出站乘客流线、紧急疏散乘客流线的影响。

(4)了解车站导向标志系统分类及显示意义。

素质目标

(1)培养热情、优质的服务意识。

(2)培养对车站布局、车站导向标志系统进行合理优化的服务创新意识。

任务作业单

为完成以上技能、知识和素质目标，任务作业单见表 1-8。

表 1-8　任务作业单

序号	任　　务
1	按乘客进站乘车流线补充车站功能设备，并设计必要标志系统
2	绘制车站平面示意图，并标出股道和道岔编号
3	讨论并记录整理不同车站的设备布局和乘客流线组织

学习地图

读者可自主学习参考智慧职教 MOOC 学院平台国家级精品在线开放课程“轨道交通运输设备运用”项目一任务 3 剖析车站的功能及结构，课程学习地图如图 1-52 所示。

图 1-52　课程学习地图

自学资讯

1. 本任务的两种自学方式

(1)在图 1-52 中的“新知学习”模块学习。

(2)扫描二维码学习。

城市轨道交通车站标志系统

2. 重要知识点

(1)轨道交通车站分类、功能及建筑组成。

(2)城市轨道交通标志系统。

(3)设计车站标志系统。

(4)车站线路布置图。

(5)车站乘客进出站流线。

计划与决策

(1)课外实地考察轨道交通车站。

(2)小组讨论确定课外考察车站的人员、时间、要点和注意事项。

(3)列出普通乘客乘车流程，收集现有车站候车标识做参考。

(4)根据实地考察或视频记录站厅、站台各类设备位置、数量情况，绘制框图。

(5)考察不同类型车站的站厅、站台等公共区域，根据实地考察或视频记录站厅、站台各类设备位置、数量情况，绘制站厅层功能分区框图。

任务实施

以小组为单位，在本书配套实训指导手册完成以下训练。

(1)按乘客进站乘车流线补充车站功能设备框图，并设计必要标志系统。

车站标志系统中按乘客常规进站(安检)—购票—检票—候车—乘车—下车—出闸—出站八部曲(流线)适当位置布置。每一流程都需要设置简洁明了的标志系统，为起到更佳的引导效果，除乘车标识可设置于地面外，其他流程标志系统一般布置在设备前方或上方。

(2)绘制车站平面示意图，并标出股道和道岔编号。

绘制线路平面图，需包含站房站台、正线(站线)、道岔、进出站防护信号机、上下行方向标记、车挡等。

(3)讨论并记录整理不同车站的设备布局和乘客流线组织。

通过小组讨论，绘制站厅及站房乘客设备分布平面框图，在框图上根据乘客乘车“进站/安检—购票—检票—候车”绘制客流进站流线，根据“下车—验票—出站”绘制出站流线。主要设备需体现乘客流线关键节点和主要停留地点，如出入口—电扶梯/楼梯—售票设备—闸机—电扶梯/楼梯—站台等。

相关知识

一、车站建筑

1.车站的分类

按不同的角度划分，城市轨道交通车站可分为不同的种类。

(1)按车站空间位置分类

按车站的空间位置进行划分，城市轨道交通车站有地下站、地面站和高架站三种形式。

①地下站(见图1-53)。受地面建筑群的影响，轨道交通线路设置于地下，其车站也随之设置于地下，主要为节省地面空间。地下站一般由地面出入口、地下站厅及地下站台组成。地下车站中站厅站台不同层的车站较为常见，根据其埋深，又可分为浅埋式车站和深埋式车站两种。在造价方面比较，埋深越大的车站，造价越高。

②地面站。地面站设置在地面层。由于占用地面空间，容易造成轨道交通线路所经过的地面区域分割，因此一般在大城市城乡接合部采用此类型的车站，它最大的优点是造价很低。

③高架站(见图1-54)。高架站是轨道交通线路架空，设置于高架桥梁桥面的车站。除了线路和站台架空在地面上以外，站厅、办公用房、生产用房等通常设在地面上，一般位于线路和站台的下层，在结构上比较简单，造价低于地下站。

图 1-53　地下站

图 1-54　高架站

(2)按车站主要用途

车站按其主要用途的不同可分为中间站、换乘站、区域站、枢纽站、联运站和终点站等，车站功能分类示意图如图 1-55 所示。

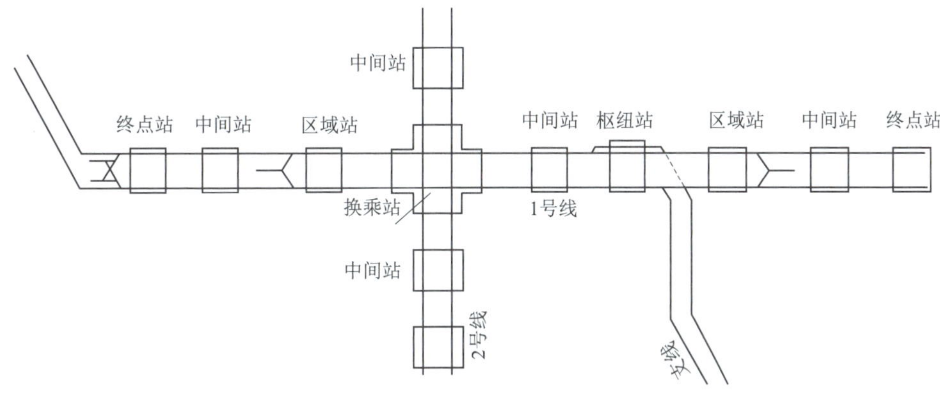

图 1-55　车站功能分类示意图

①中间站。中间站功能单一，一般只供乘客乘降之用。有的中间站设有折返设备可供列车折返和进行列车运行调整，以便在相邻区段上组织密度不同的行车和恢复正常的列车运行秩序。轨道交通路网中的车站大多属于中间站。

②换乘站。换乘站在城市轨道交通线网中起着重要作用，是位于两条及两条以上线路交叉点上的车站。除供乘客乘降之用外，还供乘客由一条线路的列车换乘到另一条线路的列车上去。在设计换乘站时，应尽可能将换乘客流和到发客流分开。

换乘站按照布置形式不同可分为平面换乘和竖向换乘。平面换乘方式指的是换乘车站的水平投影所分布的形式，一般有“十”形、“T”形、“L”形换乘、平行换乘和通道换乘等。

③区域站。区域站又称为折返站，是设在两种不同行车密度交界处的车站。站内有折返线和设备，区域站兼有中间站的功能。

④枢纽站。枢纽站位于城市轨道交通线路分岔的地方，由此站分出另一条线路的车站。该站可接、送两条线路上的乘客。

⑤联运站。联运站内设有两种不同性质的列车线路进行联运及客流换乘。联运站具有中间站及换乘站的双重功能。

⑥终点站。线路两端的车站，除供乘客上、下车外，还能供列车折返、停留和临时检修用，终点站一般设有多股停车线。

(3)按信号系统功能分

车站按信号系统功能可分为联锁站和非联锁站。联锁站是指具有车站联锁设备，可以监控列车运行、排列列车进路的车站；联锁站通常有道岔，非联锁站通常无道岔。

此外，车站还可按车站施工方法分为明挖站、暗挖站；按车站结构横断面形式分为矩形断面车站、拱形断面车站和圆形断面车站等形式。

2.城市轨道交通车站组成

地铁车站由车站主体（包括站台、站厅、生产、生活用房）、出入口及通道、通风道及地面通风亭，以及其他附属建筑等组成，如图1-56所示。

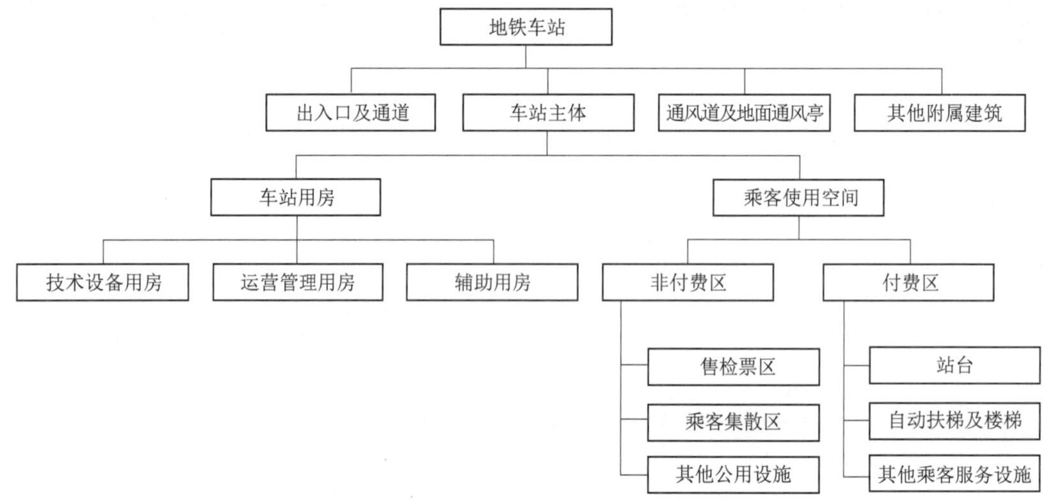

图1-56　地铁车站建筑（设施）组成示意图

车站主体是列车在线路上的停车点，其作用是供乘客集散、候车、换车及上、下车。它又是地铁运营设备设置的中心和办理运营业务的地方。出入口及通道是供乘客进、出车站的上部建筑设施。通风道及地面通风亭的作用是保证地下车站地下环境的舒适。对地下车站来说，以上介绍这几部分必须具备；高架车站一般由车站、出入口及通道组成；地面车站可以仅设车站和出入口。

(1)车站主体组成

车站主体由车站用房和乘客使用空间组成。车站用房又分技术设备用房、运营管理用房和辅助用房。乘客使用空间是直接为乘客服务的场所，主要包括站厅、站台、出入口、通道、售票处、检票口、问讯、公用电话、小卖部、楼梯及自动扶梯等。乘客使用空间在车站建筑组成中占有很重要的位置，它是车站中的主体部分，此部分的面积占车站总面积的50%左右。

运营管理用房主要包括站长室、行车值班室、车控室（见图1-57）、业务室、广播室、会议室、公安保卫、清扫员室，是为了保证车站具有正常运营条件和营业秩序而设置的办公用房。由进行日常工作和管理的部门及人员使用，是直接或间接为列车运行和乘客服务的，运营管理用房与乘客关系密切，一般布置在临近乘客使用空间的地方。

技术设备用房主要包括环控房（见图1-58）、变电所、综合控制室、防灾中心、通信机械室、信号设备房（见图1-59）、自动售检票室、泵房、冷冻站、机房、配电以及上述设备用房所属的值班室、防灾报警系统、环控系统、AFC室、工区用房、综合监控房（见图1-60）附属用房及设施等。技术设备用房是整个车站的心脏所在地，是为了保证列车正常运行、保证车站内具有良好环境条件及在事故灾害情况下能够及时排除灾害的不可或缺的设备用房，它直接和间接为列车运行和乘客服务。

图 1-57　车控室

图 1-58　环控房

图 1-59　信号设备房

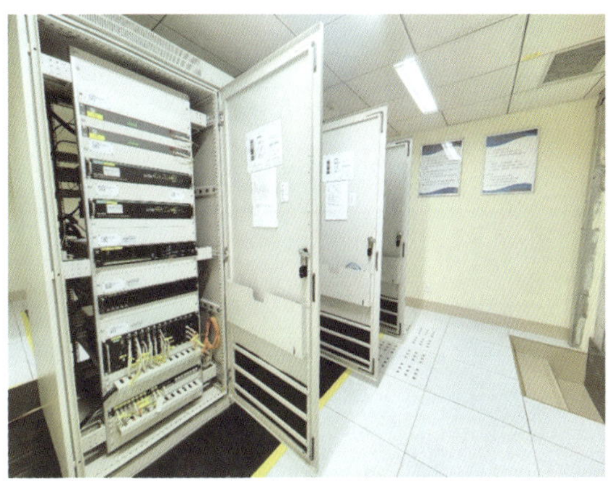

图 1-60　综合监控房

辅助用房主要包括厕所、更衣室、休息室、茶水间、盥洗室、储藏室等。这些用房均设在站内工作人员使用的区域内。辅助用房直接供站内工作人员使用，是为了保证车站内部工作人员正常工作生活所设置的用房。

(2)站台

站台(见图 1-61)是供列车停靠和乘客候车、乘车及上、下车的地方。

图 1-61　站台

①站台形式。

站台形式有岛式站台，侧式站台和岛侧混合式站台三种，如图 1-62 所示。

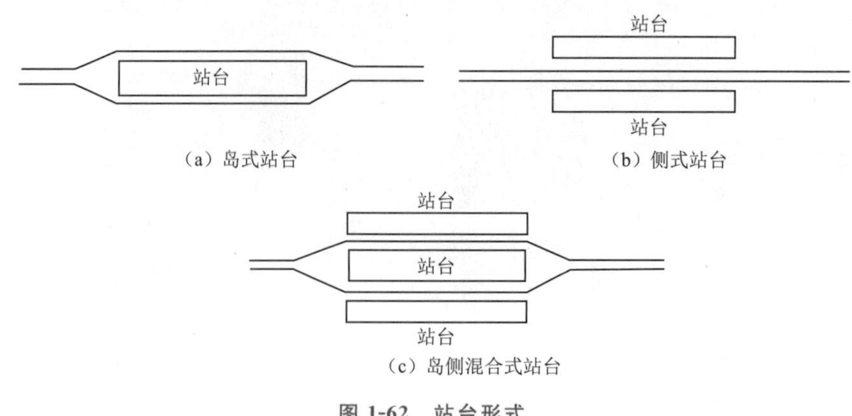

图 1-62　站台形式

车站采用的站台型式绝大多数为岛式站台与侧式站台两种，两种站台的优缺点见表 1-9。

表 1-9　岛式站台与侧式站台优缺点比较表

项　目	岛式站台	侧式站台
站台使用	站台面积利用率高，可调剂客流，乘客有乘错车的可能	站台面积利用率低，不能调剂客流，乘客不易乘错车
站台设置	站厅与站台需设在两个不同高度上，站厅跨过线路轨道	站厅与站台可以设在同一高度上，站厅可以不跨过线路轨道
站内管理	管理集中，联系方便	站厅分设时，管理分散，联系不方便
乘客中途折返	乘客中途改变乘车方向比较方便	乘客中途改乘车方向不方便，需经天桥或地道
改扩建难易性	改建扩建时，延长车站很困难，技术复杂	改建扩建时，延长车站比较容易
站内空间	站厅、站台空间宽阔完整	站厅分设时，空间分散，不及岛式车站宽阔
喇叭口设置	需设喇叭口	不设喇叭口
造价	较高	较低

②站台长度。

站台长度根据远期列车长度确定，考虑到列车停车时位置的不准确和车站值班员、司机对确认信号的需要，站台长度一般还需预留 2～6 m。站台长度应为远期列车编组长度加上允许的停车不准确距离。对于远期列车编组在 6～8 辆的轨道交通系统，站台长度一般在 130～180 m。

③站台宽度。

站台有效宽度主要根据车站远期预测高峰小时客流量大小、列车运行间隔时间、结构横断面形式、站台型式、站房布置、楼梯及自动扶梯位置等因素综合考虑确定，同时应扣除安全带及柱子、座椅等占用宽度。确定站台宽度的主要依据是高峰小时的客流量。在高峰小时内车站汇集了全日乘客人数的 10%～15%，同时在高峰小时内客流也不均匀。

岛式站台宽度一般为 10～15 m，侧式站台宽度一般为 4～6 m。我国《地铁设计规范》中规定了车站站台的最小宽度尺寸，见表 1-10。

表 1-10　车站站台最小宽度尺寸表

车站站台形式	站台最小宽度/m
岛式站台	8.0
岛式站台的侧站台	2.5
侧式站台(长向范围内设梯)的侧站台	2.5
侧式站台(垂直于侧站台开通道口设梯)侧站台	3.5

④站台高度。

站台高度是指线路走行轨顶面至站台地面的高度,与车型有关。站台与车厢地板面同高,称为高站台;站台比车厢地板面低一两个台阶,称为低站台。我国生产的轻轨样车,车厢地板面到轨顶面的高度为 950 mm,车辆第一踏面距轨面 650 mm,所以站台高度 900 mm 为高站台,站台高度 650 mm 或 400 mm 为低站台。采用高站台时,考虑到由于车辆弹簧的挠度,在最大乘车效率时,车厢地板下沉的范围在 100 mm 以内,故高站台高度宜低于车厢地板面 50～100 mm 为宜。

⑤轨道中心到站台边缘距离。

轨道中心到站台边缘的距离由车辆的建筑限界决定,还应考虑站台的施工误差,一般施工误差为 10 mm。例如当车体宽为 2.6 m,轨道中心到站台边缘的距离定为 1 400 mm;当车站设在曲线上时,应适当加宽。

(3)站厅、通道、升降设备和跨线设施

①站厅。

站厅主要功能是集散客流兼客运服务,具体来说就是将乘客迅速、安全、方便地引导到站台乘车,或将下车的乘客同样地引导至出入口出站,如图 1-63 所示。对乘客来说,站厅是上下车的过渡空间。乘客在站厅内需要办理乘车手续,因此,站厅内需设置售票、检票、问询等为乘客服务的各种设施。此外,站厅一般还应有售检票、车站管理等用房。

图 1-63　站厅

站厅规模大小、建筑特征要根据城市规划与交通的要求并与地面建筑相协调,又要各具特色,达到简洁、明快、开朗、流畅、富于时代感。站厅面积根据高峰小时最大客流量及集散时间的要求计算确定。

地铁站厅通常划分为付费区及非付费区两大区域。付费区是指乘客需要经购票、检票后方可进入的区域,然后到达站台;非付费区也称免费区或者公用区,乘客可以在本区内自由通行。付费区与非付费区之间应分隔。付费区内设有通往站台层的楼梯、自动扶梯、补票处,在换乘车站,尚需设置通向另一车站的换乘通道。非付费区内设有售票、问询、公用电话等,必要时,可增设金融、邮电、服务业等机构。某地铁车站站厅平面图如图 1-64所示。

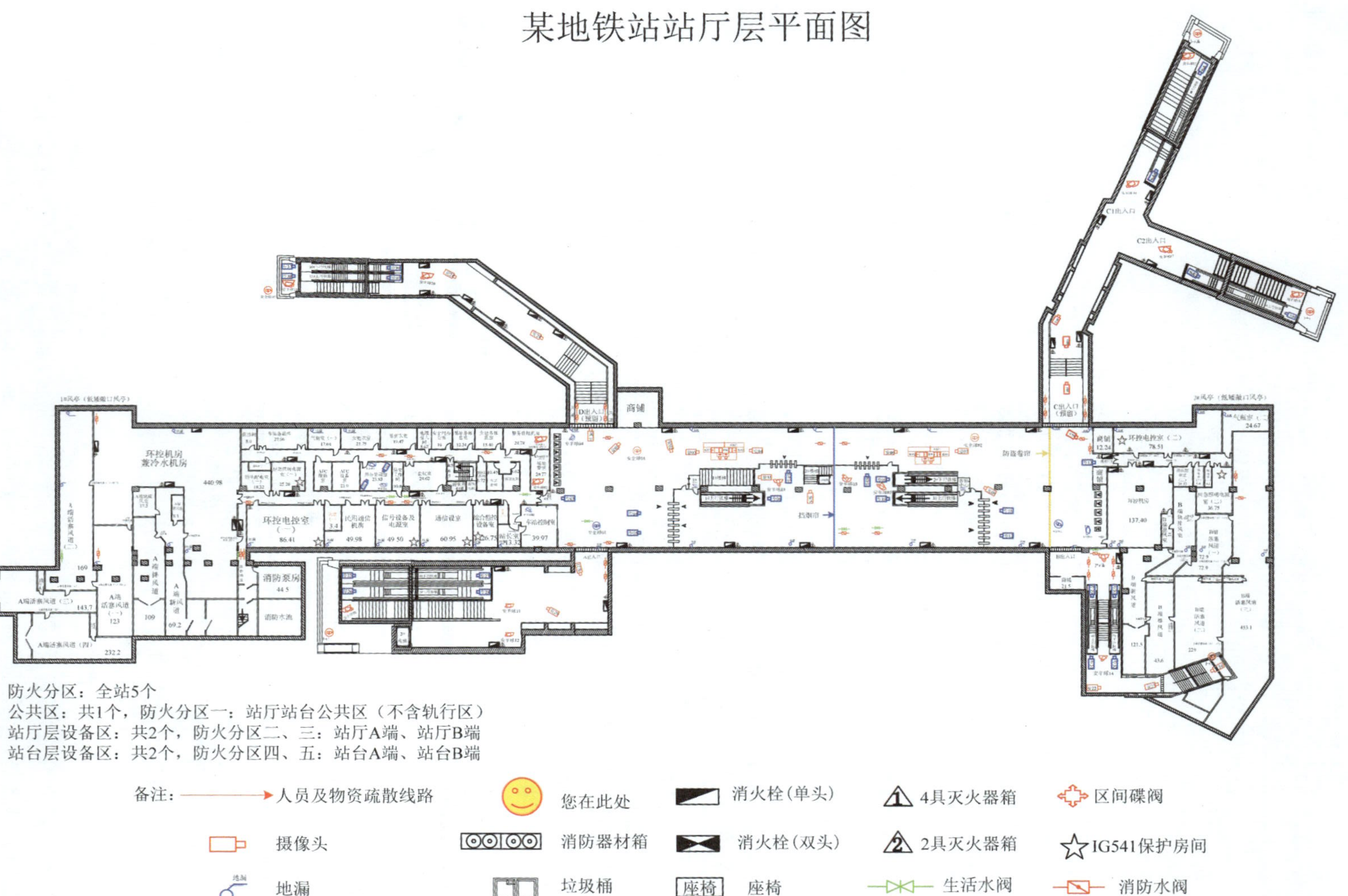

图 1-64　某地铁车站站厅平面图

②通道。

通道把站台、站厅和出入口连接起来，通道一般有斜坡式和阶梯式两种。

地下车站的出入口位置应根据车站位置的地形、地势等具体条件，并满足城市规划和交通的要求，可设在人行道上、街道拐角处、街道中心广场、街心花园处、建筑物内和建筑物边。车站出入口及通道的数目和宽度应根据该地区的具体条件和客流量确定，并考虑紧急情况下，站台的乘客和停在列车内的乘客必须在 6 min 内全部疏散出地下站并上到地面。

出入口及通道宽度应根据高峰小时客流量计算确定，采用宽度一般不小于 2 m，最小不得小于 1.5 m；地下通道净高一般为 2.5 m 左右。

③升降设备。

地下或高架车站还需设置楼梯和自动扶梯（见图 1-65）。站厅、通道和升降设备的通过能力应根据远期高峰客流的需要，适当留有余地的原则进行配备。

图 1-65　自动扶梯

高架站和地下站与地面的联系必然通过垂直交通来疏导乘客，天桥或地道跨线设施也需要垂直交通。垂直交通的设计要求位置适宜，路线便捷，合理通畅的宽度。

高架站的垂直交通布置，通常有两种方式：一种为街道两侧布置垂直交通，经天桥进入高架车站，即天桥进出方式；另一种是利用桥下空间，由楼梯通向休息平台，再向两侧高架站台或通向岛式站台，即为桥下进出方式。

④跨线设施。

由于城市轨道交通列车的速度快、密度高，要求整个线路封闭程度较高。考虑乘客候车安全，侧式站台上、下行线间加防护栏杆隔开，所以有上下行越线问题。岛式站台乘客进站也有越线问题，而且行人过街也同样有越线问题。

对地面站来说，除了客流量小，一般均需设跨线设施。地面站的跨线设施可以是天桥或地道两种方案，天桥方案较经济，施工方便，对交通干扰少，应优先采用；地下站跨线设施，可以在地下站内解决。

高架站的跨线设施如在高架桥上再设天桥，对于乘客来说会加重负担，安全感差，又占用较多高架站台面积，增加高架站结构的复杂性，提高了造价，也影响景观。因此，通常应该尽量利用高架桥面以下的结构空间解决跨线功能，也可以在解决高架站的垂直交通时，同时解决跨线问题。但要注意避开道路的交会路口，以满足道路上空的限高要求。

3. 车站线路

车站线路包括正线、折返线和停车线，是列车在站内到达、出发及停留，或进行折返作业的线路，某城市轨道交通车站线路布置图如图 1-66 所示。

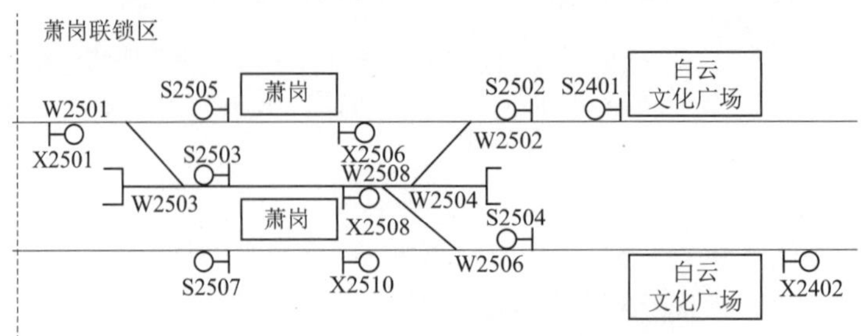

图 1-66 某城市轨道交通车站线路布置图

在线路的终点站以及部分中间站上设置折返线及停车线，折返线的布置应尽可能地保证线路最大通过能力的实现。相关规范并规定：线路的每个终点站和区段运行的折返站，应设置折返线或渡线，它的折返能力应与该区段的通过能力相匹配。当两折返站相距过长时，宜在沿线每隔 2～3 座车站的站端加设渡线与正线贯通。

(1)正线

正线是指连接车站并贯穿或直股伸入车站的线路，它直接与站外区间线路连接，一般不用道岔。

(2)折返线

①站前折返线(见图 1-67)，指列车经由站前渡线折返。其优点为：列车空走少，折返时间较短，乘客能同时上下车，可缩短停站时间，减少费用；缺点在于这种方式存在一定的进路交叉，对行车安全有一定威胁，客流量大时，可能会引起站台客流秩序的混乱。

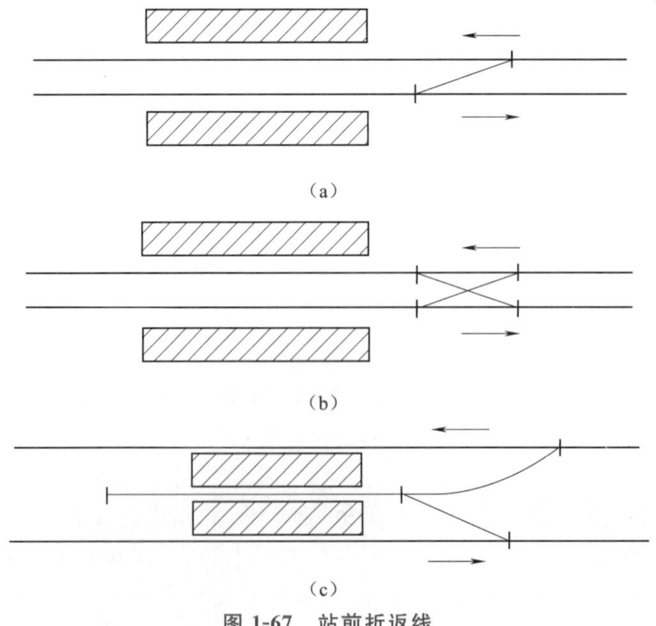

图 1-67 站前折返线

②站后折返线(见图1-68)。站后折返由站后尽端折返线折返,可避免进路交叉。此外,列车还可采用经站后环形线折返的方法。其优点为安全性能好,站后列车进出站速度较高,有利于提高旅行速度;主要缺点在于站后折返的列车折返时间较长。

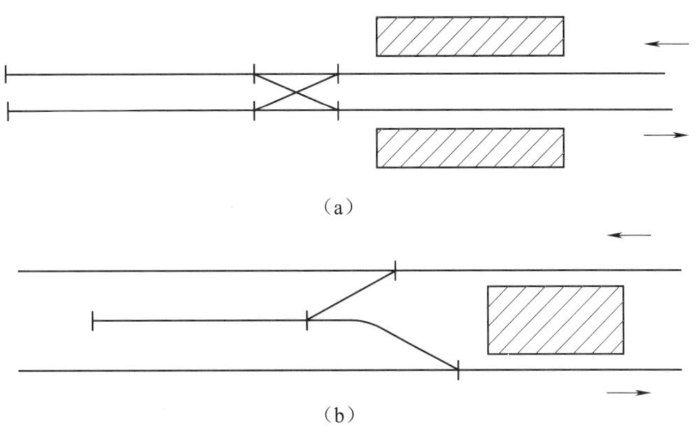

图1-68　站后折返线

站后渡线方法可为短交路提供方便;除渡线折返外,还有环形线折返,环形线折返设备可保证最大的通过能力,但占地较多,施工量大,钢轨在曲线上的磨耗也大。一般说来,站后尽端折返线折返是最常见的方式。

③环形折返线。环形折返线俗称灯泡线,如图1-69所示。

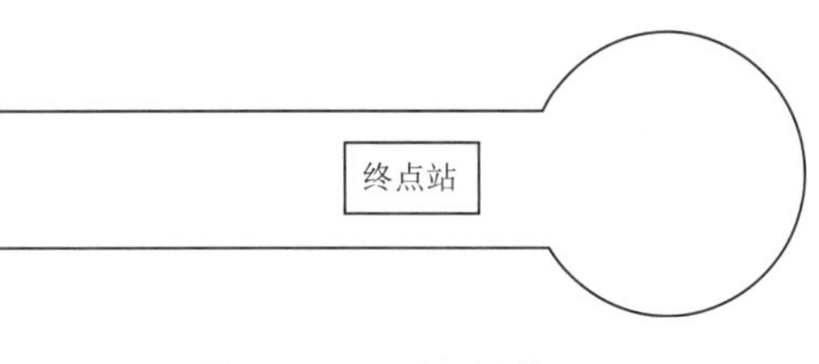

图1-69　环形折返线

环形折返线实际上是将端点折返作业转化为沿一个环形单线区段运行的作业,实质上取消了折返过程,变为区间运行,有利于列车运行速度发挥,消除了因折返作业而形成的线路通过能力的限制条件,是一种对提高运营效率有利的折返方法。

环线折返线的缺点在于占地面积较大,尤其是地下线,修建难度更大,投资较高;环线折返线丧失了一端停车维护保养检查的机动线路,对车辆技术和运行组织要求更高,线路机动性下降,线路延伸可能性甚微,一般只适用于线路较短、线路延伸可能较小且该端点站又在地面的情况。

(3)停车线

停车线可与折返线结合设置,也可单独设置,如图1-70所示。

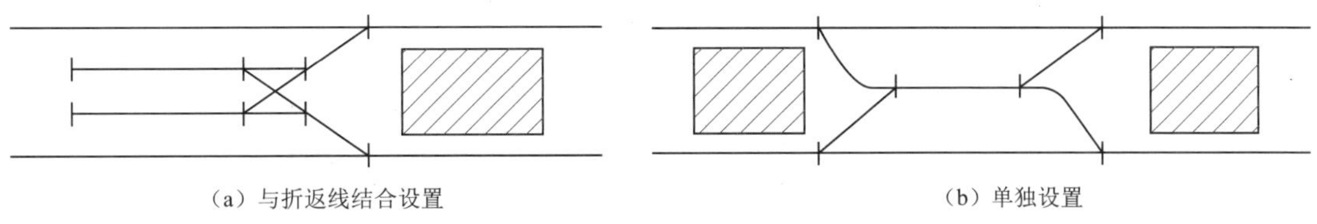

图1-70　停车线

4.线路和道岔编号

为便于车站或车辆段生产指挥作业的联系和对设备的维修管理,车站对车站所属线路和道岔会进行编号,同一车站(车场/车辆段)内的线路和道岔不得重复编号。

(1)线路编号

线路编号一般正线用罗马数字，其他线用阿拉伯数字表示。其中，下行正线一侧用单数，上行正线一侧用双数。先给主要线路编号，后给安全线等次要线路编号。

(2)道岔编号

道岔编号一般从车站两端用阿拉伯数字由外向里依次编号，上行列车到达一端编为双数，下行列车到达端编为单数，同一渡线或梯线上的道岔应连续编号。

5.城市轨道交通车站的功能

在轨道交通运输中，车站起着极其重要的作用。就运输企业内部而言，车站不仅是线路上供列车到、发及折返的分界点，保证行车安全和必要的通过能力；而且也是客运部门办理客运业务和各工种联劳协作进行运输生产的基地。就运输企业外部而言，车站是乘客旅行的起始、终到及换乘的地点，它是运输企业与服务对象的主要联系环节。

城市轨道交通车站的运输生产主要由行车组织和客运组织两部分工作构成。车站行车组织工作包括接发列车作业和列车折返作业等。车站客运组织工作包括售检票、组织乘客乘降和换乘，以及文化、生活等其他方面的服务。车站工作的组织水平在很大程度上影响着运输工作的数量和质量指标。因此，车站作业的科学管理是提高轨道交通运输工作水平的重要环节。

车站的建筑布置，应能满足乘客在乘车过程中对其活动区域内的各部位使用上的需要。将乘客进、出站的过程用流线的形式表示出来，这种流线叫作乘客流线。乘客流线是地铁车站的主要流线，也是决定建筑布置的主要依据。站内除乘客流线外，还有站内工作人员流线、设备工艺流线等。这些流线具体地、集中地反映出乘客乘车与站内房间布置之间的功能关系。

6.车站主要建筑平面布置

(1)车站出入口和地面通风亭的位置

车站出入口(见图1-71)一般都选在城市道路两侧、交叉路口及有大量人流的广场附近。出入口宜分散均匀布置，出入口之间的距离尽可能大一些，使其能够最大限度地吸引更多的乘客，方便乘客进入车站。

图1-71　某地铁车站出入口

车站出入口宜设在火车站、公共汽车站、电车站附近，便于乘客换车。车站出入口与城市人流路线有密切的关系。应合理组织出入口的人流路线，尽量避免相互交叉和干扰。车站出入口不宜设在城市人流的主要集散处，以便减少出入口被堵塞的可能。

车站出入口应设在比较明显的部位，便于乘客识别。

单独修建的地面出入口和地面通风亭，其位置应符合当地城市规划部门的规划要求，一般都设在建筑红线以内。如有困难不能设在建筑红线以内时，应经过当地城市规划部门的同意，再选择其位置。地面出入口的位置不应妨碍行人通行。单独修建的车站出入口和地面通风亭与周围建筑物之间的距离应满足防火距离的要求。如确有困难，不能满足防火距离要求时，应按规范规定采取分隔措施，加设防火墙、防火门窗。建筑物与车站出入口、地面通风亭之间的防火距离应根据建筑物的类别及耐火等级来确定。对一、二级耐火等级的多层民用建筑物，其间的防火距离不应小于 6 m；一、二级耐火等级的工业建筑物，其间的防火距离不应小于10 m。与一、二级耐火等级的高层主体建筑的防火距离不应小于 13 m；一、二级耐火等级高层建筑的附属建筑物，其防火距离不应小于 6 m。

车站出入口和地面通风亭不应设在易燃、易爆、有污染源并挥发有害物质的建筑物附近，与上述建筑物之间的防火安全距离应符合有关规范的规定。

车站主要出入口应朝向地铁的主客流方向。大商场、大型公交车站、大中型企业、大型文体中心、大居住区等都是地铁乘客的主要来源地和主客流方向。有条件时，车站出入口可以与附近的地下商场等建筑物相连通，方便乘客购物和进入车站。车站出入口也可设在附近建筑物的首层，对乘客进、出车站十分方便。

(2)站厅的位置

站厅的位置与人流集散情况、所处环境条件、车站类型、站台型式等因素有关。站厅设计的合理与否，将直接影响车站使用效果及站内的管理和秩序。站厅的布置有以下四种：

①站厅位于车站一端：这种布置方式常用于终点站，且车站一端靠近城市主要道路的地面车站。

②站厅位于车站两侧：这种布置方式常用于侧式站台(见图 1-72)车站。客流量不大者多采用。

图 1-72　侧式站台

③站厅位于车站两侧的上层或下层：这种布置方式常用于地下岛式车站及侧式车站站台的上层，高架车站站台的下层。客流量较大者多采用。

④站厅位于车站上层：这种布置方式常用于地下岛式车站和侧式车站。适用于客流量很大的车站。

二、车站标志系统

城市公共交通为广大市民提供出行便利，规模和功能大且人流量聚集，轨道交通车站标志系统主要是指以轨道运行为主的车辆可停泊及可提供旅客进出站点的区域范围的引导人们出行的指示系统。通过建筑体表面的名称以及站台上的名称告知人们出行及到达的站点名称，出发及到达区域的指示牌规范引导人们的出行，对旅客起到辅助管理作用。

车站标志系统一方面为人们提供乘车导向和信息服务，另一方面还能组织疏导车站内人流，因此车站标志系统设计制作都应遵循合理性与科学性原则。标志系统主要由色彩、图文及空间环境组合而成，可以为人们提供及时合理的指示信息，利用可视化的文字或图形符号明确标注地铁站空间的名称与用途，乘客置身其中随时都能清楚自己所处位置的名称。

1. 乘客流线指示牌

乘客流线指示牌（见图 1-73）实际上是为人们在车站中进出站或者换乘等前进路线提供导向指引，从而疏导乘客流线以及避免路线发生交叉混乱现象。一般进站、出站流线分开。如有站内换乘，双向换乘流线也一般分开，利用售检票、电扶梯等设备合理设计乘客必经路线。

图 1-73　乘客流线指示牌

2. 路线导向标志牌

地铁线路图设置于换乘车站的站台层及单一线路车站的站台层，标记着该侧站台车辆的具体行驶方向，乘客通过路线导向标志牌（见图 1-74）能清晰了解此站台车辆的行驶路线，采用特殊颜色标记线路上换乘站点的位置，便于人们快速辨认换乘车站。

图 1-74　路线导向标志牌

3. 消防安全疏散标志牌

消防安全疏散标志牌（见图 1-75）主要作用是在遇到紧急情况时可迅速将车站内所有乘客迅速撤离至地面安全区域，只需依据最短出站路线即可完成疏散。

4. 和市内其他交通方式换乘的导向标志牌

通常情况下，人们日常出行大都需要换乘一次或两次以上方可抵达目的方位，由此说明，地铁站与其他交通方式的换乘站点标志牌或停车场导向标志(见图 1-76)就起着相当重要的作用了，如换乘公交或出租车。

5. 出口导向牌

出口导向牌(见图 1-77)主要是对车站附近位置区域、标志性建筑、重点场所等的指引，一般用字母、数字或字母加数字进行编号。

图 1-75　消防安全疏散标志牌

图 1-76　和市内其他交通方式换乘的导向标志牌

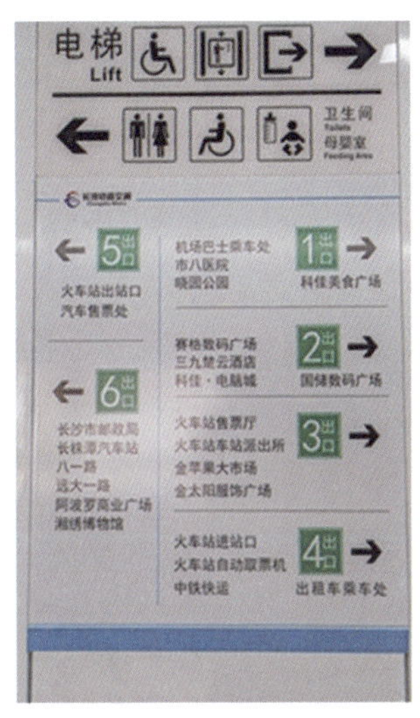

图 1-77　出口导向牌

技能训练

为车站乘客设计标志系统

为车站乘客设计标志系统，需要先理清楚乘客的需要和乘客在站必经路线。

乘客出行，首先要找到车站，因此站外需设计指引乘客往车站出入口的指示牌，最好是在显眼的地方，且有方向和距离的提示；进站之后要解决票务问题，因此需要有票务相关的服务提醒和指示；购票完成之后需指引乘客去检票口，因此在此流线要设计有指引检票的方向、距离或设备的标志。验完票之后的安全候车区域，同样要有指示标志；此外在必经流线上，一些安全指引也必须设计。

综上，设计第一步，先根据车站公共区域情况，绘制出包含购票设备、闸机、电扶梯等必要设备的平面布置图；第二步，在每个设备附近，根据乘客流向，在乘客必经线路上设计出包含乘客需要信息的标志图；第三步，检查乘客流线和标志完整程度，对照考察车站的影像记录，分析原因，查漏补缺，提高设计水平。

检查与评价

任务评价见表 1-11。

表 1-11　任务评价

<table>
<tr><td colspan="2">项目一任务 3　剖析车站的功能及结构</td><td rowspan="4">自我评价</td><td rowspan="4">小组评价</td><td rowspan="4">教师评价</td><td rowspan="4">综合得分</td></tr>
<tr><td>姓　名</td><td></td></tr>
<tr><td>组　别</td><td></td></tr>
<tr><td>小组成员</td><td></td></tr>
<tr><td>1. 知识技能评价</td><td>1. 认识车站各类标识；
2. 掌握车站线路分类，股道编号、道岔编号基本原则；
3. 了解车站建筑主要组成及站厅站台平面布置；
4. 熟悉车站的主要功能</td><td></td><td></td><td></td><td rowspan="3"></td></tr>
<tr><td>2. 方法能力评价</td><td>1. 根据资讯进行分析推理、归纳总结、建构知识架构的自学能力；
2. 应用车站标志系统的能力；
3. 梳理车站的客运作业主要内容和关键点</td><td></td><td></td><td></td></tr>
<tr><td>3. 思政评价</td><td>1. 车站运输生产安全的系统安全意识；
2. 车站设备操作安全、乘客安全重于一切的岗位责任心；
3. 在设备故障情况下胸有成竹、临危不乱和沉着冷静的岗位职业素养</td><td></td><td></td><td></td></tr>
</table>

反馈与改进

通过检查与评价得到反馈，进行反思，并撰写实训指导手册的任务总结报告。

记录人		时间	
总结报告	请阐述任务评价反馈后，对车站平面布置、车站标志系统及车站功能的认知、理解与使用的反思，并对任务实施过程的体会		

完善与拓展

(1)读者可通过图 1-52 所示的"视野拓展"模块学习拓展内容。

(2)考察了解城际轨道交通和高速铁路的车站的组成及车站乘客流线组织。

巩固与提高

一、做中学

(1)站内线路施工时，由(　　)在车站两端端墙外轨道中央的道床上设置警示标志防护。

A. 站台保安　　B. 站务员

C. 值班员　　D. 施工负责人(或由其指定专人)

(2)设计规范中，地下出入口通道力求短、直，通道的弯折不宜超过 3 处，弯折角度宜大于(　　)°。

A. 60　　B. 70　　C. 80　　D. 90

(3)车站按照在线路上的位置可以分为(　　)。

A. 有道岔车站、无道岔车站

B. 岛式站台车站、侧式站台车站、岛侧混合式站台车站

C. 中间站、始发站、终到站

D. 尽头式车站、通过式车站、混合式车站

(4)下列(　　)属于车站配备的突发事件抢险器材。

A. 呼吸器　　B. 消防自救式呼吸器

C. 便携式扶梯　　D. 铅粉

二、思考与提高

(1)地铁车站建筑一般由哪几部分组成?

(2)车站按位置分地下车站由哪几部分组成?

(3)地下车站站台有哪几种类型?

(4)车站主要技术设备有哪些?

(5)影响车站分布的因素有哪些?

(6)地铁车站有哪些主要功能?

任务4 城市轨道交通供电系统概述

情境引入

2021年×月×日上午,某市繁忙的地铁因变电站故障而断电,地铁站内一片漆黑,人们以手机的微弱发光照明,4条线路中,2号线须暂停服务,有两条线路被迫减速慢驶,大批乘客滞留在地铁站。经约1 h抢修后,电力才恢复正常。停电事故发生时,该地铁1号线甲站至乙站,2号线丙站至丁站,4号线戊站至已站,车站照明、票务、列车信号等设备断电,但正在运行的地铁列车及时采用了应急模式减速行驶,未造成停驶事故。部分停电期间未出站的乘客,在管理人员的帮助下可以继续乘坐。停电期间,部分车站采取了限流措施,通过列车、车站广播及时疏导客流,确保应急状况下的运营安全,车站秩序未受大的影响。

据了解,此次停电事故是由于给某街道一带供电的220 kV·A市变电所发生故障,事故原因是由于该变电站设备长期处于高负荷运行状态,部分设备老化造成的。

根据案例分析电力系统对地铁运营有什么影响:繁忙的城市轨道交通的牵引电能从哪里来?又是如何传输到接触网或接触轨给电动车组提供动能的呢?供电系统和牵引系统是如何起作用的呢?

学习目标

技能目标

(1)能画出城市轨道交通系统供电系统组成示意图。

(2)能分析一条地铁线路的供电臂供电范围。

(3)能区分各种类型的接触网(轨),理解其特点。

(4)画图说明牵引供电系统工作原理。

知识目标

(1)理解城市轨道供电系统的组成及功能。

(2)理解城市轨道供电系统采用直流制式的原因，了解三种外部供电方式的特点。

(3)掌握牵引供电系统的功能和组成。

(4)了解接触网的结构形式。

(5)掌握牵引变电所向接触网的供电方式。

素质目标

(1)培养安全生产责任意识，具备对供电设备进行安全操作的职业素养。

(2)培养认真负责的工作态度。

任务作业单

为完成以上技能、知识和素质目标，任务作业单见表 1-12。

表 1-12　任务作业单

序号	任　　务
1	绘制一个城市轨道交通供电系统总体组成示意图
2	考察一个车站，根据车站情况绘制该站主要设备供电示意图
3	考察不同受电方式的城市轨道交通线路，指出主要异同点： 情境一：接触网； 情境二：第三轨

学习地图

读者自主学习参考智慧职教 MOOC 学院平台国家级精品在线开放课程“轨道交通运输设备运用”项目一任务 4 城市轨道交通供电系统概述，课程学习地图如图 1-78 所示。

图 1-78　课程学习地图

自学资讯

城市轨道交通供电系统的组成

牵引供电系统工作原理

1. 本任务的两种自学方式

(1)在图 1-78 中的“新知学习”模块学习。

(2)扫描二维码学习。

2. 重要知识点

(1)城市轨道交通供电系统的组成。

(2)牵引供电系统的工作原理。

(3)绘制轨道交通供电系统组成示意图。

计划与决策

(1)针对不同的城市轨道交通供电系统,学习供电系统的组成、功能和工作原理,明确各人任务职责,完成任务实施计划。

(2)形成决策意见,绘制城市轨道交通供电系统组成、牵引供电系统工作原理示意图。

(3)小组讨论确定课外考察车站的人员、时间、要点和注意事项。

(4)根据任务作业单,考察车站并咨询查找一个城市轨道交通供电系统总体的总体组成情况。

(5)根据任务作业单和考察记录,按考察车站的情况绘制该站主要设备供电示意图。

(6)根据任务作业单和考察记录,整理不同受电方式(至少包含接触网和第三轨)的城市轨道交通线路资料并进行对比,指出主要异同点。

任务实施

以小组为单位,在本书配套实训指导手册完成以下训练。

(1)根据任务作业单和考察情况,按电的输送和电压变化,画框图说明城市轨道交通供电系统的组成,参见“技能训练”中绘制轨道交通供电系统组成示意图。

(2)根据任务作业单和考察记录,按考察车站的情况绘制该站主要设备供电示意图,画图说明牵引供电系统工作原理并分析一条地铁线路的供电臂供电范围。

(3)小组讨论和组间交流不同城市轨道交通牵引供电系统的差异。

相关知识

一、城市轨道交通供电系统

城市轨道交通供电系统是为城市轨道交通运营提供所需电能的系统,不仅为电动列车提供牵引用电,还为运营服务的其他设施设备提供电能。

1. 城市轨道交通供电系统的组成

城市轨道交通作为城市电网的用户,直接从城市电网取得电能。城市轨道交通供电系统由外部供电电源系统(城市电网、主变电所)、牵引供电系统、动力照明供电系统和电力监控系统组成,如图 1-79 所示,其中牵引供电系统包括牵引变电所和牵引网两部分,动力照明系统包括降压变电所和动力照明配电系统。

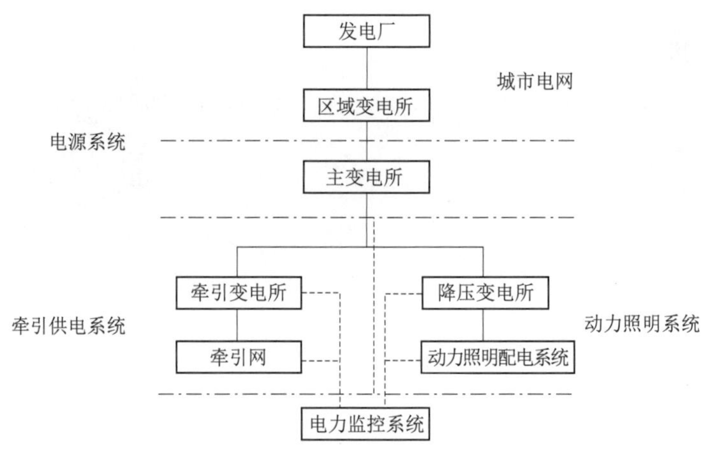

图 1-79　城市轨道交通供电系统组成示意图

(1)外部供电电源系统

发电厂(站)是发出电能的中心。为减少线路的电压损失和能量损耗,发电厂发出的电能,要先经过升压变压器升高电压,然后以 110 kV 或 220 kV 的高压,通过三相传输线输送到区域变电所。在区域变电所中,电能先经过降压变压器把 110 kV 或 220 kV 的高压降低至 10 kV或 35 kV 电压等级,再经过三相输电线输送给本区域内的各用电中心。城市轨道交通牵引用电既可从区域变电所高压线路得电,也可以从下一级电压的城市地方电网得电,主要取决于系统和城市地方电网的具体情况以及牵引用电容量的大小。

对于直接从高压电网获得电力的城市轨道交通系统,往往需要再设置一级主降压变电所,将系统输电电压如 110 kV 或 220 kV 降低到 10 kV 或 35 kV 以适应直流牵引变电所的需要。如图 1-80 所示,虚线 2 以上,即从发电厂(站)经升压、高压输电网、区域变电所至地铁电网主变电所部分,通常被称为城市轨道交通供电系统的"外部供电系统",也称"一次供电系统"。

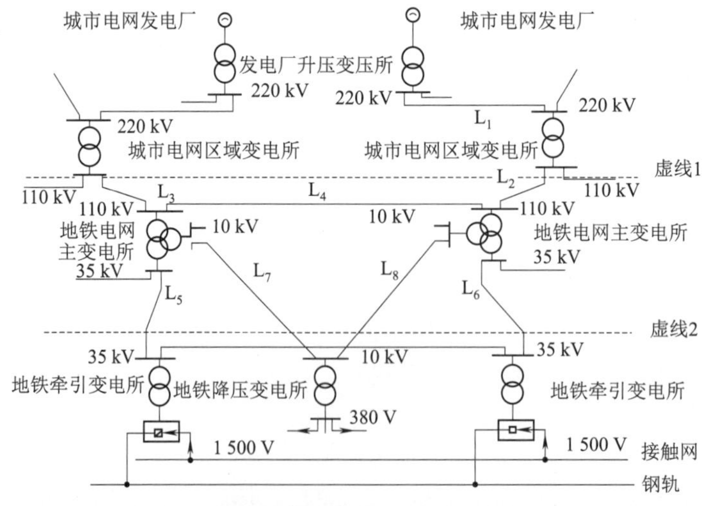

图 1-80　城市电网外部供电系统和城轨牵引供电系统

(2)牵引供电系统

如图 1-81 所示,牵引供电系统主要由牵引变电所(或牵引降压混合变电所)和牵引网两大部分组成，牵引网主要由接触网、馈电线、轨道和回流线组成。

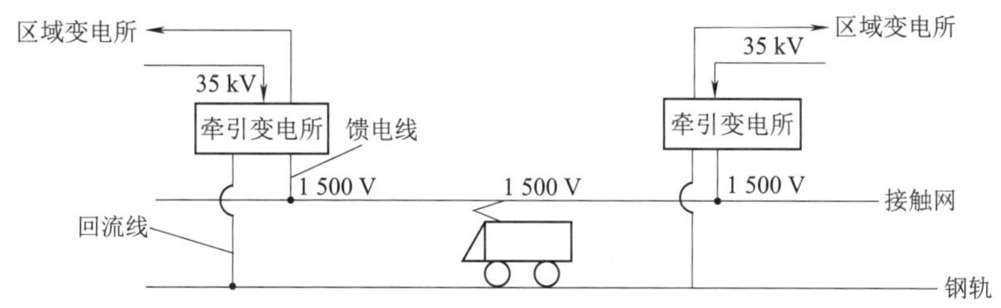

图 1-81　牵引供电系统

①直流牵引变电所。供给城市轨道交通一定区域内牵引电能的变电所，是牵引供电系统的核心。一般由进出线单元、变压变流单元及馈出单元构成。其主要功能是将中压环网的AC 35 kV 或 AC 10 kV 三相高压交流电源经变压整流单元后转换为城市轨道交通列车所需的电能，并分配到上、下行区间供列车牵引用。

②接触网（轨）。接触网是沿列车走行轨架设的一种特殊供电线路，可经电动列车的受电器向电动列车供给电能。按其结构可分为架空式和接触轨式；按其悬挂方式又可分为柔性（弹性）接触网和刚性接触网。习惯上，由于接触轨式是沿线路敷设的与轨道平行的附加轨，故又称第三轨；而采用架空方式时，才称为“接触网”。

③馈电线。从牵引变电所向接触网输送牵引电能的导线称为馈电线。

④回流线。供牵引电流返回牵引变电所的导线称为回流线。

⑤电分段。为便于检修和缩小事故范围，将接触网分成若干段，称为电分段。

⑥轨道。轨道构成了牵引供电回路的一部分。列车行走时，利用走行轨作为牵引电流回流的电路。在采用跨座式单轨电动车组时，需沿线路专门敷设单独的回流线。

（3）动力照明系统

动力照明系统为列车以外的其他所有用电负荷提供电能，包括通信、信号、照明和计算机系统等许多一级负荷。这些负荷均与城市轨道交通正常运营密不可分。降压变电所将 10 kV 变为 380 V/220 V 电源供动力照明负荷用电。在引入电源方面，每座降压变电所均从中压环网引入两路电源，有条件时还应从相邻变电所或市电引一路备用电源，对于特别重要的负荷如控制系统的计算机等负荷还应设 UPS。

在动力照明供电系统中，降压变电所一般每个车站设置一个，有时也可几个车站合设一个；也可将降压（动力）变压器附设在某个牵引变电所之中，构成牵引与动力混合变电所。

地铁车站及区间照明电源采用 380 V/220 V 系统三相五线制系统配电。正常时，工作照明、事故照明均由交流供电，当交流电源失去时，事故照明自动切换为蓄电池供电，确保事故期间必要的紧急照明。

车站设备负荷可分为以下三大类：

一类负荷：包括事故风机、消防泵、主排水站、售检票机、防灾报警、通信信号、事故照明；

二类负荷：包括自动扶梯、普通风机、排污泵、工作照明；

三类负荷：包括空调、冷冻机、广告照明、维修电源。

对于一、二类负荷，一般有两路电源供电，当一台变压器故障解列时，另一台变压器可承担全部一、二类负荷。三类负荷由一路电源供电，当一台变压器故障解列时，可根据运营需要自动切除。

(4)电力监控系统

电力监控系统是贯穿于整个供电系统的监视控制部分。电力监控系统由控制中心、通信通道和被控站系统组成，对全线变电所及沿线供电设备实行集中监视、控制和测量。控制中心完成对所采集数据的分析、计算、存储、设备状态监视以及控制命令的发送等功能。被控站系统完成对设备状态、信号等数据的采集、整理、简单分析计算及变电所内控制等功能。

2.城市轨道交通供电系统的功能

城市轨道交通供电系统是一个复杂的系统工程，变电所和环网电缆为城市轨道交通电力牵引及动力照明提供了最基本的动力能源；接触网(接触轨)通过地铁车辆受电弓为电力牵引提供电能；杂散电流防护工程有效防止了直流系统对建筑结构的电力腐蚀；接地系统为地铁工程的各系统提供可靠的工作接地和保护接地。系统本身需具备以下功能：

(1)故障自救功能

系统的安全可靠性是城市轨道交通供电系统首先要考虑的重要因素，无论供电系统如何构成、采用什么样的设备，安全可靠是供电的第一位，在系统中不管发生什么样的故障，系统本身有冗余措施，保证城市轨道交通的正常运行不受影响。双电源是城市轨道交通供电系统设计的主要原则：当一路电源发生故障时，另一路电源保证系统的正常运行。主变电所、牵引变电所和降压变电所为双电源、双机组、双动力照明的一、二级负荷，采用双回路、双电源供电，直流供电采用双边供电方式，当一座牵引变电所故障解列时靠两相邻变电所越区大双边供电，保证城市轨道交通的可靠运行。

(2)系统自我保护功能

供电系统有完善、协调的保护措施，供电系统的各级保护相互协调、相互配合，当系统发生故障时，只切除故障设备，从而缩小故障发生的范围，系统的各级保护满足可靠性、灵敏性、速动性、选择性的要求。

(3)防止误操作功能

系统的任何一个环节的操作都有相应的联锁功能，不允许因误操作而发生故障，尤其是各种隔离开关(无论是电动还是手动)或手动式开关的隔离触头都不允许带负荷操作。

(4)调度功能

供电系统在控制中心进行集中控制、监视、测量，并根据运行需要方便灵活地进行调度，变更运行方式，分配符合潮流，使系统的运行更加经济合理。当系统发生故障而使一路或两路电源退出运行时，为保证城市轨道交通的正常运行，电力调度可以对供电分区进行调度和调整，以达到安全可靠、经济运行的目的。

(5)计量功能

系统可以进行就地和远程控制，并可以方便地进行转换，系统各环节的运行状态有明显显示，使运行人员一目了然，各种信号(如故障信号、预告信号)分别显示。

各种电量的测量和电能的计量准确，便于运行人员查证和分析，牵引用电和动力照明用电分别计量，以便于对用电指标进行考核和经济分析。在控制中心可以对整个供电系统进行控制、信号显示、各种量值的统计分析。

(6)电磁兼容功能

供电系统及其设备在地铁这个电磁环境中，首先是作为电磁骚扰源存在的，同时也是敏感设备。在城市轨道的电磁环境中，供电系统与其他设备、装置或系统应是电磁兼容的。在技术上应采取措施，抑制骚扰源、消除或减弱电磁耦合、提高敏感设备的抗干扰能力，以达到各系统的电磁兼容，使城市轨道车辆安全可靠地运行。

3.城市轨道交通供电制式和供电方式

(1)城市轨道交通供电制式

城市轨道交通供电制式是指供电系统向电动车辆或电力机车供电所采用的电流和电压制式，如直流制或交流制、电压等级、交流制中的频率以及交流制中是单相或三相等。我国电气化铁路采用25 kV工频单相交流制式；城市轨道交通采用直流供电制式，即供电系统直接以直流电向电动车组或电力机车供电的电力牵引“直流制式”，例如上海、广州等地铁采用DC 1 500 V接触网馈电。

(2)城市轨道系统供电方式

电源由城市电网引入，根据不同城市的电网构成，采用合适的供电方式。城市轨道交通系统作为城市电网的特殊用户，一般用电范围多在几千米到几十千米之间，采用何种供电方式，与城市电网的构成及城市轨道交通线路的分布有密切的关系。城市轨道交通供电系统对城市电网是用户，对城市轨道交通的各类负荷又是电源。城市电网对城市轨道系统的供电方式可分为以下三种。

①集中供电。

由城市轨道专用主变电所构成的供电方案称为集中供电。如图1-82所示，沿着城市轨道交通线路，根据用电容量和城市轨道交通线路的长短，建设一座或几座地铁专用的主变电所。主变电所应有两路独立的电源，一般为110 kV或220 kV，由发电厂或区域变电所对其供电。主变电所经过变压后，输出AC 35 kV或AC 10 kV的电压等级，给城市轨道交通的牵引供电系统供电。

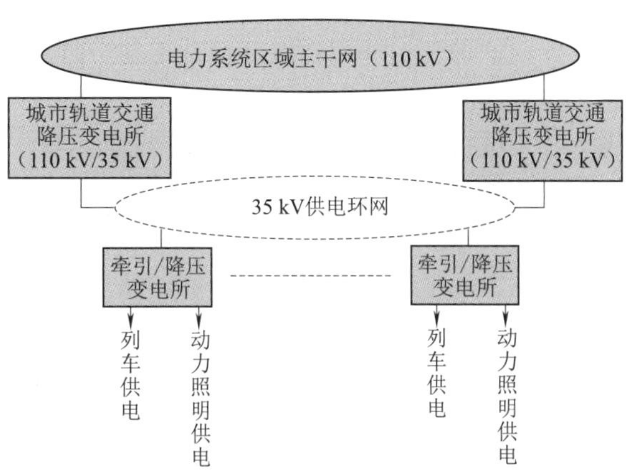

图1-82　集中供电示意图

上海地铁集中供电的牵引供电系统电压为35 kV，供配电系统电压为10 kV，如图1-83所示。目前国内只有少数城市采用这种形式。

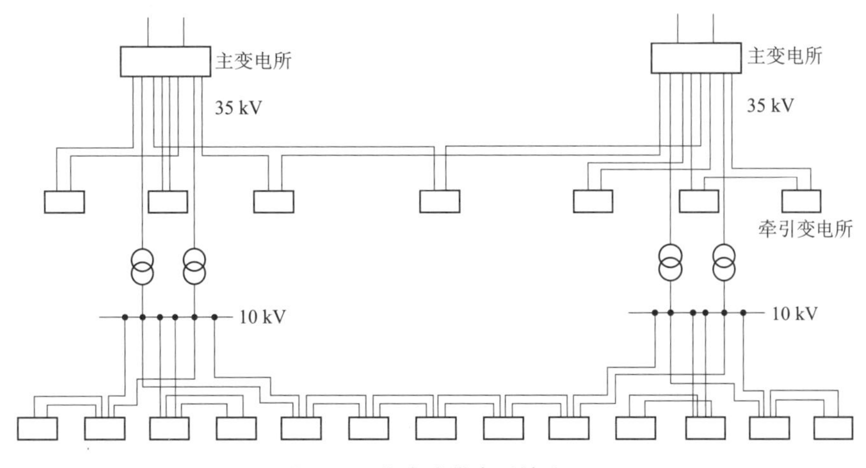

图1-83　集中式供电系统之一

广州地铁牵引供电系统和供配电系统电压均采用 33 kV，如图 1-84 所示。目前国内采用集中式供电的城市多为此种形式。

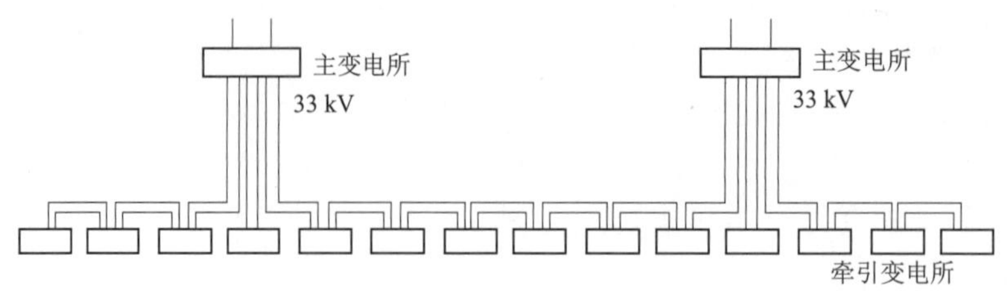

图 1-84　集中式供电系统之二

集中供电方式有利于城市轨道交通公司的运营和管理，各牵引变电所和降压变电所由环网电缆供电，具有很高的可靠性。

②分散供电。

在地铁沿线直接由城市电网引入多路地铁所需要的电源而构成的供电系统称之为分散供电。这种供电方式多为 10 kV 电压等级。因为我国各大城市的电网在逐渐取消或改造 35 kV 这一电压等级，因此要想在几千米到几十千米的范围内引入多路 35 kV 电源是不可能的。分散式供电要保证每座牵引变电所和降压变电所皆能获得双路电源。北京地铁皆采用分散式供电方式，分散式供电系统如图 1-85 所示。

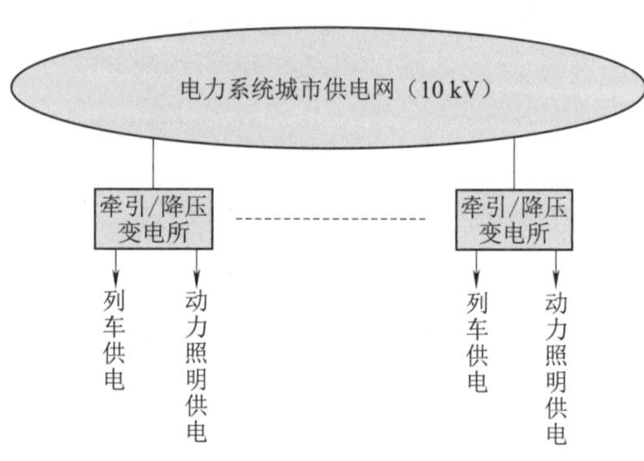

图 1-85　分散式供电系统

当然，如沿地铁线路城市电网引入的电源点少，也可以沿线建 10 kV 开闭所，对电源进行再分配。无论怎样构成分散式供电方式，都需保证每座牵引变电所或降压变电所能引入两路电源。

③混合供电。

以集中式供电为主，个别地段直接引入城市电网电源作为补充，称为混合供电。它是前两种供电方式的结合，使供电系统更加完善和可靠。北京地铁 1 号线和环线工程在建成期即采用这种供电方式(以 35 kV 主变电所为主，个别地点引入 10 kV 电源)，后因北京城市电网规划取消了 35 kV 电压等级，把原有的主变电所改建为 10 kV 开闭所。

总之，为保证系统的可靠性，无论采用哪种供电方式，构成系统时都应首先采用环网式供电方式。

④供电方式的比较。

不同的供电方式各有特点，分别适用于不同的场合。集中供电与分散供电比较见表 1-13。

表 1-13　不同供电方式比较表

比较项	集中供电	分散供电
供电质量	外部电源引自城市高压电网(如 110 kV)，电压等级高，输电容量大，系统短路容量大，抗干扰能力强，电网电压波动小。城市轨道交通主变电所一般装设有载调压装置，中压侧电压相对稳定，供电质量高	外部电源引自城市 10 kV 电网，一般从距离城市轨道交通线路较近的城市电网变电所直接引入，输电线路较短，线路损耗较少。但由于 10 kV 电压等级较低，用户较多，所以系统网压波动较大

续上表

比较项	集中供电	分散供电
供电可靠性	由于主变电所进线电压等级较高，电气设备绝缘等级、制造水平、继电保护配置等要求都比较高，线路故障率相对较低。同时城市轨道交通供电系统相对独立，与城市电网接口较少，城市其他负荷对城市轨道交通供电系统干扰较少，因而供电可靠性较高	城市轨道交通电源开闭所或车站变电所从城市电网直接引入 10 kV 电源，这种接线方式能满足系统可靠性要求。但由于城市电网 10 kV 系统接入用户较多，且 10 kV 系统处于城市电网继电保护的中末端，因此城市轨道交通供电系统的运行会受到其他用户的干扰
中压网络电压	中压网络电压等级不受城市电网电压等级的限制，可根据用电负荷、供电距离等情况比选确定。目前集中供电的中压网络电压等级较高，一般为 35 kV。这样可以提高系统的供电能力与供电可靠性，降低供电线路功率损耗	中压网络电压等级完全受城市电网电压等级的制约，必须选择与城市电网相同的电压等级。目前我国多采用 10 kV 电压等级
对城市电网的影响	主变压器容量近期一般为 20～31.5 MV·A，远期一般为 40～63 MV·A。牵引负荷产生的电压波动和闪变在城市轨道交通供电系统内部经过两级变压器的转换，逐渐变得平衡，对城市电网其他用户的影响相对要小得多	牵引变电所直接接入城市 10 kV 电网，牵引负荷产生网压波动经过一级变压器转换后就会波及与城市轨道交通接入同一供电系统的其他用户，如果该变压器容量较小，产生的影响就会更明显
资源共享	采用集中供电有利于主变电所电力资源共享的实施。一方面两条级以上数量的城市轨道交通线路可以共享一个主变电所；另一方面城市轨道交通主变电所可以与城市电网主变电所合建，向城市轨道交通系统及地区用户同时提供电源	对于中压网络资源丰富的城市，城市轨道交通采用分散式供电，可以充分利用既有外部城市电网中压资源，节省城市轨道交通主变电所的建设费用
工程实施	采用集中供电时，城市轨道交通主变电所与城市电网接口较少，外部电源引入路径相对较少，建设单位与城市规划的协调工作也相对较少，易于实施	采用分散供电时，由于城市轨道交通供电系统与城市电网接口较多，难免有部分电源电缆的敷设难以解决，尤其在中心城区，地下各种管线及构筑物交错庞杂，电缆路径更是难以解决

二、牵引供电系统工作原理

如图 1-86 所示，从地铁主变电所及其以后部分统称为牵引供电系统，主要包括直流牵引变电所、馈电线、接触网、钢轨及回流线等。在城轨交通牵引供电系统中，电能从直流牵引变电所经馈电线、接触网输送给电动列车，再从电动列车经钢轨（称轨道回路）、回流线流回直流牵引变电所。由馈电线、接触网、轨道回路及回流线组成的供电网络称为牵引网。因此，城轨交通牵引供电系统即由直流牵引变电所和牵引网组成。

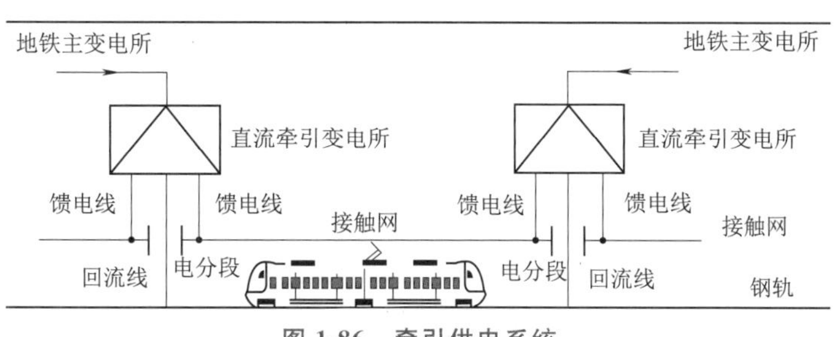

图 1-86 牵引供电系统

1.变电所的类型和功能

变电所是供电系统最重要的组成部分,它完成电力的变压、配电、整流,供给牵引车辆的直流电和各种机电设备所需电源。城市轨道交通变电所可分为主变电所、牵引变电所、降压变电所。当中压网络采用牵引动力照明混合网络时,牵引变电所与降压变电所合建成牵引降压混合变电所。

(1)主变电所

主变电所将城市电网的高压(110 kV 或 220 kV)电能降压以后以相应的电压等级(35 kV 或 10 kV)分别供给牵引变电所或降压变电所。

主变电所设置两台主变压器,共同承担本供电区的负荷。其容量按一台主变压器退出运行时,由另一台主变压器承担本供电区的一、二级负荷考虑,若条件允许还应考虑当一个主变电所一台主变压器退出运行时,通过负荷的再分配,与相邻主变电所共同承担全部供电。

(2)牵引变电所

牵引变电所是城市轨道交通供电系统的核心,功能是将城市电网区域变电所或地铁主变电所送来的中压环网的 AC 35 kV 或 AC 10 kV 电压等级电能经过降压和整流变成列车牵引所用直流电(DC 1 500 V 或 DC 750 V)。

一般每隔 2～4 km 设 1 座牵引变电所,牵引变电所设在车站站台层。每个牵引变电所由两路 35 kV 电源供电;采用单母线分段接线,每段母线均有一路进线电源,当一路电源故障时,可通过母联自投方式保证供电。每个牵引变电所内设置两台整流机组,整流机组输出 DC 1 500(750)V 电源向牵引网供电。

(3)降压变电所

降压变电所的功能是为车站与线路区间的动力、照明负荷和通信信号电源供电而设置,大多数是单独设置的,也可与直流牵引变电所合并,每个车站设置 1～2 个降压变电所。

2.接触网

(1)接触网概述

①牵引网。

牵引网包括接触网、钢轨回路(包括大地)、馈电线和回流线,它是轨道交通供电系统中向车辆供电的直接环节。

接触网是悬挂在轨道上方或沿着轨道一侧敷设的,和钢轨保持一定距离的输电网。通过车辆的受电弓或受电靴和接触网的滑动接触,牵引电能就由接触网进入车辆,驱动牵引电动机使列车运行。

馈电线是连接牵引变电所和接触网的导线,它把经牵引变电所变换成符合牵引制式用的直流电能馈送给接触网。

钢轨回路除具有导轨功能外,还要完成导通回流的任务。

回流线是连接轨道和牵引变电所的导线,通过它把轨道中的回路电流导入牵引变电所。

②接触网的工作特点。

a.没有备用。接触网由于与列车在空间上的关系,和轨道一样无法采取备用措施。一旦接触网故障,整个供电区间全部停电,在其间运行的车辆失去供电,列车停运。

b.经常处在动态运行状态中。和一般的电力线路不同,在接触网上有许多列车高速运动取流。车辆受电弓以对接触网一定的压力和速度与接触网接触摩擦运行,通过接触网的电流很大。运行中不可避免地会产生受电弓离线而引起电弧,再加上在露天区段还要承受风、雨、雪及大气污染的作用，使接触网昼夜不停地处在振动、摩擦、电弧、污染、伸缩的动态运行状态之中。这些都对接触网各种接触线、承力索、零件产生恶劣影响，使其发生故障的可能性较一般电力线路的概率要大得多。

c.结构复杂，技术要求高。接触网的运行环境和运行特点决定了接触网的结构较一般电力线路有很大的不同，为了保证列车安全、可靠、质量良好地从接触网取流，接触网的结构比较复杂，技术要求也较高，如对接触网导线的高度、拉力值、定位器的坡度，接触网的弹性、均匀度等都有定量的要求。

③对接触网的基本要求。

a.接触网应能可靠地向列车馈电，并应满足列车的最高行驶速度要求。

b.接触网应适当分段，并应满足行车和检修的要求。

c.接触网应设置过电压保护装置。所有与大地不绝缘的裸露导体应接至接地极，不应直接接至或通过电压限制装置接至回流回路。

d.架空式接触网应具备防止由于接触线断线而扩大事故的措施。

e.接触轨应设防护罩。

另外要求：接触网敷设应弹性均匀、高度一致，在高速行车和恶劣的气候条件下，能保证正常取流；接触网结构应力求简单，并保证在施工和检修方面具有充分的可靠性和灵活性；接触网的寿命应尽量长，具有足够的耐磨性和抗腐蚀能力；接触网的建设应节约有色金属及其他贵重材料，以降低成本。

④接触网的分类。

接触网分为架空式接触网和接触轨式接触网。架空式接触网用于城市地面、高架或地下线路。接触轨式接触网一般仅用于净空受限的地下电力牵引。架空式和接触轨式的接触网在城市轨道交通中均有采用。一般，牵引网电压等级较高时，为了安全和保证一定的绝缘距离，宜采用架空式接触网。在净空受限的线路和电压等级较低时多采用接触轨式接触网。架空式接触网按接触悬挂的不同，分为柔性接触网和刚性接触网。接触轨与柔性架空接触网可应用于地下线、地面线及高架线。刚性架空接触网适用于地下线。

⑤接触网的电分段。

电分段是在纵向或横向将接触网从电气连接上互相分开的装置。为了使接触网的供电安全、可靠和灵活，接触网在有牵引变电所车站的车辆惰行处、配线与正线的衔接处、车辆段出入线与正线的衔接处、车辆段检修库入口处设电分段。

电分段根据设置位置分为纵向电分段和横向电分段两种方式。纵向电分段指的是沿线路方向进行分段。横向电分段是在线路之间的分段，如在车辆段的各线路之间进行的分段等。在电分段处设隔离开关。需要分段时，将隔离开关打开，不需要分段时将隔离开关闭合。

电分段通常用分段绝缘器来实现。分段绝缘器是用以实现电分段的专用绝缘装置。目前，广泛采用环氧树脂分段绝缘器，其结构主要由环氧树脂绝缘板、铝合金导流滑板等部件组成。

(2)架空式接触网

架空式接触网由接触悬挂、支持与固定装置、支柱与基础、机械分段组成。

①接触悬挂。

接触悬挂是将电能传导给列车的供电设备。接触悬挂包括承力索、接触线、吊弦、定位器、补偿装置、悬挂零件及中心锚结等。接触悬挂通过支持装置架设在支柱上，将电能输送给车辆。列车运行时，受电弓顶部的滑板紧贴接触线摩擦滑行得到电能(简称取流)。

a. 接触悬挂的类型。接触悬挂的类型很多，概括起来可分为简单悬挂和链形悬挂两类。

• 简单悬挂：由一根或几根相互平行的直接固定到支持装置上的接触线所组成的悬挂，如图 1-87 所示。

• 链形悬挂：接触线通过吊弦悬挂到承力索上的悬挂，如图 1-88 所示。链形悬挂可以在某一温度下，使接触线处于无弛度状态。

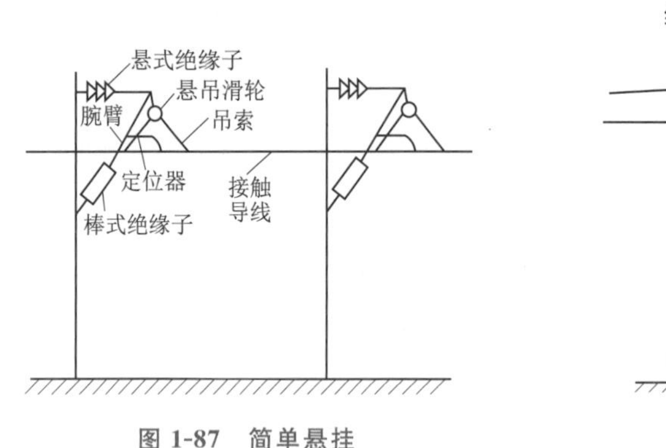

图 1-87　简单悬挂

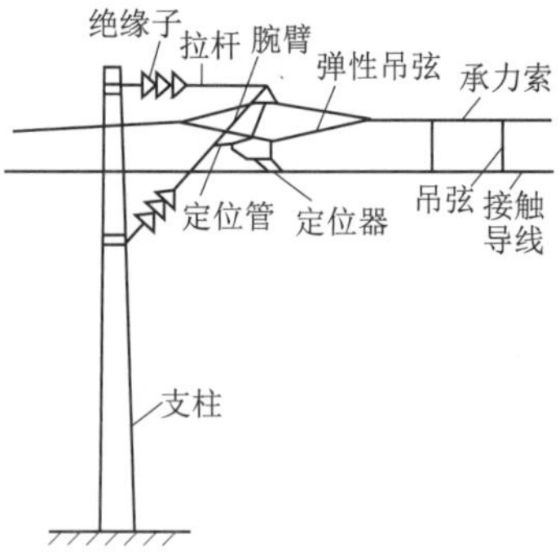

图 1-88　链形悬挂

b. 接触悬挂导线。

• 承力索。承力索不与车辆接触，但要承受接触线的重力。对承力索的要求是材质柔软，能承受较大的张力，并且在温度变化时弛度变化小。

• 接触线。接触线与车辆直接接触，担负着导流的作用。它向沿线行驶的列车输送电能，在运行中直接受列车受电弓的高速摩擦，要承受结构所需的张力。因此，要求接触线具有良好的导电性能、耐磨性能、抗腐蚀性能及足够的机械强度。根据上述要求，铜接触线应为最佳选择。但考虑到经济等其他原因，接触线还有钢铝接触线、铝合金接触线等其他类型。

c. 接触悬挂的跨距、弛度和张力。

架空式接触网的接触悬挂是通过沿线路布置的支柱或固定装置悬挂于线路上空，支柱与支柱(或固定装置与固定装置)之间的水平距离称为跨距。

由于接触线本身的重量影响，在跨距内接触线不能保持在悬挂点水平连线上而形成悬弧形状，接触线在跨距中央位置与悬挂点水平连线的距离称为弛度。接触线所受的拉力称为张力。

d. 补偿装置。

补偿装置又称张力自动补偿器，它安装在锚段的两端，并且串接在接触线承力索内，它的作用是补偿线索内的张力变化，使张力保持恒定。

e. 接触悬挂的下锚方式。

接触悬挂线索在终端支柱上的固定方式称为下锚方式，分为硬锚和张力补偿两种。

f. 线岔。

线路有一组道岔，接触网就必须设一个线岔(也称架空转辙器)。线岔的作用是保证车辆受电弓安全平滑地由一条接触线过渡至另一条接触线，达到转换线路的目的。接触网线岔由两相交接触线、一根限制管和固定限制管的定位线夹、螺栓组成。限制管两端，用定位线夹固定在下面的接触线上，通过限制管将两相交接触线互相贴近，当上面接触线升高时，可利用限制管带动下面的接触线同时升高，以消除始触点两导线的高差，如图 1-89 所示。

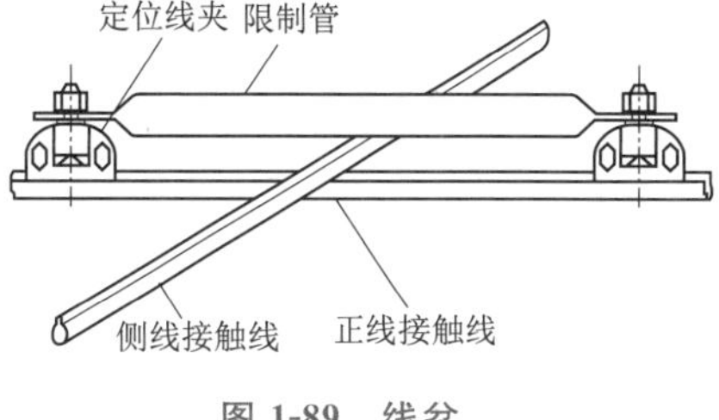

图 1-89　线岔

g. 电连接。

电连接将接触悬挂各分段供电间的电路连接起来，保证电路的畅通，通过电连接可实现并联供电，减少电能损耗，提高供电质量。电连接线采用导电性能好的铜绞线制成。

电连接按其使用位置不同，分为横向电连接和纵向电连接。横向电连接能实现并联供电，比如并联馈线、承力索和接触线间。纵向电连接使供电分段或机械分段处、线岔处两侧接触悬挂实现电的连通，在检修和事故处理时，可通过隔离开关达到电分段的目的，如绝缘锚段关节和非绝缘锚段关节，转换柱靠锚柱侧安装的电连接线。

h. 分段绝缘器。

分段绝缘器又称分区绝缘器，是接触网电气分段的常用设备。在正常情况下，受电弓带电滑行通过。当某一侧接触网发生故障或因检修需要停电时，可打开分段绝缘器处的隔离开关，将该部分接触网断电，而其他部分接触网仍能正常供电，从而提高接触网运行的可靠性和灵活性。

②支持与固定装置。

支持与固定装置是用来支持悬挂，并将悬挂的负载传递给支柱。支持与固定装置根据接触网的具体环境和要求而有所不同。地面所用的支持装置包括腕臂支持装置、横跨、定位装置和绝缘子等组成的腕臂结构。

a. 隧道内的支持与固定装置。

隧道内的支持与固定装置主要考虑隧道内的断面尺寸限制。为了减小隧道的净空，在隧道内采用一些特殊的支持与固定装置。常用的有“人”字形、“T”字形以及弹性支架的支持与固定装置等。采用弹性支架的接触网如图 1-90 所示。弹性支架由底板、钻孔螺栓、距离座（垫座）、橡皮扭转部件、树脂填充绝缘子、支架臂、转体夹钳、端帽等组成。底板固定在隧道顶部，橡皮扭转部件悬挂有水平枢轴的支架臂。支架臂端有接触线夹子（转体夹钳），用来夹紧接触线。

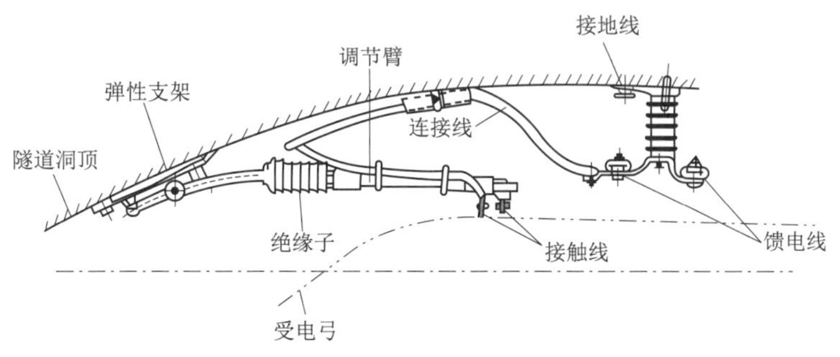

图 1-90　采用弹性支架的接触网

这种结构的接触线可以作垂直和水平双向运动。垂直向上的范围被带电的接触线对地的最小净空所限，垂直向下的范围被接触线最低的高度所限制。当受电弓从下面通过时可在此范围内运动，橡皮扭转部件使支架臂回转到其正确的位置。接触线的水平方向的移动由张力装置调整。弹性支架结构具有高度的柔韧性，是由支架臂枢轴和橡皮扭转部件来完成的。弹性支架和其他支架相比具有更好的弹性性能，可以减少接触线的磨耗，增加接触线的寿命。

b. 腕臂支持装置。

在地面段及空间较大时，接触网的支持与固定装置通常采用腕臂结构。腕臂支持装置将接触网悬挂到一根支柱上，对接触线进行水平定位，保证接触悬挂高度并将悬挂的负荷传递给支柱的装置。腕臂装置有一个较为简单但方便实用的形式。每一根腕臂都是由伸梁（伸臂）和拉杆（或斜撑）组成。

c. 定位装置。

对接触线的定位是通过定位装置来实现的。定位装置安装在支持装置上，一般每一根支柱上均有定位点。定位装置由定位管和定位器组成。定位器通过定位线夹把接触线按要求固定在一定的位置上，并承受接触线的水平力（风力和曲线力）。定位器是通过定位管连接在绝缘腕臂上的。定位装置除定位器和定位管以外还需要一些辅助配件，如定位钩、定位环、定位环夹等。

d. 横跨。

在多线路的车辆段/停车场，由于线路间距离小而不能立柱，或者虽能立柱，但支柱多，影响行车和作业人员瞭望信号，既浪费又不美观，因而，采用横跨支持装置。

一般采用软横跨，也有采用硬横跨的，如图 1-91 所示。

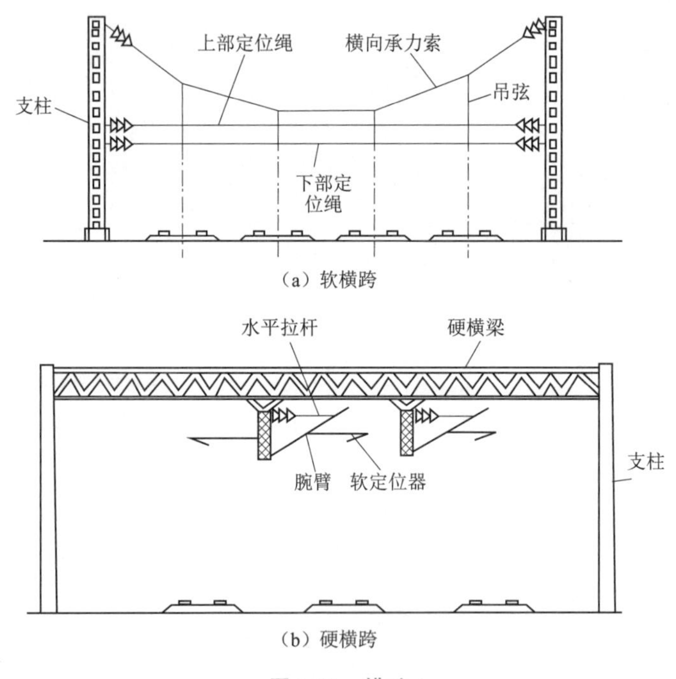

（a）软横跨

（b）硬横跨

图 1-91　横跨

③支柱与基础。

支柱和基础用以承受接触悬挂和支持、定位装置所传递的负荷（包括自身重量），并将接触悬挂固定在规定的位置和高度上。

④机械分段。

架空式接触网在机械结构上需要进行分段，这就是接触网的机械分段。架空式接触网的机械分段是以锚段进行划分的。

(3)架空式刚性接触网

采用刚性悬挂的接触网称为刚性接触网。刚性悬挂要考虑整个悬挂导体的刚度,一般采用具有相应刚度的导电轨或汇流排与接触线组成,有别于上述柔性接触悬挂。

①刚性接触网的结构。

a.刚性悬挂。

刚性悬挂有Ⅱ形结构和T形结构,这两种结构均可分为单接触线式和双接触线式。刚性悬挂主要由汇流排、接触导线、伸缩部件、中心锚结等组成。接触悬挂通过支持和定位装置安装于隧道顶或隧道壁上,如图1-92所示。

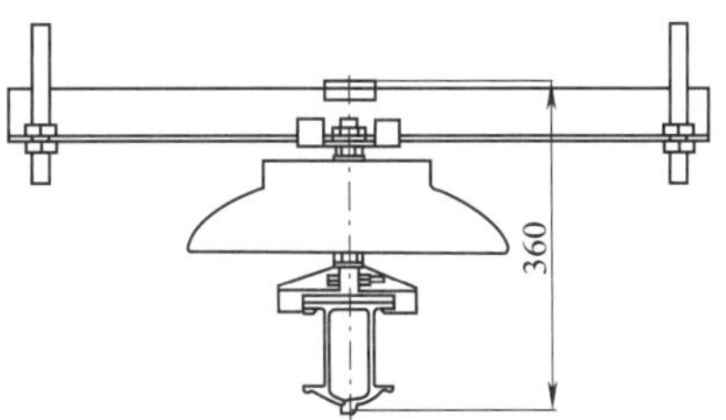

图1-92　Ⅱ型刚性悬挂安装图

(单位:mm)

汇流排一般用铝合金材料制成,其形状一般做成T形和Ⅱ形。Ⅱ形结构汇流排包括标准型汇流排、汇流排终端及刚柔过渡元件。标准型汇流排是刚性悬挂的主要组成部分,其长度一般被制成10 m或12 m;汇流排终端用于锚段关节、线岔及刚柔过渡处,其作用是保证关节、线岔和刚柔过渡的平滑、顺畅过渡,其长度一般做成7.5 m。刚柔过渡元件用于刚性悬挂与柔性悬挂过渡处,其作用是保证两种悬挂方式的平滑、顺畅过渡。

接触导线与柔性接触悬挂所采用的接触导线相同或相似,其截面积一般采用120 mm^2或150 mm^2。接触导线通过特殊的机械镶嵌于Ⅱ形汇流排上,或通过专用线夹固定于T形汇流排上,与汇流排一起组成接触悬挂。

伸缩部件能在一定范围内自由伸缩,同时又能满足电气性能的要求,既能保证电气上的良好接触和导电的需要,又能保证机械上的良好伸缩性。

汇流排接头主要由汇流排接头连接板和螺栓组成,用于连接两根汇流排。其要求是既要保证被连接的两根汇流排机械上良好对接,又要有足够大的接触面积,确保导电性能良好。

中心锚结的结构主要由中心锚结线夹、绝缘线索、调节螺栓及固定底座组成,其作用是防止接触悬挂窜动。

b.支持和定位装置。

支持和定位装置有腕臂结构和门形结构。

腕臂结构由可调节式绝缘腕臂、汇流排线夹、腕臂底座、倒立柱或支柱等组成,其特点是调节灵活、外形美观,但结构复杂、成本高。此种结构主要用于隧道净空较高或地面线路。

门形结构由悬吊螺栓、横担槽钢、绝缘子及汇流排线夹等组成。其特点是结构简单、可靠,但调节较困难。此种结构大量用于隧道内。

②刚性接触网的特点。

刚性悬挂和柔性悬挂都能满足最大离线时间、传输功率、电压电流、受电弓单弓受流电流以及最大行车速度的要求。但刚性接触网与柔性接触网有明显的差别,在受电弓运行的安全性以及对弓网故障的适应性方面,刚性悬挂受电弓要明显好于柔性。

a.刚性汇流排和接触线无轴向力,不存在断排或断线的可能,从而避免了钻弓、烧融、不均匀磨耗、高温软化、线材缺陷以及受电弓故障造成的断线故障。刚性悬挂的故障范围小,是点故障,而柔性悬挂的故障范围为一个锚段。

b.刚性悬挂的锚段关节简单,锚段长度是柔性悬挂的1/7～1/6,因此固定器具窜动回转范围小,相应地提高了运行中的安全性和适应性。

c.无论是日常维护,还是事故抢修、导线更换,刚性悬挂的工作量要少于柔性悬挂。

(4)接触轨式接触网

接触轨是沿电牵引线路敷设的与走行轨道平行的附加轨,又称第三轨。其功能与架空式接触网一样,通过它将电能输送给车辆。接触轨是用具有高导电率的特殊软钢制成的钢轨。车辆伸出的受流器与其接触而取得电能。接触轨式接触网用电电压一般在 600～825 V,提高电压可相应减少电能损耗,减少变电所数量,降低电力设备费用。对于地下线路,采用接触轨法比较经济,因为不需要像架空线那样增大隧道的尺寸,可降低隧道上方净空,节省投资。

①接触轨系统的组成。

在接触轨系统中,除作为导电轨的接触轨外,还包括端部弯头、接头、防爬器、安装底座、防护罩等。

接触轨多采用 50 kg/m(或 60 kg/m)高导电率低碳钢导电轨和钢铝复合轨。轨头宽度为 90 mm,接触轨单位制造长度一般为 15 m。

端部弯头主要是为了保证集电靴顺利平滑通过接触轨断轨处而设置的。在行车速度较高区段,端部弯头一般采用约 5.2 m 长,坡度为 1∶50。

接头一般分为正常接头和温度伸缩接头两种。正常接头采用铝制鱼尾板进行各段导电轨的固定而不预留温度伸缩缝,但要求接头与支持点的距离不小于 600 mm。温度伸缩接头主要是为了克服接触轨随环境温度变化而引起的伸缩,在隧道内,接触轨自由伸缩段长度按 100 m左右考虑;地面及高架桥上接触轨自由伸缩段长度按 80 m 左右考虑。

防爬器即中心锚结。设置防爬器主要是为了限制接触轨自由伸缩段的膨胀伸缩量。在一般区段,在两膨胀接头的中部设置一处防爬器,并在整体绝缘支架两侧安装;在高架桥的上坡起始端、坡顶、下坡终端等处安装防爬器。

下磨式接触轨的安装底座一般采用绝缘式整体安装底座,且一般安装在轨道整体道床或者轨枕上。

防护罩的作用在于尽可能地避免人员无意中触碰到带电的设备,一般采用玻璃纤维增强树脂材质的防护罩,在工作支撑条件下可承受 100 kg 垂直荷载,并应在高温下具有自熄、无毒、无烟和耐火的性能。

②接触轨的布置方式。接触轨可以有三种布置方式,即上磨式、下磨式和侧面接触式。

a.上磨式。

上磨式接触轨如图 1-93 所示。接触轨装在专用绝缘子上,底朝下。取流时,接触靴自上压向接触轨。上磨式的接触力不由受流器(集电靴)的重量和磨耗情况决定,而只受弹簧支座特性的控制,受流平稳,并能减少在间隙和道岔等处的电流冲击。上磨式接触轨固定方便,但不易加防护罩。

b.下磨式。

下磨式接触轨如图 1-94 所示。下磨式的接触轨底朝上,紧固在绝缘子上,并且由固定在轨枕上的弓形肩架予以支持。下磨式的优点是可以加防护罩,对工作人员较为安全,但安装结构较为复杂,费用较高,在经常冰冻和下雪而造成集电困难的地区使用较为普遍。

c.侧面接触式。

侧面接触式接触轨在工作上与上磨式接触轨相似,如图 1-95 所示。接触轨为高导电率钢制成的特殊断面的钢轨。接触轨通过的地方要设置工作人员使用的人行道,在其余地点,必须考虑设置保护木板或其他合适材料的保护板,以防触电。在车站,接触轨总是设在远离站台轨道的一边，以减少乘客可能摔落在轨道上触电。在线路露天地段，沿线要用木板保护起来，以减少散落物引起电路故障。

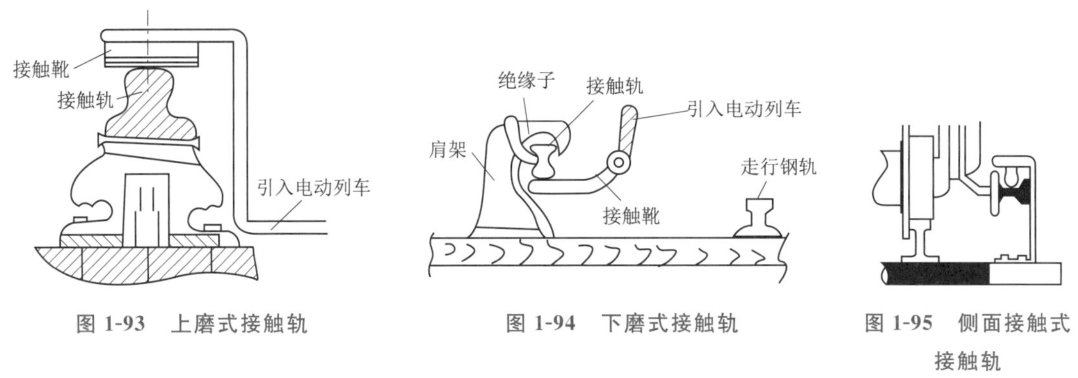

图 1-93　上磨式接触轨　　图 1-94　下磨式接触轨　　图 1-95　侧面接触式接触轨

3. 牵引供电系统工作原理

那么电是如何引入车辆的呢？如图 1-96 所示为轨道交通供电系统示意图。

区域变电所或主变电所将供电部门送来的三相高压交流电降压为所需电压等级（如 35 kV），通过三相线路送到牵引变电所，再降压并整流为适应于电动车组工作的 1 500 V 或 750 V 直流电，通过车辆受流装置与接触网或接触轨滑动接触，将直流电引入车辆，工作后的电流经车体、轮对、轨道经由回流线流回牵引变电所。

牵引变电所向牵引网的供电方式，通常有单边供电和双边供电两种。

牵引变电所是沿铁路线布置的，每一个牵引变电所有一定的供电范围。通常将接触网按牵引变电所的供电范围划分为一个一个的供电臂，即把一个牵引变电所至该牵引变电所供电的末端称为一个供电臂，每一个供电臂的接触网只从一端的牵引变电所获得电能，称为单边供电，如果从两边的牵引变电所同时获得供电，称为双边供电。在两个供电臂的末端设置开关设备，可将两供电臂连通，此处称为分区亭。

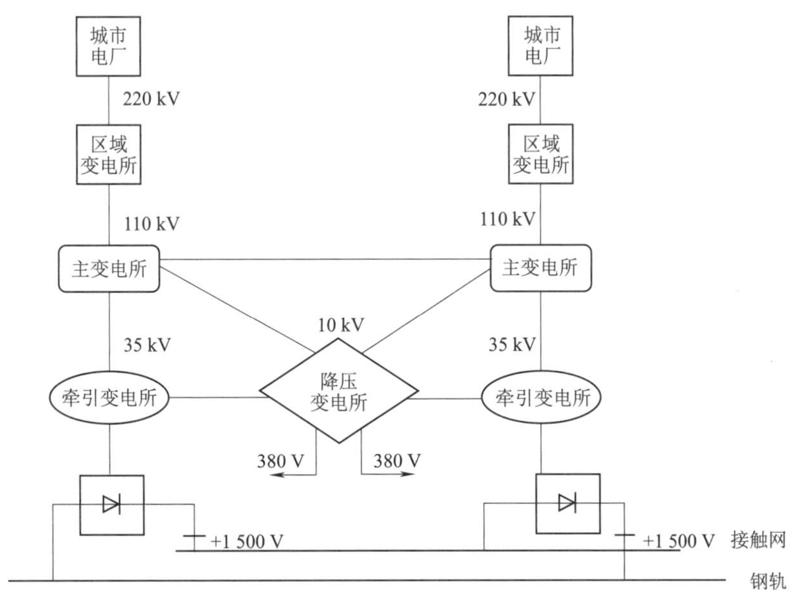

图 1-96　轨道交通供电系统示意图

一般地，城市轨道车辆段内的车场线、停车线、检修线、试车线，因这些线路上的车辆少、取流小，采用单边供电方式。地铁的牵引供电系统，在正线的设计和运营中，均应采用双边供电方式。

在采用双边供电时，当某个牵引变电所发生故障或停电检修时，该变电所承担的供电臂供电任务，通过分区亭开关闭合，由两侧相邻的牵引变电所负责越区供电。由于越区供电，供电质量受影响较大，属于非正常供电。单边供电、双边供电和越区供电原理图如图 1-97～图 1-99所示。

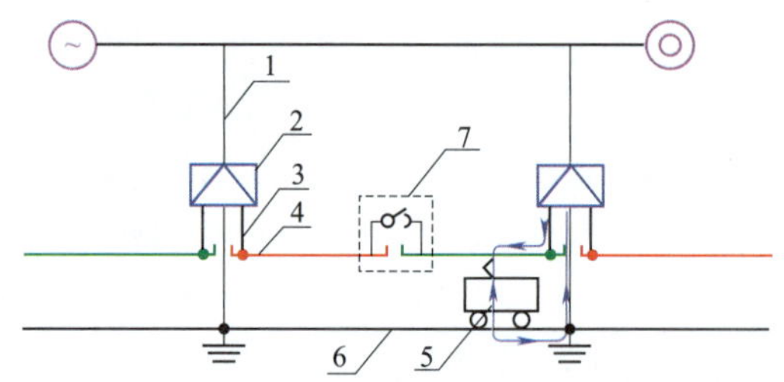

图 1-97　牵引变电所向牵引网单边供电原理图

1—输电线；2—牵引变电所；3—馈电线；
4—接触线；5—电力机车；6—钢轨；7—分区亭

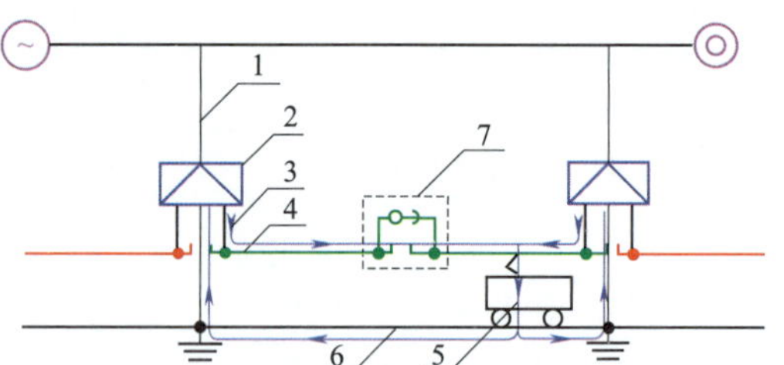

图 1-98　牵引变电所向牵引网双边供电原理图

1—输电线；2—牵引变电所；3—馈电线；
4—接触线；5—电力机车；6—钢轨；7—分区亭

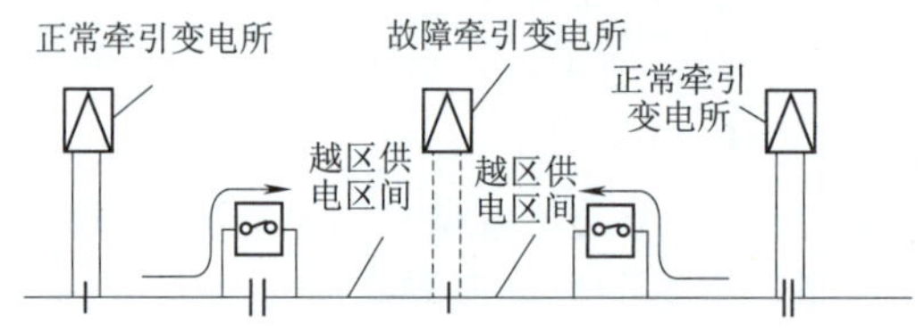

图 1-99　牵引变电所向牵引网越区供电原理图

技能训练

绘制轨道交通供电系统组成示意图

绘制轨道交通供电系统组成示意图按电传送到车辆的输送传递流向绘制，由流程上的关键电力转换设备构成城市轨道交通系统。由发电厂出发，经变电所升高电压到 500 kV/220 kV远距离输送以减少路途损耗，经区域变电所转为 110 kV 近距离输送至主变电所，主变电所兵分两路，一路降压为 35 kV 为牵引变电所供电，一路降压至10 kV主要供给车站，再降压给站内各类设备使用。牵引变电所降压到车辆合适电压给车辆供电。具体为：

第一步：先发电，结构框图内容可以用发电厂体现。

第二步：画区域变电所，发电厂到区域变电所有连线，上面标明输送电压 500 kV/220 kV。

第三步：框图画主变电所，区域变电所与主变电所输送电压为 110 kV，用横线连接并标明。

第四步：由主变电所画两个分支，一个分支为牵引变电所，连线电压变化 35 kV，再由降压变电所经由供变电设备供应给牵引网和车辆；另一分支为车站变电所，连线上电压标为 10 kV，然后再变压到 380 V/220 V 给车站内各类动力照明设备供配电。

检查与评价

任务评价见表 1-14。

表 1-14　任务评价表

<table>
<tr><td colspan="5">项目一任务 4　城市轨道交通供电系统概述</td><td rowspan="4">综合得分</td></tr>
<tr><td>姓　名</td><td></td><td rowspan="3">自我评价</td><td rowspan="3">小组评价</td><td rowspan="3">教师评价</td></tr>
<tr><td>组　别</td><td></td></tr>
<tr><td>小组成员</td><td></td></tr>
<tr><td>1. 知识
技能评价</td><td>1. 说出城市轨道交通供电制式及三种供电方式；
2. 能清晰准确画出城市轨道交通供电系统组成示意图；
3. 熟悉接触网的结构形式；
4. 分析一条地铁线路的供电臂供电范围；
5. 画图说明牵引供电系统工作原理</td><td></td><td></td><td></td><td rowspan="3"></td></tr>
<tr><td>2. 方法
能力评价</td><td>1. 具备根据资讯进行分析推理、归纳总结、建构知识架构的自学能力；
2. 能绘制一个城市轨道交通供电系统总体组成示意图；
3. 能绘制指定车站主要设备供电示意图</td><td></td><td></td><td></td></tr>
<tr><td>3. 思政评价</td><td>1. 具备轨道交通供电系统设备操作安全的安全生产意识；
2. 具备供电系统远程控制和自动控制的工程思维意识</td><td></td><td></td><td></td></tr>
</table>

反馈与改进

通过检查与评价得到反馈，进行反思，并撰写实训指导手册的任务总结报告。

<table>
<tr><td>记录人</td><td></td><td>时间</td><td></td></tr>
<tr><td>总结报告</td><td colspan="3">请阐述任务评价反馈后，对城市轨道交通供电系统功能的认知、理解与使用的反思，并谈谈对任务实施过程的体会</td></tr>
</table>

完善与拓展

(1)读者可通过图 1-78 所示的"视野拓展"模块学习拓展内容。

(2)拓展了解轨道交通牵引供电系统的技术发展历程，并向小组同学展示。

巩固与提高

一、赛中学

完成全国职业院校技能大赛高职组“城轨智能运输(赛项编号:GZ071)”竞赛题库以下题目：

(1)在接触轨供电线路，人员穿戴与工作电压防护等级相符的绝缘手套、绝缘靴，并使用绝缘杆或拾物钳处理带电体非安全区域的物体时，身体的任何部位距离接触轨等带电体不得小于(　　)。

A. 700 cm　　B. 700 mm　　C. 600 cm　　D. 600 mm

(2)下列属于车站供电系统的是(　　)。

A. 不间断电源系统　　B. 直流牵引供电系统

C. 动力照明供电系统　　D. 杂散电流防护系统

二、思考与提高

(1)城市轨道交通供电系统由哪些部分组成？各组成部分的作用是什么？

(2)城市轨道交通供电系统采用何种供电制式？

(3)城市轨道交通供电系统对电源有哪些要求？

(4)城市轨道交通供电系统的电源电压等级有哪几种？

(5)分析一条地铁线路的供电臂供电范围。

(6)画图说明直流牵引变电所的工作原理。

知识拓展

前沿技术一:全自动运行线路

目前,部分城市轨道交通公司已开通全自动运行线路,采用全自动运行系统技术可全面实现无人值守的全自动运行模式,从早间列车上电、唤醒、出库、投入服务、正线运行、停靠站、折返、回库、清洗、休眠全过程自动化,无须人工介入,相比传统的基于通信的列车自动控制系统CBTC系统,自动化程度更高,具有更安全、更高效、更节能、更经济及更高服务水平等特点。全自动运行线路采用了以下新设备新技术:

一、车辆故障自动处理技术

实现列车故障运营场景下的快速、高效、准确的故障自动处置功能,依托智能诊断系统,将故障识别、判断、处置等全流程处置工作交由系统本身来完成实现,预设故障应急处置模型和程序,减少正线列车故障处置的人为介入环节。

二、脱轨监测技术

采用振动冲击通过车辆跌落位移和大冲击的时域特征分析,实现脱轨的判断和主动实施紧急制动保护。

三、障碍物检测技术

针对不同多变复杂的应用场景,采用“激光＋视频＋毫米波雷达”融合的异构传感解决方案,提升可靠性和准确度。目前分为主动障碍物检测及被动障碍物检测,主动障碍物检测对于轨行区内出现的系统已学习过的障碍物,主动障碍物检测系统通过视觉传感等技术识别障碍物并报警。被动障碍物检测障是当碍物撞击被动障碍物检测系统横梁时,触发传感器开关,列车自动施加紧急制动同时撞击信号上传至列车控制系统。

四、列车综合检测

系统配置弓网检测、接触网巡检、限界检测、隧道巡检、轨道巡检及轨道几何参数检测等六类综合检测系统,实现列车正线运营实时检测替代夜间人工巡视。

前沿技术二:地铁智慧化运营设备系统

早期修建的地铁车站,主要以满足旅客单一的交通服务为主,随着科学技术的进步和社会的发展,现代地铁车站由单一功能向多功能发展,车站设备向高科技方向发展,并逐渐实现地铁智慧化运营管理。

《中国城市轨道交通智慧城轨发展纲要》2020 年 3 月正式颁布实施,描绘了智慧城轨发展蓝图。下面从网轨隧综合智能检测、动态图像智能检测、智慧出行的 App、乘务标准化作业检测和应急支援系统等四个方面介绍智慧化运营设备系统。

一、网轨隧综合智能检测系统

通过数字化、智能化技术的应用,以运营车为平台,将接触网、轨道、隧道的检测进行融合,创立“运营即检查”综合检测新模式,有效代替人工巡视,实现现场检测实时化、检测一体化、检测智能化及检测数字化。

二、360°动态图像智能检测系统

采用图像特征分析和状态识别技术,在列车通过时进行扫描,运用人工智能算法进行分析,实现关键部件检测及异常报警,达到智能化检修,实现故障趋势预判、部件全寿命状态维修管理,满足列车安全运行需求。

三、智慧出行的 App

以解决乘客需求为导向,智慧出行 App 作为线上服务统一入口,集成线下数智服务,场景化点对点给乘客一体化贴心服务。

出行前,乘客可通过 App 获取线网实时拥挤度、末班车可达、进站排队时间等信息,合理规划路径。

进站乘车时,乘客可在交互屏、投屏、手机上获取站内导航、设备设施可用、客流管控、列车运行、车厢拥挤度、强冷车厢分布、到站提醒等信息,体验精准服务。

出站时,乘客可获取出入口导向、公交和机场接驳指引信息。

四、乘务标准化作业检测和应急支援系统

利用视频传输、图像处理、远程可视对讲等设备和大数据算法建模、人脸识别等技术,实现司机疲劳智能检测、语音提醒及当班期间标准化作业检测,并能够实时提供故障应急处置及支援。

项目三 车辆设备的运用

项目描述

轨道交通车辆是载运乘客的工具，是将先进的计算机控制技术、机械技术、电子技术和其他先进技术有机地结合在一起的机电一体化的轨道交通运输设备。通过学习本设备应掌握轨道交通车辆设备的组成、技术参数、设备功能、设备操作、工作原理及技术发展历程。通过学习能辨识车辆各组成部分、清楚车辆运行原理、会操作车辆司机室设备、当车辆故障时会使用车辆安全应急装置组织乘客逃生。

任务1 辨识城市轨道交通车辆设备

情境导入

轨道交通车辆是运载乘客的工具，城市轨道交通列车主要服务于城市内的公共交通，具有客流密度大、列车站间运行时间短、乘客上下车频繁等特点。

请同学们结合实际思考以下问题：

(1)城市轨道交通对车辆有哪些特殊要求？

(2)你所在城市的轨道交通车辆有哪些类型？

学习目标

技能目标

(1)掌握城市轨道交通车辆的类型。

(2)能辨识轨道交通车辆的各部件名称。

(3)能解释轨道交通车辆参数。

(4)会写出列车编组表达式，辨析不同线路不同时段的灵活列车编组。

(5)根据相关资讯进行分析、推理和归纳，并建构关于车辆设备的基本知识架构。

知识目标

(1)掌握城市轨道交通车辆的分类。

(2)理解城市轨道车辆的组成。

(3)掌握轨道交通车辆具体的参数及应用。

(4)熟悉轨道交通列车不同类型的编组。

素质目标

(1)具备生命第一、设备安全和运输生产安全意识。

(2)具备按章操作职业素养。

(3)具备严格遵循《城市轨道交通行车组织规则》(JT/T 1185—2018)、《地铁车辆运营技术规范(试行)》(交办运〔2022〕84 号)的标准化作业意识。

任务作业单

为完成以上技能、知识和素质目标,任务作业单见表 2-1。

表 2-1　任务作业单

序号	任　　务
1	辨识车辆设备的类型,说出车辆的结构,指认车辆主要部件的名称
2	测量轨道交通车辆的参数,解释车辆的尺寸参数和技术参数的含义
3	绘制车辆三视图并标出车辆的主要尺寸参数
4	绘制某城市轨道交通列车编组图,分析城际轨道交通、普速铁路和高速铁路的列车编组
5	分析比较不同类型的轨道交通车辆,讨论车辆设备前沿技术的发展

学习地图

读者自主学习参考智慧职教 MOOC 学院平台国家级精品在线开放课程“轨道交通运输设备运用”项目二任务 1 辨识车辆设备,课程学习地图如图 2-1 所示。

图 2-1　课程学习地图

自学资讯

1. 本任务的两种自学方式

(1)在图 2-1 中的“新知学习”模块学习。

(2)扫描二维码学习。

轨道交通
车辆组成

轨道交通
车辆参数

轨道交通
列车编组

2. 重要知识点

(1)轨道交通车辆组成。

(2)轨道交通车辆参数。

(3)轨道交通列车编组。

(4)辨识车辆设备。

(5)绘制列车编组图。

计划与决策

(1)选择城市轨道交通不同线路运营车辆，明确各人任务职责，完成任务实施计划。

(2)形成决策意见，包括所需工具(车辆模型等)、采用何种方式测量参数以及实训操作注意事项。

(3)小组讨论和组间交流，根据指导老师指定的不同线路车辆完成任务实施计划。

任务实施

以小组为单位，选择不同的车辆类型城市轨道交通线路或城际轨道交通线路，去车站、车辆段实地考察，并在本书配套实训指导手册完成以下训练。

(1)辨识车辆设备的类型，说出车辆的结构，指认车辆主要部件的名称。

(2)实地测量轨道交通车辆的参数，解释车辆的尺寸参数和技术参数的含义。

(3)绘制车辆三视图并标出车辆的主要尺寸参数。

(4)绘制一幅城市轨道交通列车编组图，并分析当地城际轨道交通、普速铁路和高速铁路的列车编组。

(5)小组讨论和组间交流，分析比较不同类型的轨道交通车辆，讨论车辆设备前沿技术的发展。

相关知识

一、城市轨道交通车辆组成

1. 城市轨道交通车辆分类

城市轨道交通列车均为电动车组，由动车和拖车组成。动车自身具有动力装置(装有牵引电机)，具有牵引与载客双重功能，动车又可分为带有受电弓的动车和不带受电弓的动车。拖车不装备动力装置，需具有动力牵引功能的车辆牵引拖带，仅有载客功能，可设置司机室，也可带受电弓。

(1)按驱动方式分

按驱动方式分，城市轨道交通车辆分为旋转电动机驱动和直线电动机驱动。

直流电动机驱动和交流电动机驱动都是依靠轮轨黏着作用传递牵引力。直线电动机驱动，将传统电动机从旋转运动方式改为直线运动方式，由于取消了传统的旋转电动机从旋转运动转换成直线运动的机械变速传动机构，使转向架结构简单、重量轻。

(2)按车辆规格分

①按《地铁车辆运营技术规范(试行)》标准，地铁车辆分为 A 型车、B 型车。

A 型车轴重较大，载客人数较多，车体尺寸较大。B 型车相对 A 型车各项指标值均较小，地铁车辆技术规格见表 2-2。

表 2-2　地铁车辆技术规格

序号	名　称	A 型车	B 型车
1	车体长度①/mm	21 880	19 000
2	车辆长度②/mm	22 800	19 520
3	车体宽度③/mm	3 000	2 800
4	车体高度④/mm	≤3 800	
5	车辆高度⑤/mm	≤3 850	
6	车内净高⑥/mm	≥2 100	
7	地板面高度⑦/mm	1 130	1 100
8	车辆轴数	4	4
9	车辆定距/mm	15 700	12 600
10	固定轴距/mm	2 200～2 500	2 000～2 300

注：①指车体两外端墙板外表面间的水平距离。带司机室的车辆和具有重联运行功能的车辆可适当调整；

②指车辆处于自由状态、车钩呈锁闭状态时，两端车钩连接面间的水平距离。带司机室的车辆可适当调整；

③指车体两侧墙外表面的最大横向水平距离。采用鼓形车体时，A 型车和 B 型车的车体宽度分别为 3 090 mm 和 2 890 mm，车体地板面处宽度分别为 3 000 mm 和 2 800 mm；

④指车辆平直轨面到车体顶部最高点的垂直距离；

⑤指车辆平直轨面到车辆顶部(含受电弓和空调机组，且受电弓处于落弓状态)最高点的垂直距离；

⑥指地板上平面至车顶中央部位内表面间的垂直距离，也称客室顶板距地板面高度；

⑦指在新轮状态下空车时客室地板面与轨面的垂直距离，也称地板面距轨面高度。

②按《城市轨道交通市域快线 120 km/h～160 km/h 车辆通用技术条件》(GB/T 37532—2019)等标准，市域快线车辆分为市域 A 型车、B 型车及 D 型车三种主要类型，其技术规格见表 2-3。

表 2-3　市域快线车辆技术规格

序号	名　　称	市域 A 型		市域 B 型		市域 D 型	备注
1	供电电压	AC 25 kV	DC 1 500 V	AC 25 kV	DC 1 500 V	AC 25 kV	

续上表

序号	名称		市域 A 型		市域 B 型		市域 D 型	备注
2	车体基本长度/mm	无司机室车辆	22 000		19 000		22 000	
3		带司机室车辆	22 000+Δ		19 000+Δ		22 000+Δ	
4	车体基本宽度/mm		3 000		2 800		3 300	注 1
5	车辆落弓高度/mm		≤4 450	3 810～3 850	≤4 450	3 810～3 850	≤4 640	
6	受电弓工作高度/mm		5 000～5 800	4 200～5 500	5 000～5 800	4 200～5 500	5 150～5 800	
7	车辆总高(空调顶端)/mm		≤3 925		≤3 925		≤3 925	
8	车内净高/mm		≥2 100				≥2 100	
9	地板面高/mm		1 130		1 100		1 260～1 280	
10	每侧车门数/对		2～5		2～4		2～4	
11	车门宽度/mm		1 300～1 400		1 300～1 400		1 300～1 400	
12	车辆定距/mm		15 700		12 600		15 700	
13	固定轴距/mm		2 500		2 200～2 300		2 500	
14	轴式		B_0-B_0		B_0-B_0		B_0-B_0	
15	车轮直径/mm		860 或 840		840		860 或 840	
16	轴重/t		≤17		≤15		≤17	
17	最高运行速度/(km·h^{-1})		120～160	120～140	120～160	120～140	120～160	

注：①对于市域 A、B 型车辆，根据需要可采用鼓形车体，其最大宽度宜分别≤3 100 mm、≤2 900 mm。

②Δ 为司机室加长量。

(3)按车体制作材料分

按车体制作材料分，城市轨道交通车辆分为钢骨车和新型材料车。钢骨车的车底架、车体骨架等受力部分采用钢材制作，其他用木材或合成材料制作；新型材料车采用轻质合金材料，如铝合金、钛合金等，以降低车辆自重，提高承载能力和运输效率。

(4)按连接方式分

按连接方式分，城市轨道交通车辆分为贯通式或非贯通式。贯通式的全列车载客部分贯通，以使乘客可沿全列车走动，可以有效调节各个车辆的载客拥挤度，使乘客在全列车中均匀分布，也有利于在列车发生意外事故时疏散乘客。非贯通式，车辆之间无通道贯通。

(5)其他分类

城市轨道交通车辆体现了先进的计算机控制技术，是集机械和电气于一体的典型机电设备，按照其设备的性质分为机械设备、电气及控制设备。按照设备的用途，车辆设备分为车用设备和服务乘客的设备两大类。

车用设备用于满足列车运行要求，主要包括牵引动力设备(如受电弓、逆变器、牵引电机)、计算机控制设备(如微机控制单元及总线、传感器)、制动设备、风源设备等；服务乘客的设备主要用于为旅客提供方便和服务，保证乘客良好的乘车环境，主要包括旅客乘坐设备(如座席、扶手、吊环等)、照明设备、信息广播设备(包括信息显示牌和列车广播)、空气调节设备。

2. 城市轨道交通车辆设备组成

城市轨道交通车辆不管是动车还是拖车，主要由车体、转向架、车辆连接装置、制动装置、受流装置、电气系统、内部设备等部分组成。

（1）车体

车体是容纳乘客和司机驾驶（对于有司机室的车辆）的地方，是安装与连接其他设备和部件的基础。车体由车顶、底架、端墙、侧墙、车窗、车门等部分组成。

（2）转向架

转向架是车辆的走行装置，如图 2-2 所示，安装于车体与轨道之间，用来支撑车体，牵引（对动力转向架而言）和引导车辆沿轨道行驶，承受并传递车体与轨道之间的各种载荷并缓和其冲击作用。一般转向架由构架、轮对、轴箱装置、弹簧减振装置、制动装置等部分组成，动力转向架还装有牵引电机及变速传动装置。

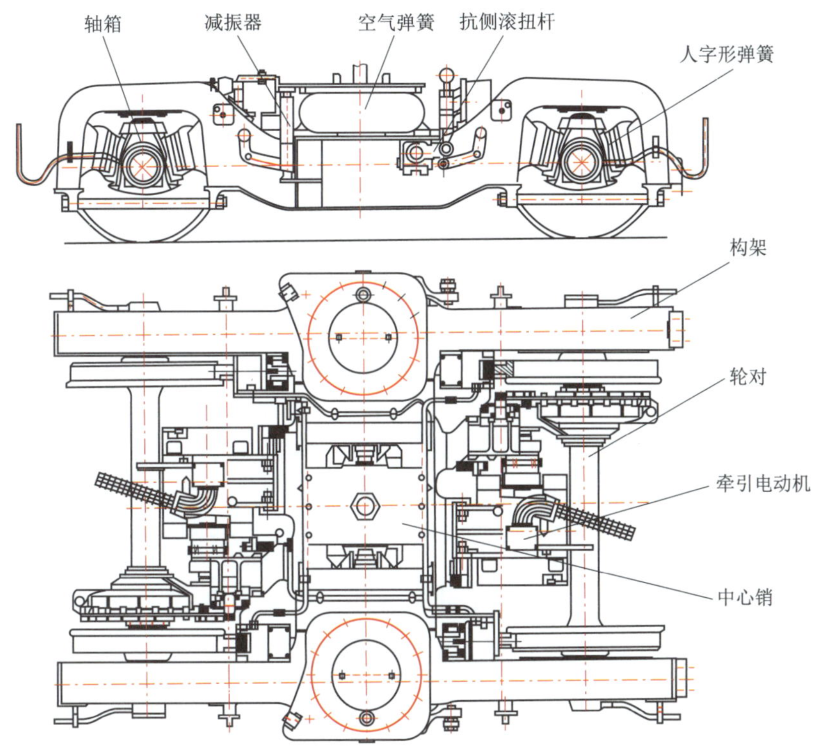

图 2-2　转向架

①构架。

构架是转向架各组成部分的安装基础，通过构架把转向架的组成部件组合成一个整体，构架是转向架承载的主要部件。

②轮对。

轮对（见图 2-3）沿钢轨滚动的同时，除承受车辆的重量外，还传递轮轨之间的其他作用力，包括牵引力和制动力。

轮对由一根车轴和两个同型号车轮通过过盈配合组装而成。轮对引导车辆沿钢轨运动，同时还承受着车辆与钢轨之间的载荷。轮对的内侧距是保证车辆运行安全的一个重要参数。我国地铁采用与铁路通用的 1 435 mm 标准轨距。

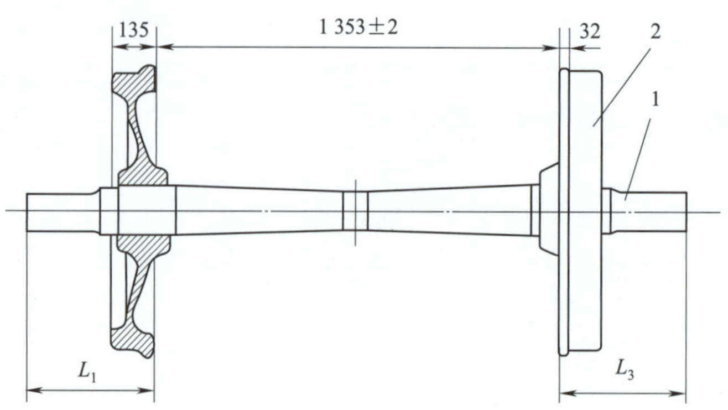

图 2-3 轮对（单位：mm）

1—车轴；2—车轮

a. 车轴。绝大多数的车轴为圆截面实心轴，而采用空心车轴结构就可以减小轮对质量，从而降低车辆的簧下质量，一般空心车轴比实心车轴可减轻 20%～40%的质量。

b. 车轮。车轮的结构、形状、尺寸、材质是多样的。按结构可分为整体轮和轮箍轮两种，如图 2-4 所示。整体轮按其材质可分为辗钢轮和铸钢轮等。轮箍轮又可分为铸钢辐板轮心、辗钢辐板轮心及铸钢辐条轮心的车轮。为了降低噪声，减小簧下质量，可以使用橡胶弹性车轮、消声轮等。

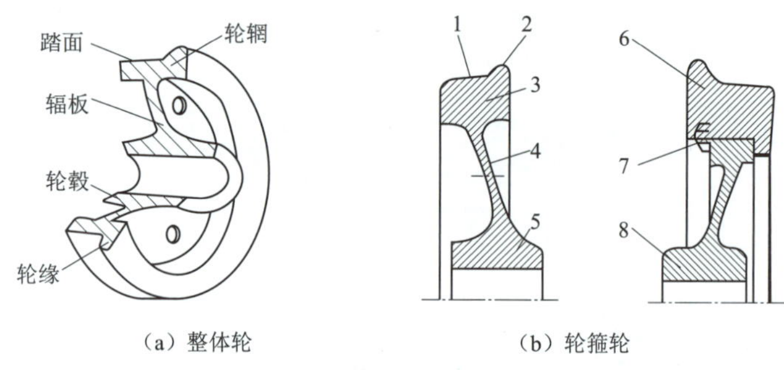

图 2-4 车轮

1—踏面；2—轮缘；3—轮辋；4—辐板；5—轮毂；6—轮箍；7—扣环；8—轮心

③轴箱装置。

轴箱装置是联系构架和轮对的活动关节，使轮对的滚动转化为车体沿轨道的平动。

④弹簧减振装置。

弹簧减振装置在轮对与构架或构架与车体之间减少线路不平顺和轮对运动对车体的各种动态影响，如垂向振动、横向振动和通过曲线等。

⑤(基础)制动装置。

(基础)制动装置的作用是传递制动闸缸产生的制动力或单元制动机产生的制动力，使转向架内摩擦力转换为轮轨之间的外摩擦力(即制动力)，从而产生制动效果，使运行中的车辆在规定的距离范围内停车。

中央牵引装置是车体与转向架的联结部分，其结构应能满足安全可靠地架承车体，并传递各种载荷和作用力，车体与转向架之间能围绕不变的旋转中心相对转动，以使车辆顺利通过曲线。

动车的转向架上还装有牵引电机和变速传动装置(包括联轴器、齿轮箱、齿轮箱悬挂装置等),使牵引电机的扭矩转化为轮对上的转矩,提供牵引力,利用轮轨之间的黏着作用,驱动车辆运行,也提供制动力(电制动力)。

(3)车辆连接装置

车辆连接装置包括车钩缓冲装置和贯通道。车钩是连接车辆使其编组成列车,并传递纵向力的装置。在车钩的后部通常装设缓冲装置,缓和车辆之间的纵向冲击。通过车钩还可将车辆之间的电路和空气管路进行连接。贯通道是车辆与车辆之间的客室连接通道。

(4)制动装置

制动装置是保证列车运行安全所必不可少的装置。不管是动车还是拖车都设有制动装置,以保证运行中的列车按需要减速或在规定的距离内停车。

(5)受流装置

通过接触导线(接触网)或导电轨(第 3 轨)将电流引入动车的装置称为受流装置。

城市轨道交通车辆受流器主要有受电弓、旁弓和第三轨受电器等形式。我国常用的馈电方式有接触网和接触轨两种形式,基本采用直流 1 500 V 和直流 750 V 供电。

(6)电气系统

电气系统包括车辆上的各种电气设备及其控制电路,按其作用和功能可分为主电路系统、辅助电路系统和电子与控制电路系统三部分。

(7)内部设备

内部设备包括服务于乘客的设备和服务于车辆运行的设备。服务乘客的设备有照明、广播、通风、取暖、空调、座椅、吊环、扶手等;服务车辆运行的设备一般不占车内空间。吊挂于车底的有蓄电池箱、斩波器、逆变器、继电器箱、主控制箱、接触器箱、空气压缩机组和储风缸等,安装于车顶的有空调单元等。

二、城市轨道交通车辆参数

1. 车辆性能参数和车辆尺寸参数

轨道交通车辆技术参数是从总体上表征车辆性能及结构的技术指标,一般可分为性能参数和主要尺寸两大类。

(1)车辆性能参数

①自重、载重。

自重是指车辆整备状态下的本身结构及设备组成的全部质量;载重是指正常情况下车辆允许的最大装载质量。自重、载重均以吨(t)为单位。

②最高运行速度。

最高运行速度是指车辆设计时按照安全及结构强度等条件所决定的车辆最高行驶速度,并要求连续以该速度运行时车辆具有足够良好的运行性能。

③轴重。

轴重是指按车轴形式及在某个运行速度范围内,车轴允许负担(包括轮对自身的质量)的最大质量。轴重的选择与线路、桥梁及车辆走行部的设计有关。

④通过最小曲线半径。

通过最小曲线半径是指配用某种形式转向架的车辆在站场或厂、段内调车时所能安全通过的最小曲线半径。当车辆在此曲线区段上行驶时不得出现脱轨、倾覆等危及行车安全的事故,也不允许转向架与车体底架或车下其他悬挂物相碰撞。

⑤轴配置或轴列式。

轴配置或轴列式是指用数字或字母表示车辆走行部结构特点的方式。例如，4 轴动车，两台动力转向架，则轴配置记为 B—B；6 轴单铰轻轨车辆的两端为动力转向架，中间为非动力铰接转向架，其轴配置记为 B—2—B。

⑥制动形式。

制动形式是指车辆获得制动力的方式，有摩擦制动、再生制动、电阻制动及磁轨制动等多种形式。

⑦启动平均加速度。

启动平均加速度是指在平直线路上，列车载荷为额定定员，自牵引电动机取得电流开始至启动过程结束（即转入其自然特性时）的速度值被全过程经历的时间所除而得的商。

⑧制动平均减速度。

制动平均减速度是指在平直线路上，列车载荷为额定定员，自制动指令发出至列车完全停止的全过程，相应的制动初始速度（取最高运行速度）被全过程经历的时间所除而得的商。

⑨冲击率。

冲击率是指由于工况改变引起的列车中各车辆所受到的纵向冲击。它用于说明车辆本身电气及制动控制系统所应达到的冲动限制，用加速度变化率来衡量，以 m/s^3 为单位。

⑩车辆平稳性指标。

车辆平稳性是评定旅客舒适程度的主要依据，反映了车辆振动对人体感受的影响。评定平稳性的方法主要以人的感觉疲劳程度为依据，通常以平稳性指标表示。

(2)车辆尺寸参数

①车辆长度。

车辆长度是指车辆处于自由状态，车钩呈锁闭状态时，两端车钩连接面间的水平距离。区别于车体长度的概念，车体长度是指不包含牵引缓冲装置或折棚的车体结构的长度。

②车辆最大宽度。

两侧墙外表面的最大横向水平距离。

③车辆最大高度。

车辆最大高度是指车辆平直轨面到车辆顶部（含受电弓和空调机组，且受电弓处于落弓状态）最高点的垂直距离。

④车辆定距。

车辆定距是指同一车辆的两转向架中心之间的距离。

⑤固定轴距。

固定轴距是指同一转向架的两车轴中心线之间的距离。

⑥车钩中心线距离钢轨面高度。

车钩中心线距离钢轨面高度简称车钩高，以 H_0^{+10} 表示，它是指车钩连接面中点至轨面的高度。取新造或修竣后空车的数值。列车中各车辆的车钩高基本一致，是保证车辆正确连挂、列车运行中正常传递牵引力及不会发生脱钩事故所必需的。

⑦地板面高度。

地板面高度是指车辆地板面与钢轨顶面之间的距离。地板面高度与车钩高一样，是指新造或修竣后空车的数值。

2. 车辆主要技术参数

以某城市轨道交通线路为例，该线车辆的基本参数、列车载客容量、车辆质量、车辆主要尺寸分别见表 2-4～表 2-7。

表 2-4 某城市轨道交通车辆基本参数

基本参数	车辆的总体设计寿命	30 年
	每辆车的平均轴重	≤16 t
	牵引电动机额定功率	190 kW
	列车平稳性指标	应小于 2.5
	最高运行速度	80 km/h
	设计/结构速度	90 km/h

表 2-5 列车载客容量

缩　写	定　义	每车乘客数	列车乘客数
AW_0	无乘客（空载）	0	0
AW_1	座客载荷	56	336
AW_2	定员载荷（6 人/m^2）	310	1 860
AW_3	超员载荷（9 人/m^2）	432	2 592

表 2-6 车辆质量

定　义	乘客载荷/t			车辆重量/t			列车重量/t
	A	B	C	A	B	C	
空载（AW_0）	0	0	0	33	36	36	220
座客载荷（AW_1）	3.36	3.36	3.36	376.36	39.36	39.36	230.16
定员载荷（AW_2）	18.60	18.60	18.60	51.60	54.60	54.60	321.60
超员载荷（AW_3）	25.92	25.92	25.92	58.92	61.92	61.92	365.92
注：乘客每人重量按 60 kg 计算							

表 2-7 车辆主要尺寸

主要尺寸	车辆长度（车钩连接面之间）	A 车：24 400 mm。B、C 车：22 800 mm
	列车长度	140 000 mm
	车辆宽度	3 000 mm
	车辆高度	3 800 mm
	车辆最高点（含排气口）	3 860 mm
	受电弓工作范围	175～1 600 mm
	受电弓最大升起高度	1 700 mm
	轨道至地板面高度（AW_0）	$1\ 130^{+15}_{-5}$ mm
	转向架中心距	15 700 mm
	转向架固定轴距	2 500 mm
	车门全开宽度	1 400 mm

续上表

主要尺寸	开、关门时间	(3±0.5) s
	开、关门调整范围	1.5～4 s
	贯通道宽度	1 500 mm
	窗宽度	1 300 mm
	车钩中心线距轨面距离	(720+8) mm
	车轮直径	840 mm
	新轮直径	
	半磨耗轮	805 mm
	磨耗轮	770 mm
	轮对内侧距(AW_0)	1 353_{0}^{+3} mm
	轮缘厚度	32 mm

三、轨道交通列车编组

1. 城市轨道交通列车编组方法

城市轨道交通车辆作为运送旅客的运输工具，必须具有良好的牵引、制动性能，能快速启动和停止，以确保安全、准时和快捷。城市轨道交通通常以列车编组形式运行，一般由 3～8 节动车和拖车组成，也可以是全动车列车编组。带有牵引动力装置的车辆称为动车，无牵引动力装置的车辆则称为拖车。动车分为有受电弓的动车(Mp)和无受电弓的动车(M)；拖车分为有驾驶室的拖车(Tc)和无驾驶室的拖车(T)。国内比较常见的几种编组方式有 3 节、4 节、6 节和 8 节编组。图 2-5 所示为常见的列车编组示意图。

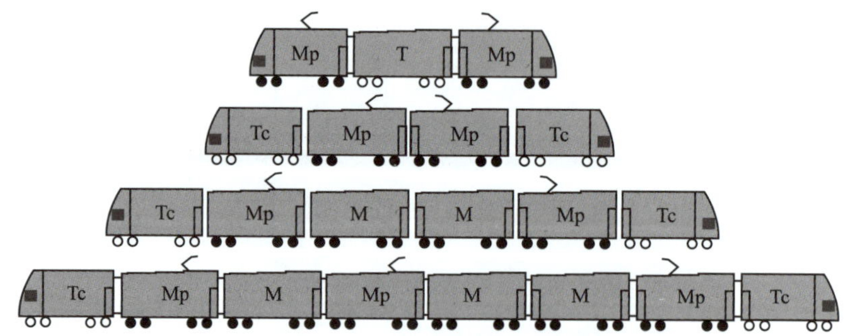

图 2-5　常见的列车编组示意图

不同城市轨道交通线路动车组列车编组表示方式有所不同。如广州地铁一号线列车编组表示方式为－A＊B＊C=C＊B＊A－：其中 A 车为带司机室的拖车，B 车为带受电弓的动车，C 车为不带受电弓的动车；“－”表示自动车钩，“=”表示半自动车钩，“＊”表示半永久性牵引杆。

不同城市的地铁列车编组略有不同，如图 2-6 所示为某地铁列车编组。

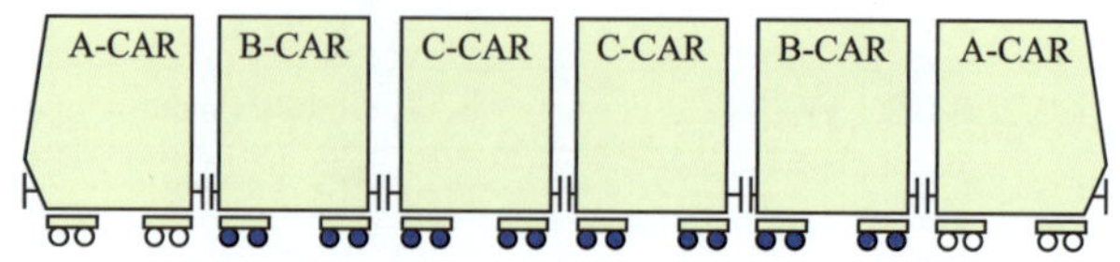

图 2-6　6 节编组的城市轨道交通列车

城市轨道交通列车中，动车和拖车通过车钩连接而成的一个相对固定的编组称为一个单元。例如，广州地铁一号线列车由 6 节车辆 2 个单元组成，编组为－A＊B＊C＝C＊B＊A－，其中－A＊B＊C、C＊B＊A－为一个单元。一列车可以由一个或几个单元编组而成。

列车编组中有一个“动拖比”的概念，是指有动力的车轴所承受的车重与无动力的车轴承受的车重之比。根据不同的车辆编组数量，城市轨道交通列车的动拖比可以是 2∶1 或 1∶1 等具体的组合形式。一般来说，动拖比越高，加速能力越强。

2. 车辆方位

(1)一位端、二位端

为给同一车辆的某些同类设备按顺序编号，以加以区别，需对车辆的一位、二位端进行定义。

按《地铁车辆运营技术规范(试行)》规定，距离列车司机室较近的一端为车辆的一位端，与一位端相反的另一端为二位端。当奇数编组时，位于列车中心位置的车辆以距离 1 号车(列车设计时确认的前位头车)较近的一端为一位端，如图 2-7 所示。

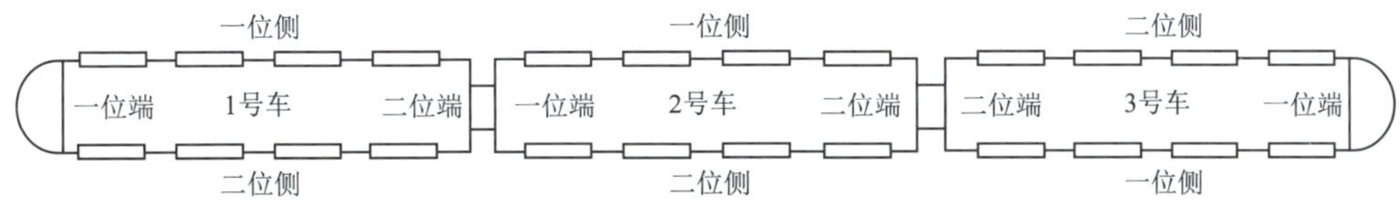

图 2-7　位端和位侧编号规则(以 3 编组 B 型车为例)

(2)一位侧和二位侧

在客室内面向一位端，右边一侧为一位侧，左边一侧为二位侧。

(3)零部件位置的确定

车辆的车轴、车轮和其他部件的位置确定，车轴轴位应从一位端到二位端以自然数顺次编号，轮位按照一位侧为偶数、二位侧为奇数进行编号，并在轴箱端盖、轴箱体外侧或其他便于观察的区域标注轮位编号。车辆轴位和轮位编号规则如图 2-8 所示。

图 2-8　车辆轴位和轮位编号规则

(4)车辆左、右侧和列车左、右侧

车辆两侧分别为左右侧，观察者在车厢内从二位端面向一位端，观察者的左右侧即为车辆的左右侧。

列车的左右侧是按列车向前牵引的方向定义。列车的左侧是指观察者朝向列车的牵引方向时观察者左边所对应的那一侧，另一边为列车的右侧。

3. 客室侧门编号

客室侧门应具有易于司机和检修等工作人员识别的统一编号，一位侧采用偶数编号，二位侧采用奇数编号，以车辆号和客室侧门号组合表示，如“3-4”，表示 3 车 4 门。该编号设置于客室侧门侧立柱下方附近区域，如图 2-9 所示。

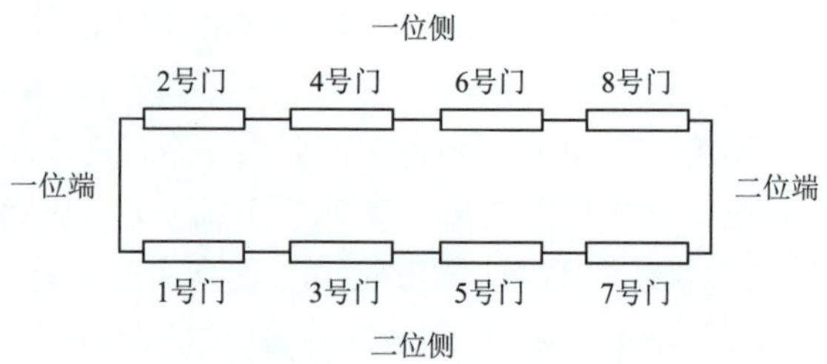

图 2-9 客室侧门编号规则（以 B 型车为例）

检查与评价

任务评价见表 2-8。

表 2-8 任务评价

项目二任务1 辨识车辆设备					综合得分
姓　　名		自我评价	小组评价	教师评价	
组　　别					
组员姓名					
知识技能评价	1.辨识车辆设备，能说出车辆的结构及类型，指认出车辆主要部件并说出部件名称。 2.熟悉轨道交通线路车辆参数，能解释车辆的尺寸参数和技术参数的含义。 3.绘制车辆三视图，能标出车辆的主要尺寸参数。 4.绘制某地铁轨道交通列车编组图，了解城际轨道交通、普速铁路和高速铁路的列车编组。 5.分析比较不同类型的轨道交通车辆，讨论车辆设备技术发展				
方法能力评价	1.具备根据自学资讯进行分析推理、归纳总结、建构知识架构的自学能力。 2.具备绘制三视图、参数测量，使用卷尺等工具的能力。 3.具备辨识车辆设备作业的团队协作、沟通交流能力				
思政评价	1.具备生命第一、设备安全、运输生产安全意识。 2.具备按章操作职业素养。 3.具备严格遵循《城市轨道交通行车组织规则》《地铁车辆运营技术规范（试行）》标准化作业意识				

反馈与改进

通过检查与评价得到反馈，进行反思，并撰写实训指导手册的任务总结报告。

记录人		时间	
总结报告	请阐述任务评价反馈后，对车辆组成、车辆参数、列车编组、车辆三视图绘制的认识、理解及反思，并谈谈对任务实施过程的体会		

完善与拓展

(1)读者可通过图2-1所示的“视野拓展”模块学习拓展内容。

(2)拓展了解城际轨道交通车辆和高速铁路车辆。

巩固与提高

(1)简述城市轨道交通车辆的类型?

(2)简述车辆设备组成。

(3)什么是轴重?

(4)轴配置记为B—B的含义是什么?

(5)什么是车辆定距?

(6)城市轨道交通车辆的主要技术参数有哪些?

(7)城市轨道交通列车如何编组?

(8)车辆方位如何定义?

(9)客室门如何编号?

任务2 车辆运行原理分析

情境导入

某年,机务段司机驾驶D1001次列车由A站前往D站,列车行驶B站进站前的隧道内,发现线路异常,5 s内采取了紧急制动措施,列车撞上突发坍塌侵入线路的泥石流,滑行900多米后在B站脱线。

列车司机在危急时刻果断停车,保障了车上旅客的安全。

请同学们思考以下问题:

(1)有哪些关键设置保证车辆安全运行?

(2)轨道交通车辆是如何制动的?

(3)车辆与车辆之间如何连接?

学习目标

技能目标

(1)能区分车钩、缓冲装置等部分的结构,辨别车钩位置状态。

(2)会摘解和连挂车钩。

(3)能讲出轨道交通车辆三种制动方式的工作原理。

(4)能分辨城轨车辆制动系统的种类,认识其各组成部件。

(5)能绘制空气制动机工作原理图。

(6)根据相关资讯进行分析、推理和归纳,并建构车辆运行原理基本知识架构。

知识目标

(1)了解车钩、缓冲器等种类、作用及组成。

(2)熟悉自动车钩、半自动车钩、半永久牵引杆的结构及作用原理。

(3)了解制动的概念,掌握何时需对列车施加制动,掌握列车制动方式及模式。

(4)熟悉城市轨道交通车辆制动系统的种类、组成和作用原理。

素质目标

(1)具备生命第一、设备安全、运输生产安全的安全意识。

(2)树立城市轨道交通人爱岗敬业、勇于担当的责任感。

任务作业单

为完成以上技能、知识和素质培养,任务作业单见表2-9。

表2-9 任务作业单

序号	任 务
1	区分各类车钩的结构,能准确辨别车钩位置状态
2	模拟摘解和连挂车钩
3	简要说出轨道交通车辆三种制动方式的工作原理
4	分辨城轨车辆制动系统的种类,认识其各组成部件
5	画图说明空气制动机工作原理图
6	分析与比较不同类型的制动装置,讨论制动设备未来发展

学习地图

读者自主学习参考智慧职教MOOC学院平台国家级精品在线开放课程“轨道交通运输设备运用”项目二任务2车辆运行原理分析,课程学习地图如图2-10所示。

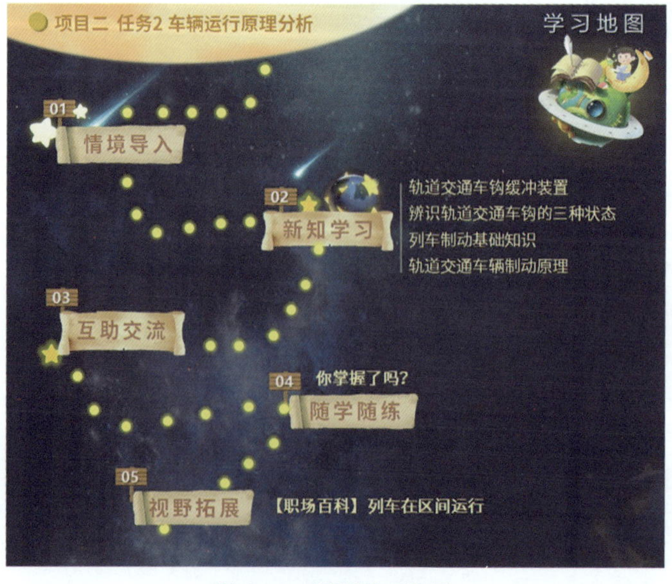

图2-10 课程学习地图

自学资讯

1. 本任务的两种自学方式

(1)在图 2-10 中的“新知学习”模块学习。

(2)扫描二维码学习。

轨道交通车钩缓冲装置

辨识轨道交通车钩的三种状态

列车制动基础知识

轨道交通车辆制动原理

2. 重要知识点

(1)轨道交通车钩缓冲装置。

(2)辨识轨道交通车钩的三种状态。

(3)列车制动基础知识。

(4)轨道交通车辆制动原理。

(5)摘解和连挂车钩。

计划与决策

(1)选择城市轨道交通运营线路的车辆段或车辆实训场,明确个人任务职责,完成任务实施计划。

(2)形成决策意见,包括所需工具(车钩等)、实训操作注意事项。

任务实施

以小组为单位,在本书配套实训指导手册完成以下训练。

(1)实地调研某城市轨道交通车辆段或车辆实训场,区分各类车钩的结构,能准确辨别车钩位置状态。

(2)车辆实训场模拟摘解和连挂车钩,见“技能训练”。

(3)实地调研某城市轨道交通车辆段或车辆实训场,能简要说出轨道交通车辆三种制动方式的工作原理。

(4)实地调研某城市轨道交通车辆段或车辆实训场,分辨城轨车辆制动系统的种类,认识其各组成部件。

(5)选择一条城市轨道交通线路的车辆,画图说明空气制动机工作原理图。

(6)小组讨论和组间交流,分析与比较不同类型的制动装置,讨论制动设备未来发展。

相关知识

一、轨道交通车钩缓冲装置

车钩缓冲装置是城市轨道交通车辆最基本也是最重要的部件之一,车钩用来保证各车辆的连接,并且传递牵引力、制动力和其他纵向冲击力,车钩还要连接车辆间的电路和气路;缓冲装置缓解车辆之间的互相冲击,并且使车辆间保持一定的距离。

车钩缓冲装置固定在车体底架上，车辆运行时的牵引力、制动时发生的纵向拉力及压缩力经车钩、缓冲器，最后传递给车体底架的牵引梁。

1. 车钩的分类

城市轨道交通车辆的车钩按照牵引连挂装置的连接方法，可分为自动车钩、半自动车钩和半永久性牵引杆三种。

(1) 自动车钩

自动车钩位于列车端部，其电气和风路连接装置都组装在钩头上，如图 2-11 所示。当车辆连挂时，车钩的机械、风路、电路系统都能自动连接；解钩时，可在司机室控制自动解钩或手动解钩。解钩后，车钩即处于待挂状态；电气连接器通过盖板自动关闭，以防止水和尘土进入；主风管连接器也自动关闭，防止压缩空气泄漏。

图 2-11　某地铁自动车钩

为了改善城市轨道交通车辆的运行质量，满足其在连挂时实现电路、气路和机械机构的自动连挂，开发了密接式车钩。密接式车钩是通过车辆之间以一定的相对速度相向运行并相互碰撞，使钩头的连接器动作，实现两车辆的机械、电气线路和空气管路自动连接的一种刚性车钩。密接式车钩在两连挂车钩高度有偏差，以及在有坡度线路和曲线上都能安全地连挂；两车钩连挂后，钩头接触面之间不允许在水平和垂向相对移动，且钩头接触面的纵向间隙应限制在很小的范围之内。

密接式车钩与一般车钩在构造和作用上完全不同，它要求两钩连接后，其间没有上下和左右的移动，而且对前后的间隙要求限制在很小的范围之内。

我国城市轨道交通车辆使用的自动车钩主要有两种：一种是柴田式密接式车钩，采用半圆形钩舌；另一种是 Scharfenberg（沙芬博格）式密接式车钩，采用拉杆式连接结构。

①柴田式密接式车钩。

柴田式密接式车钩平面图如图 2-12 所示。它主要由车钩钩头、橡胶缓冲器、风管连接器、电气连接器等几部分组成。缓冲器位于钩头的后部。车辆连挂时依靠两车钩相邻钩头上的凸锥和凹锥孔的相互插入，实现两车钩的紧密连接；同时自动将两车之间的电路和空气通路连通。在两车分解时，也可自动解钩，并自动切断两车之间的电路和空气通路。

我国早期在北京和天津等城市地铁采用柴田式密接式车钩，现其广泛用于国产高速动车组上。

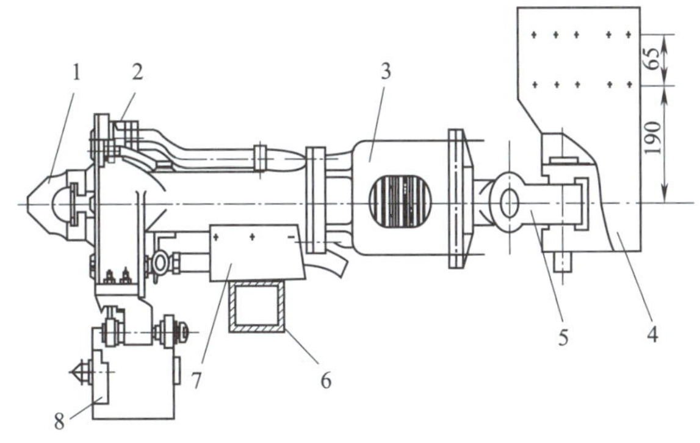

图 2-12　柴田式密接式车钩平面图

1—密接式车钩钩头；2—风管连接器；3—橡胶缓冲器；4—冲击座；5—十字头；6—托梁；7—磨耗板；8—电气连接器

②Scharfenberg 式密接式车钩。

Scharfenberg 式密接式车钩缓冲装置由车钩钩头、橡胶缓冲器、风管连接器、电气连接器和风动解钩系统等几部分组成，缓冲器位于钩头的后部。车辆连挂时依靠两车钩相邻钩头前端的锥形喇叭口引导彼此精确地对中，实现两车钩的紧密连接；同时自动将两车之间的电气线路和空气通路接通。在两车分解时，也可由司机控制解钩电磁阀自动解钩，并自动切断两车之间的电气线路和空气通路。

Scharfenberg 式密接式车钩工作原理，包括待挂位、连接闭锁位和解钩三种状态。

欧洲地铁大都采用 Scharfenberg 式密接式车钩，我国上海、广州、深圳地铁等也采用这种形式的车钩。

(2)半自动车钩

如图 2-13 所示，半自动车钩用于两编组单元之间的车辆连挂。半自动车钩可自动实现列车单元之间的机械连接和风管连接，电气连接只能手动。解钩时机械和气路部分可自动，也可手动，但不能在司机室集中控制。在半自动车钩上设有贯通道支承座，用于车辆运行过程和解钩之后支撑贯通道。

图 2-13　某地铁半自动车钩

(3)半永久性牵引杆

如图 2-14 所示，半永久性牵引杆用于同一单元内车辆之间的编组。每个半永久性牵引杆上设有贯通道支承座，用于车辆运行过程和解钩之后支撑贯通道。

图 2-14　某地铁半永久性牵引杆

半永久性牵引杆只是将两车的连接方式由车钩连接改为牵引杆连接，风管和电气的连接只能依靠手动连接，半永久性牵引杆示意图如图 2-15 所示。

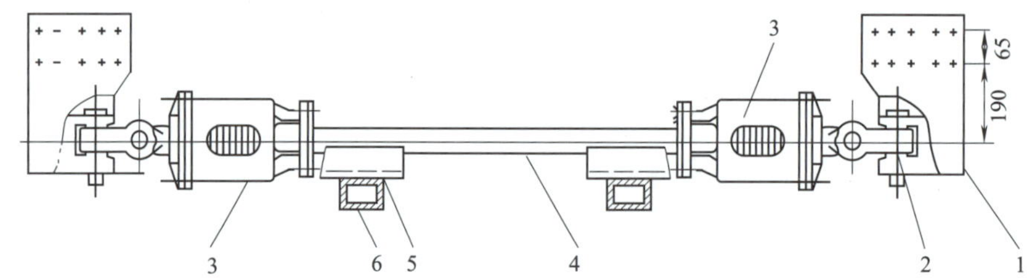

图 2-15　半永久性牵引杆示意图(单位：mm)

1—连接座；2—十字头；3—缓冲器；4—牵引杆；5—磨耗板；6—车钩托梁

2. 车钩缓冲装置的组成

车钩缓冲装置由车钩钩头、缓冲装置、对中装置和钩尾冲击座组成。

(1)车钩钩头

车钩钩头由机械钩头、电气连接箱和气路连接器等部分组成。

①机械钩头。

全自动车钩机械钩头由壳体、中心轴、钩舌、钩舌连接杆、钩舌弹簧、钩舌定位杆(或称棘爪)及钩舌定位杆弹簧、定位杆撞(顶)块及弹簧和解钩风缸等组成，如图 2-16 所示。

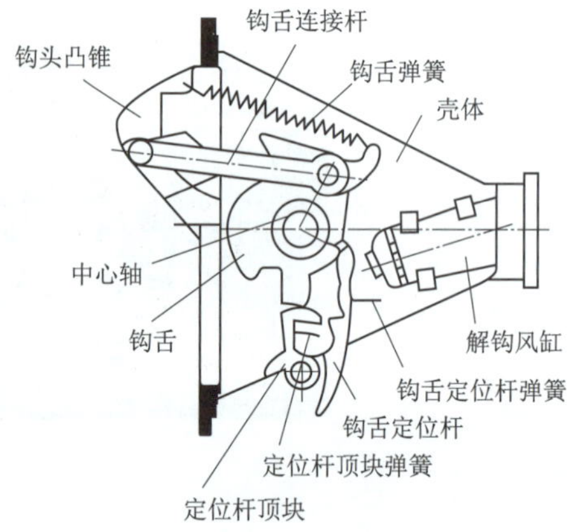

图 2-16　全自动车钩机械钩头

壳体的前部一半为四锥体的钩头凸锥，另一半为钩头坑(或称凹坑)，车钩连挂时相邻两个车钩的四锥体的钩头凸锥和钩头坑相互插入。

固定在中心轴上的钩舌在钩舌弹簧的作用下可

绕中心轴转动并带动钩舌连接杆动作，钩舌是按功能需要设计成的不规则几何形状，设有供连挂时定位和供解钩气缸活塞杆作用的凸舌，以及与钩舌连接杆连接的定位槽、钩嘴等，是车钩实现动作的关键零件。

钩舌连接杆在连杆弹簧拉力的作用下使车钩可靠地连接起来。钩舌定位杆上的两个凸齿，使钩舌板处于待挂或解钩状态；定位杆撞(顶)块可在车钩连挂时解开钩舌定位杆与钩壳的锁定位，从而使两钩实现连挂。

半自动车钩的机械钩头与全自动车钩基本相同，半永久车钩的机械钩头采用联轴器连接。

②电气连接箱。

全自动车钩的电气连接箱设于机械钩头的上、下或两侧。设在两侧时，其中一侧连接低压电缆，另一侧连接信号和通信电缆。电气连接箱通过机械操纵机构实现自动连挂和解钩，当机械钩头连挂时钩头内心轴转动带动顶端的凸轮一起转动，从而推动一个二位五通阀使压缩空气作用于电气连接箱的气缸，气缸活塞杆通过杠杆机构和弹簧使电气箱迅速连挂。

半自动车钩电气连接箱不随机械车钩动作，它的连挂和解钩由人工实现，通过手动转动齿轮，使得齿轮和齿条机构动作，从而带动杠杆和弹簧使电气连接箱连挂和解钩。

③气路连接器。

气路连接器设在机械钩头法兰下侧的中间，分设两个风管弹簧阀，如图 2-17 所示，当一方弹簧阀的阀芯管压迫另一方的阀芯时则双方阀被打开，使总风管和解钩风管接通。而一旦对方风管撤离，也就是两钩头的法兰面分离时，则阀芯又在弹簧力的作用下将阀关闭。这样，可使风管的接通和断开随车钩的连挂和解钩自动进行。

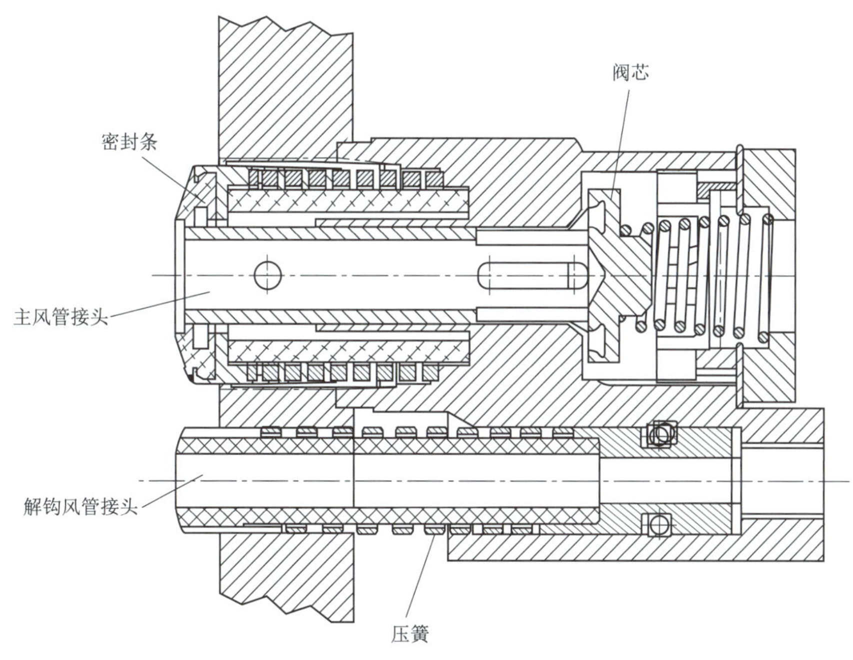

图 2-17　风管弹簧阀

(2)缓冲装置

缓冲装置是车辆牵引连挂装置的重要组成部分，主要用于传递和缓和纵向冲击力。缓冲装置将冲击动能转化弹簧的势能和热能，来达到吸收冲击能量的目的。缓冲装置分为可再生缓冲器和不可再生缓冲器两种类型。可再生缓冲器有双作用环弹簧缓冲器、橡胶缓冲器、液压缓冲器和气液缓冲器等。压溃管是不可再生缓冲器。

双作用环弹簧缓冲器由弹簧盒、弹簧前后座板、外环簧、内环簧、端盖和牵引杆等组成，如图 2-18 所示。当车钩受压缩冲击时，牵引杆推动弹簧前座板向后挤压内、外环簧。由于内环簧和外环簧相互间的接触面为 V 形锥面，从而使内环簧受压缩，外环簧受拉伸，使冲击能量转化为弹簧的势能，同时内、外环簧锥面的相互摩擦还产生一定的热量，从而也使一部分冲击能量转化为热能。当牵引杆受拉伸冲击时，牵引杆后端的预紧螺母压迫弹簧后座板，同样后座板也挤压内、外环簧，同样也使内、外环簧产生与牵引杆受冲击时同样的变化过程。所以该缓冲器无论是受压缩冲击还是受拉伸冲击时，都能吸收冲击能量。

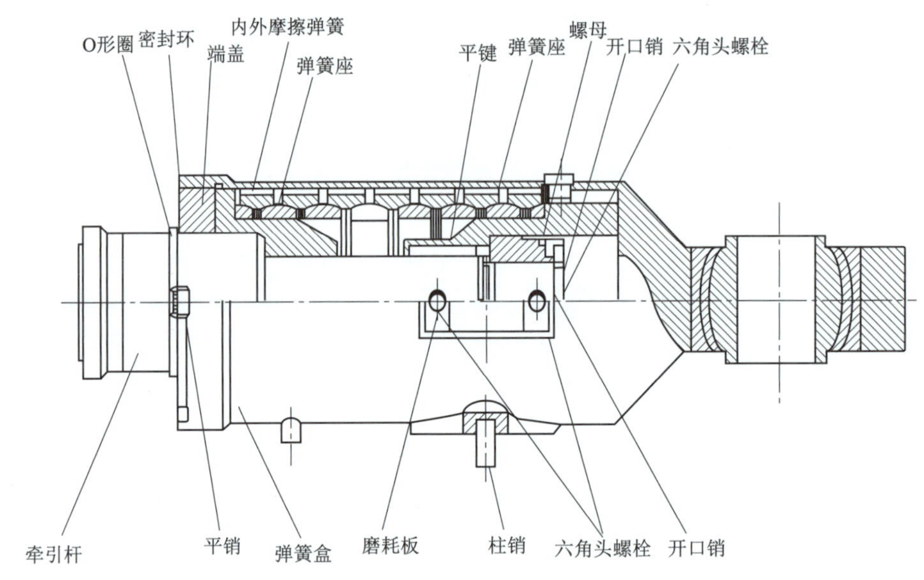

图 2-18 双作用环弹簧缓冲器

橡胶缓冲器在列车正常的牵引和制动时，通过橡胶变形来吸收冲击能量。

液压缓冲器是一种可恢复的能量吸收装置，车钩在发生撞击时，缓冲器内部的活塞杆作用于活塞，使压力油通过活塞和缸体内壁的间隙流动，从而吸收能量，其相对速度越快吸收能量越大。

压溃管在列车相撞时，通过它的变形来吸收冲击能量。压溃管为免维修部件，当压溃管的变形部位超过规定的标准时必须进行更换。

3. 车钩对中装置

车钩对中装置如图 2-19 所示，在缓冲器的尾部下方左、右各设一个对中作用气缸，它的活塞头部安有一个水平滚轮，当气缸充气、活塞向外伸出时，能自动嵌入固定在球铰座下方的一块呈桃形凸轮板左、右的两个缺口内，使车钩缓冲

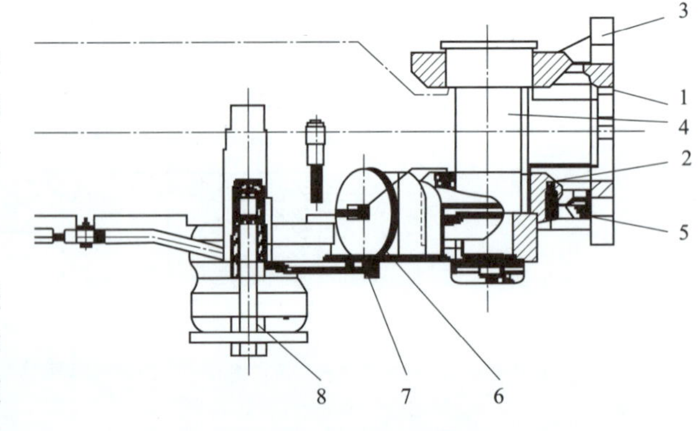

图 2-19 车钩对中装置

1、2—轴套；3—安装座；4—中心销；5—凸轮盘；6—对中作用气缸；7—活接式气接头；8—垂向支撑橡胶弹簧

装置的中心线与车体中心线在一个垂直平面内，以便使一个车钩钩头对准对方车钩的钩坑。

4. 钩尾冲击座

缓冲器的尾部通过一个球铰与车体底架相连，该球铰部分简称钩尾冲击座。这样的结构可使整个车钩缓冲装置在水平面内摆动±4°，而在垂直面内摆动±5°，满足车辆在水平曲线和竖曲线上运行的要求。

通过钩尾冲击座将车钩缓冲装置安装在车体的底架牵引梁上，而钩尾冲击座与牵引梁之间安装过载保护螺栓。过载保护螺栓采用鼓形结构，当冲击载荷大于 800 kN 时鼓形结构被破坏，车钩与车体分离并沿着导轨向后移动，从而避免超过许可载荷的冲击力加载到车体底架上。

二、列车制动基础知识

制动装置是使车辆减速、停车，保证列车安全运行所必不可少的装置。在车辆上都设置有制动装置，使运行中的列车按需要减速或在规定的距离内停车。制动装置除机械制动装置外，要求具有电制动功能，并且应充分发挥电制动能力。

由于城市轨道交通列车是电力牵引的，这就为采用电制动提供了基本条件。当列车速度低到某一速度时，电制动力也随之降低，这时制动力已达不到要求值，必须及时补上机械制动继续制动以达到要求值。在整个速度范围内，要充分发挥各种制动方式的作用，适应城市轨道交通列车的自动控制，并且还需协调配合以获得最佳的制动性能。

1. 制动

人为地使列车停车、减速、阻止其加速，停车的时候防止其溜逸称为制动。对已经施行制动的列车，解除或减弱其制动作用，称之为缓解。由制动装置产生的与列车运行方向相反的外力，称之为制动力。为使列车能施行制动和缓解而安装在列车上的一整套设备，总称为列车制动装置。

列车的制动能力是指它的制动系统能使其在规定的制动距离内安全停车的能力。要求车的紧急制动距离（在非常情况下的制动距离）不超过规定值，一般为 180 m。这个距离比起动加速距离短得多，所以，列车的制动功率要比驱动功率大 5～10 倍。

2. 制动方式

制动方式可按制动时列车动能转移方式、制动力获取方式或制动源动力的不同进行分类。

（1）按制动时列车动能转移方式

按照制动时列车动能转移方式的不同可以分为摩擦制动和动力制动。

①摩擦制动。

通过摩擦副的摩擦将列车的运动动能转变为热能，逸散于大气，从而产生制动作用。城市轨道交通车辆常用的摩擦制动方式主要有闸瓦制动、盘形制动和磁轨制动。

a. 闸瓦制动，又称为踏面制动，它是最常用的一种制动方式，如图 2-20 所示。制动时闸瓦压紧车轮，轮、瓦间发生摩擦，将列车的运动动能通过轮、瓦间的摩擦转变为热能，逸散于空气中。

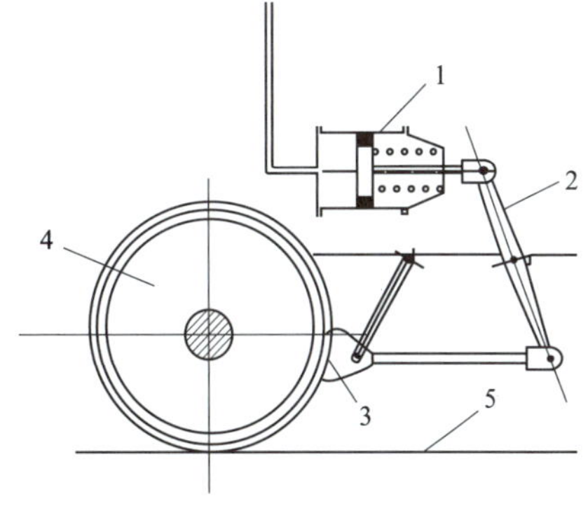

图 2-20　闸瓦制动

1—制动缸；2—基础制动装置；3—闸瓦；4—车轮；5—钢轨

b. 盘形制动，如图 2-21 所示，有轴盘式和轮盘式之分。非动力转向架一般采用轴盘式，当动力转向架轮对中间由于牵引电机等设备使制动盘安装发生困难时，可采用轮盘式。制动时，制动缸通过制动夹钳使闸片夹紧制动盘，使闸片与制动盘间产生摩擦，把列车的动能转变为热能，热能通过制动盘与闸片逸散于大气。

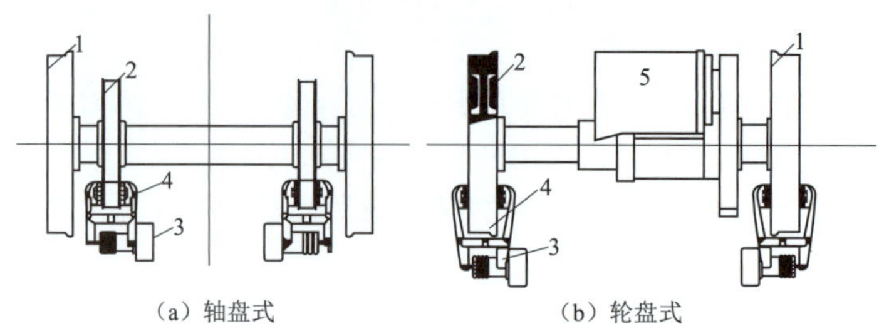

图 2-21　盘形制动

1—轮对；2—制动盘；3—单元制动缸；4—制动夹钳；5—牵引电动机

盘形制动方式能选择高性能的摩擦副材料和良好的散热结构，可以获得比闸瓦制动大得多的制动功率。

c. 轨道电磁制动，又称磁轨制动，如图 2-22 所示。在转向架构架侧梁下通过升降风缸安装有电磁铁，电磁铁下设有磨耗板。制动时将电磁铁放下，使磨耗板与钢轨吸住，列车的动能通过磨耗板与钢轨的摩擦转化为热能，逸散于大气。由于轨道电磁制动能得到较大的制动力，因此常被用作紧急制动时的一种补充制动手段。

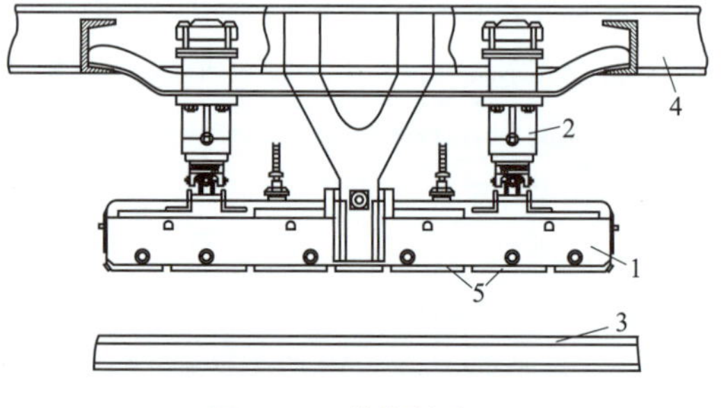

图 2-22　磁轨制动

1—电磁铁；2—升降风缸；3—钢轨；4—转向架构架侧梁；5—磨耗板

②动力制动。

列车制动时，将牵引电机变为发电机，使动能转化为电能，对这些电能的不同处理方式形成了不同方式的动力制动。城市轨道交通车辆上采用的动力制动形式主要有再生制动和电阻制动，都是非接触式制动方式。

a. 再生制动。再生制动是把列车的动能通过电机转化为电能后，再使电能反馈回电网。显然这种方式既节约能源，又减少制动时对环境的污染，并且基本上无磨耗，因此这是一种理想的制动方式。

b. 电阻制动。将发电机发出的电能加于电阻器中，使电阻器发热，即电能转化为热能，也称能耗制动。电阻器上的热能靠风扇强迫通风而散于大气中。电阻制动一般能提供较稳定的制动力，但车辆底架下需要安装体积较大的电阻箱。

(2)按制动力获取方式

按制动力获取方式不同，制动方式可分为黏着制动与非黏着制动。

①黏着制动。

列车制动时，车轮在钢轨上滚动的同时又有滑动的趋势，这种状态称为黏着状态。黏着状态下车轮与钢轨间的最大水平作用力称为黏着力。制动时，可能实现的最大制动力不会超过黏着力。黏着力与轮轨间垂直载荷的比值，称为黏着系数。依靠黏着滚动的车轮与钢轨黏着点之间的黏着力来实现车辆的制动称为黏着制动。

②非黏着制动(黏着外制动)。

列车制动时,制动力的提供不再依靠轮轨之间的黏着力,而由其他方式提供,这样制动力的大小不受黏着力限制,这种制动方式称为非黏着制动。非黏着制动的制动力不是从轮轨之间获取的,实现的最大制动力可能超过轮轨之间的黏着力。

闸瓦制动、盘形制动、电阻制动和再生制动均属于黏着制动;而磁轨制动则属于非黏着制动。

(3)按制动源动力不同

按制动源动力不同,制动方式可分为气制动和电制动。

制动的源动力主要有压缩空气的压力和电磁力。以压缩空气为源动力的制动方式称为气制动,如闸瓦制动、盘形制动等都属于气制动方式;以电磁力为源动力的制动方式称为电制动,动力制动及轨道电磁制动等均为电制动;此外,还有机械制动、液压制动等方式。

3. 需对列车施加制动的情况

以下三种情况需对列车施加制动:当列车已经处于运动状态之中,为了使运行中列车能迅速停车或减速,这时需要对列车施加制动;列车也处于运动状态之中,当列车在下坡道运行时,为了防止列车因为重力的作用加速而引起超速,这时也需要对其施行制动;为了使有运动趋势的列车保持静止,如停放在坡道上的列车,为避免因风力作用或者坡道因重力作用而溜走,也需要对其施加停放制动。

4. 制动模式

根据车辆的运行要求,制动系统采用以下几种制动模式:常用制动、紧急制动、快速制动、停放制动等,各种制动模式由司机指令控制。

(1)常用制动

常用制动是在列车正常运行情况下为调节或控制列车速度,包括进站停车所施行的制动。在常用制动模式下,电制动和摩擦制动一般都处于激活状态。常用制动时,首先充分利用电制动,若电制动力不能满足制动需求,则由摩擦制动加以补偿,以满足列车制动需求,实现混合制动作用。常用制动是列车正常运行时施行制动,但在列车遇到紧急情况时,需要在最短的距离内快速停车,这时列车必须施加紧急或快速制动。

(2)紧急制动

在紧急情况下为使列车尽快停住而施行的制动。紧急制动时,完全利用摩擦制动,在相同的载荷情况下,其制动力高于常用制动。列车一旦施加紧急制动,其制动指令将直到列车停止,中途是不可恢复的。

(3)快速制动

为使列车尽快停车而施加的一种制动方式,快速制动的制动力和紧急制动一样,但与紧急制动不同的是,快速制动采用混合制动;制动过程中,驾驶员可以在任何时候撤销快速制动指令,恢复列车的运行。当主控制器手柄移到“快速制动”位时,列车将实施减速与紧急制动相同的快速制动。

(4)停放制动

停放制动是列车静止停放时为防止停放列车溜逸所施加的制动,其制动力由弹簧力提供。停放制动只在车辆停车状态下才可使用。

三、轨道交通车辆制动原理

制动控制系统是制动装置在司机或其他控制装置(如 ATC 等)的控制下,产生、传递制动信号，并对各种制动方式进行制动力分配、协调的部分。目前制动控制系统主要有空气制动控制系统和电控制动控制系统两大类。当以压力空气作为制动信号传递和制动力控制的介质时，该制动装置称为空气制动控制系统，又称为空气制动机。当以电气信号来传递制动信号的制动控制系统，称为电气指令式制动控制系统，其制动力的提供可以是压力空气、电磁力、液压等方式。

1.空气制动机

空气制动机按其作用原理的不同，可分为直通空气制动机、自动空气制动机和直通自动空气制动机三种。

(1)直通空气制动机

①直通空气制动机工作原理见图 2-23。

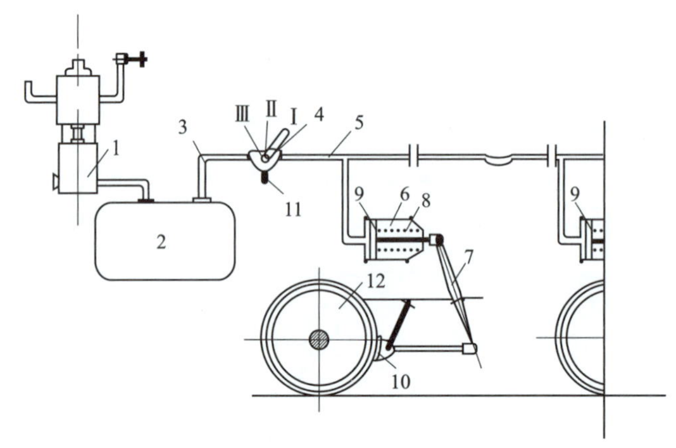

图 2-23　直通空气制动机工作原理

Ⅰ—缓解位；Ⅱ—保压位；Ⅲ—制动位；1—空气压缩机；2—总风缸；3—总风缸管；4—制动阀；5—制动管；6—制动缸；7—基础制动装置；8—缓解弹簧；9—制动缸活塞；10—闸瓦；11—制动阀 EX 口；12—车轮

空气压缩机将压缩空气储入总风缸内，经总风缸管至制动阀。制动阀有 3 个不同位置：缓解位、保压位和制动位。在缓解位时，制动管内的压缩空气经制动阀排向大气；在保压位时，制动阀保持总风缸管、制动管和 EX 口各不相通；在制动位时，总风缸管压缩空气经制动阀流向制动管。

a.制动位。司机要实行制动时，首先把操纵手柄放在制动位，总风缸的压缩空气经制动阀进入制动管。制动管是一根贯通整个列车、两端封闭的管路，压缩空气由制动管进入各个车辆的制动缸，压缩空气推动制动缸活塞移动，并通过活塞杆带动基础制动装置，使闸瓦压紧车轮，产生制动作用。制动力的大小，取决于制动缸内压缩空气的压力，由司机操纵手柄在制动位放置时间的长短而定。

b.缓解位。要缓解时，司机将操纵手柄置于缓解位，各车辆制动缸内的压缩空气经制动管从制动阀 EX 口排入大气。操纵手柄在缓解位放置时间足够长，则制动缸内的压缩空气可排尽，压力降低至零。此时制动缸活塞借助于制动缸缓解弹簧的复原力.使活塞回到缓解位，闸瓦离开车轮，实现车辆缓解。

c.保压位。制动阀操纵手柄放在保压位时，可保持制动缸内压力不变。当司机将操纵手柄在制动位与保压位之间来回操纵，或在缓解位与保压位之间来回操纵时，制动缸压力能分阶段地上升或下降，即实现阶段制动或阶段缓解。

②直通空气制动机特点。

a. 制动管增压制动、减压缓解，列车分离时不能自动停车；

b. 能实现阶段缓解和阶段制动；

c. 制动力大小靠司机操纵手柄在制动位放置时间的长短决定，因此控制不太精确；

d. 制动时全列车制动缸的压缩空气都由总风缸供给；缓解时，各制动缸的压缩空气都需经制动阀排气口排入大气，因此，前后车辆制动的一致性不好。

(2) 自动空气制动机

①自动空气制动机工作原理如图 2-24 所示。

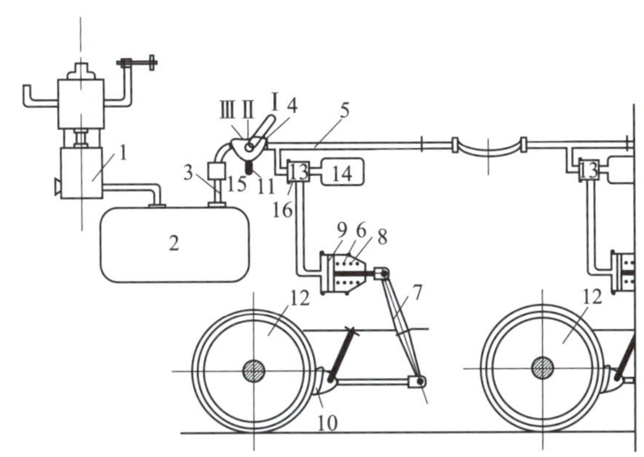

图 2-24　自动空气制动机工作原理

Ⅰ—缓解位；Ⅱ—保压位；Ⅲ—制动位；1—空气压缩机；2—总风缸；3—总风缸管；4—制动阀；5—制动管；6—制动缸；7—基础制动装置；8—制动缸缓解弹簧；9—制动缸活塞；10—闸瓦；11—制动阀 EX 口；12—车轮；13—三通阀；14—副风缸；15—给气阀；16—三通阀排气口

自动空气制动机在直通空气制动机的基础上增加了 3 个部件：在总风缸与制动阀之间增加了给气阀；在每节车辆的制动管与制动缸之间增加了三通阀和副风缸。给气阀的作用是限定制动管定压——人为规定的制动管压力，即无论总风缸压力多高，给气阀出口的压力总保持在一个设定的值。

自动空气制动机的制动阀同样也有缓解、保压和制动三个作用位置，但内部通路与直通空气制动机的制动阀有所不同。在缓解位时它联通给气阀与制动管的通路；制动位时它使制动管与制动阀上的 EX 口相通，制动管压缩空气经它排向大气；保压位时仍保持各路不通。

制动阀操纵手柄放在缓解位时，总风缸中的压缩空气经给气阀、制动阀送到制动管，然后通过制动管送到各车辆的三通阀，经三通阀使副风缸充气。如此时制动缸中有压缩空气，则经三通阀排气口排入大气。列车运行时，制动阀操纵手柄一直处于此位，直至副风缸充至制动管定压值。

制动阀操纵手柄放在制动位时，制动管中的压缩空气经制动阀 EX 口排向大气。制动管的减压信号传至车辆的三通阀时，三通阀动作，副风缸内的压缩空气经三通阀充向制动缸。制动缸活塞推出，使制动执行机构动作，列车产生制动作用。

由此可见，自动空气制动机是依靠制动管中压缩压力变化来传递制动信号，制动管增压时缓解，减压则制动，其中，三通阀是制动缸充气或排气的控制部件。

②三通阀工作原理如图 2-25 所示。

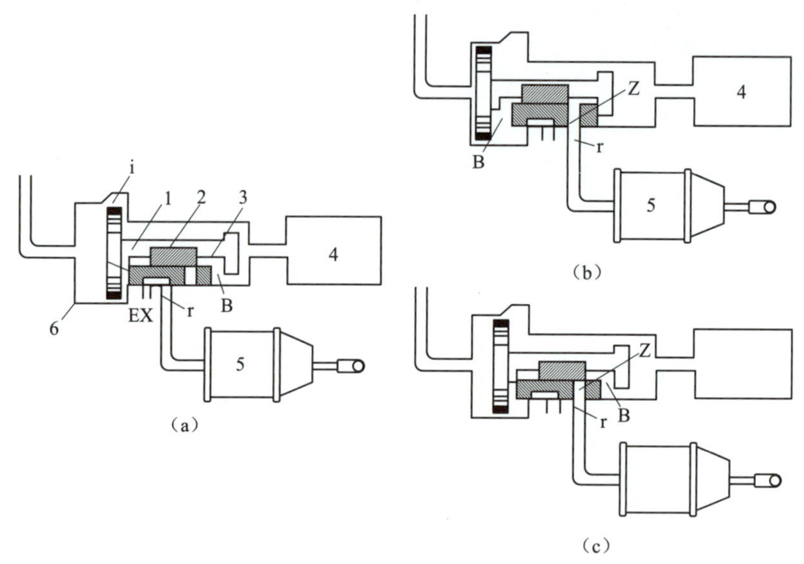

图 2-25　三通阀工作原理

1—三通阀活塞及活塞杆；2—节制阀；3—滑阀；4—副风缸；5—制动缸；6—三通阀；i—充气沟；B—间隙；r—制动缸管；Z—通孔

三通阀由于与制动管、副风缸及制动缸相通而得名。根据制动管压力的变化，三通阀有三个基本位置。

a. 充气缓解位。制动管压力增加时，在三通阀活塞两侧形成压差，三通阀活塞及活塞杆带动节制阀及滑阀一起移至右侧端位，这时充气沟露出。三通阀内形成以下两条通路：

- 制动管→充气沟→滑阀室→副风缸；
- 制动缸→滑阀座 r 孔→滑阀底面 n 槽→三通阀 EX 口→大气。

第一条通路为充气通路，第二条通路为缓解通路，即所谓充气是指向副风缸充气，缓解是指制动缸缓解，副风缸内压力可一直充至与制动管的压力相等，即达到制动管定压，制动缸缓解后的最终压力为零。

b. 制动位。制动时，司机将制动阀操纵手柄放至制动位，制动管内的压力空气经制动阀排气减压。三通阀活塞左侧压力下降，右侧副风缸压力大于左侧。当两侧压差较小时，不足以推动活塞，副风缸的压力空气有通过充气沟逆流的现象。但由于制动管压力下降较快，活塞两侧的压差仍继续增加，压差达到足以克服活塞及节制阀的阻力时，活塞及活塞杆带动节制阀向左移一间隙距离，使活塞杆与滑阀之间的间隙 B 置于前部，活塞遮断充气沟，副风缸压力空气停止逆流，滑阀上的通孔上端开放，与副风缸相通。随着制动管压力的继续下降，活塞两侧压差加大到能够克服滑阀与滑阀座之间的摩擦力时，活塞带动滑阀左移至极端位，滑阀切断制动缸通大气的通路，同时滑阀通孔下端与滑阀座制动缸孔 r 对准，形成副风缸向制动缸的充气通路。如果三通阀一直保持这一位置，最终将使副风缸压力与制动缸压力平衡。

c. 保压位。在制动管减压到一定值后，司机将制动阀操纵手柄移至保压位，制动管停止减压。三通阀活塞左侧压力不再下降，但三通阀活塞仍处于左极端的制动位，因此副风缸压力空气继续充向制动缸，活塞右侧的压力继续下降。当右侧副风缸压力稍低于左侧制动管的压力时，两侧压差达到能克服活塞和节制阀的阻力时，活塞将带着节制阀向右移一间隙距离，使滑阀与活塞杆之间的间隙位于后端，同时节制阀遮断副风缸向制动缸的充气通路，副风缸压力不再下降。由于此时活塞两侧压差较小，不足以克服滑阀与滑阀座之间的摩擦力，所以活塞位于此位不再移动。制动缸保压。

当司机将制动阀操纵手柄在制动位和保压位来回扳动时，制动管压力反复地减压—保压，三通阀则反复处于制动位—保压位，而制动缸压力则不断地升压—保压—升压—保压，直至制动缸压力与副风缸压力平衡为止，即自动制动机具有阶段制动作用。但由于自动制动机三通阀结构的限制，制动管一旦一增压，三通阀主活塞则直接动作到缓解位，形成一次缓解作用。

③自动制动机的特点。

a. 制动管减压制动、增压缓解，列车分离时能自动制动停车；

b. 由于制动缸的风源与排气口离制动缸较近，其制动与缓解不再通过制动阀进行，因此制动与缓解的一致性较直通制动机好，列车纵向冲动较小，适合于较长编组的列车；

c. 有阶段制动及一次缓解性能。

上述的三通阀属于二压力机构阀，还有一种阀，通常称为三压力机构阀，也称分配阀，其特点是：具有阶段制动和阶段缓解。同时，制动管要充到定压，制动缸才能完全缓解，具有制动力不衰减性。即在制动中立位或缓解中立位时，当制动缸压力因漏泄等原因而下降时，三通阀能自动地补充压缩空气，使制动缸压力保持原值。

(3)直通自动空气制动机

①直通自动空气制动机工作原理如图 2-26 所示。

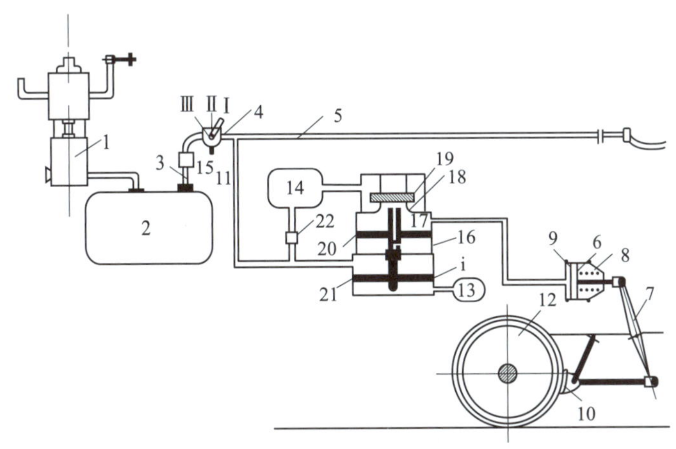

图 2-26　直通自动空气制动机工作原理

1—空气压缩机；2—总风缸；3—总风缸管；4—制动阀；5—制动管；6—制动缸；7—基础制动装置；8—制动缸缓解弹簧；9—制动缸活塞；10—闸瓦；11—制动阀 EX 口；12—车轮；13—定压风缸；14—副风缸；15—给气阀；16—三通阀排气口；17—排气阀口；18—进气阀口；19—进排气阀；20—制动缸压力活塞；21—主活塞；22—单向阀；i—充气沟；Ⅰ—缓解位；Ⅱ—保压位；Ⅲ—制动位

直通自动空气制动机与自动空气制动机在制动机的组成上基本相同，只增加一个定压风缸，但其三通阀的结构和原理与自动空气制动机的三通阀有较大的区别。自动空气制动机三通阀的主控机构是靠制动管与副风缸两者压力的差别与平衡来动作的，即为二压力机构阀。而直通自动空气制动机三通阀的主控机构由大小两个活塞组成，它的动作是由制动缸压力活塞上侧的制动缸压力、主活塞上下两侧的制动管压力和定压风缸的压力三者的差别与平衡来控制的，因此它属于三压力机构阀。具有以下几个作用工况：

a. 气缓解位。司机将制动阀置于缓解位，总风缸的压缩空气经给气阀和制动阀充向制动管，再经制动管通向各车辆的三通阀主活塞上侧。活塞在制动管压力作用下下移，形成下列两条通路：

- 制动管压缩空气→主活塞上侧→充气沟 i→主活塞下侧→定压风缸；
- 制动缸的压缩空气→制动缸压力活塞上侧→排气阀口→活塞杆中心孔→制动缸压力活塞下侧→三通阀排气口。

上述第二条通路在初充气时，由于制动缸内无压缩空气而没有排气现象。

在这一位置时，定压风缸充气，制动缸缓解。而副风缸只要其压力低于制动管压力，在单向阀作用下制动管会自动向其补充压缩空气，并不受作用位置的限制。

b. 制动位。制动阀操纵手柄置于制动位，制动管以一定的速度减压，定压风缸的压缩空气来不及通过充气沟逆流，主活塞上下两侧形成压差，主活塞上移。首先排气阀口顶住进排气阀，关闭了制动缸通大气的通路。同时充气沟被主活塞遮断，主活塞两侧压差进一步加大，主活塞克服进排气阀弹簧压力而打开进排气阀进气口，形成副风缸通过进气阀口向制动缸充气的通路。同时制动缸压力也作用在制动缸压力活塞上侧。

c. 制动中立位。制动阀操纵手柄置于保压位Ⅱ，制动管停止减压。这时主活塞上侧压力停止下降，但三通阀仍处于制动位，副风缸继续向制动缸充气，制动缸压力活塞上侧压力也继续增加，当制动缸压力作用在制动缸压力活塞上侧产生的作用力，与进排气阀弹簧力，再加上主活塞上侧制动管压力产生的作用力，稍稍大于定压风缸压力在主活塞下侧产生的作用力时，进排气阀压向进气阀座，切断副风缸向制动缸的充气通路。这时排气阀口也没有开启，制动缸处于保压状态，三通阀处于制动中立位。

若司机将制动阀操纵手柄在制动位、中立位来回扳动，三通阀将反复处于制动位与制动中立位，即得到阶段制动。

d. 缓解中立位。列车制动后充气缓解，当制动管压力尚未充至定压时，司机将制动阀操纵手柄置于中立位，制动管停止增压，这时由于主活塞上侧制动管压力仍小于定压风缸的压力（基本上仍保持制动管定压），因此当制动缸压力减至一定值时，作用在活塞上的制动管、制动缸和定压风缸三者压力使向上的压力略大于向下的压力，活塞上移，排气阀口关闭，但向上的力较小，不足以顶开进排气阀，制动缸保压，三通阀处于缓解中立位。

在制动管充至定压前，反复使制动管处于增压—保压状态，就能实现阶段缓解，当制动管最终充至定压，制动缸就彻底缓解完毕。

②直通自动空气制动机的特点。

a. 具有阶段制动和阶段缓解。同时，制动管要充到定压，制动缸才能完全缓解。

b. 具有制动力不衰减性。

2. 电气指令式制动控制系统

虽然与直通空气制动机相比、自动空气制动机或直通自动空气制动机使列车前后的制动一致性有了很大提高。但制动指令是依靠制动管内的空气压力变化来传递的，指令传递速度受空气波速的限制（极限速度为 340 m/s），对编组较大的列车仍可能造成前后车辆制动的不一致，造成列车纵向冲动较大。

电信号的传递速度比空气波速度快得多。以压缩空气作为制动源动力的电气指令式制动控制系统称为电空气制动机。电空气制动机在各车辆都设有制动、缓解电空阀，通过设置于驾驶室的制动控制器使电空阀得、失电，最后控制制动缸的充、排气而实现列车的制动或缓解。城轨车辆除了空气制动外，一般还有动力制动等其他制动方式与之配合，其制动控制系统必须能较好地协调各种制动方式的制动力大小和施加时机，因而制动控制系统也较复杂，一般由计算机系统来完成制动力的匹配协调。几十年来，随着电气技术的发展，电气指令式制动控制技术也在不断地改进，电气指令制动控制的具体方式较多，此处不再赘述。

相对于空气指令式制动控制来说，电气指令式制动控制的主要优点是全列车制动的一致性好，因此制动和缓解时纵向冲动小、制动距离短；另一优点是便于做到动力制动与空气制动的协调。采用模拟指令式电气控制的制动控制系统是一种较为先进的制动控制系统。

技能训练

摘解和连挂车钩

在城市轨道交通车辆实训场，完成车钩的摘解和连挂，按以下三种位置状态操作。

1. 待挂位

该位置为车钩连挂准备位。

2. 连挂闭锁位

欲使两钩连挂，原来处于连挂准备位的两钩相互接近并碰撞时，在钩头前端的锥形喇叭口引导下彼此精确地对中，两钩向前伸出的钩锁杆由于受到对方钩舌的阻碍，各自推动钩舌绕顺时针方向转动，直至在弹簧拉力作用下钩锁杆滑入对方钩舌的嘴中，并推动钩舌绕逆时针方向返回到原来位置为止。这时两钩的钩锁杆与两钩的钩舌构成一平行四边形，力处于平衡状态，两钩刚性地无间隙地彼此连接，处于闭锁状态。

在连挂闭锁状态时，钩舌和钩锁杆的位置与连挂准备状态完全相同，钩舌在弹簧作用下力图保持处于闭锁位，当两钩受牵拉时，拉力均匀地分配在由钩锁杆和钩舌组成的平行四边形两对边即钩锁杆上，当两钩冲击时，冲击力由两钩壳体喇叭口凸缘传递。

3. 解钩状态

①气动解钩：由司机操作解钩控制阀达到解钩。这时压力空气经过解钩管充入钩头中的解钩风缸中，推动活塞向前运动，压迫在解钩杆上所设置的滚子上，两钩头中的钩舌被同时推至解钩位置。达到解钩后再排气，风缸中受压弹簧使活塞返回到原始位置。

②手动解钩：通过拉动钩头一侧的解钩手柄，经钢丝绳、杠杆和解钩杆使两钩的钩舌转动，直至钩锁杆脱出钩舌的嘴口，由此使两钩脱开，处于解钩位。

检查与评价

任务评价见表 2-10。

表 2-10　任务评价

项目二任务 2　车辆运行原理分析					综合得分
姓　　名		自我评价	小组评价	教师评价	
组　　别					
组员姓名					
1. 知识技能评价	1. 会区分车钩、缓冲装置等部分的结构，辨别车钩位置状态； 2. 会摘解和连挂车钩；				

续上表

项目二任务2 车辆运行原理分析					综合得分
姓名		自我评价	小组评价	教师评价	
组别					
组员姓名					
1. 知识技能评价	3. 能说出轨道交通车辆三种制动方式的工作原理； 4. 能分辨城轨车辆制动系统的种类，认识其各组成部件； 5. 能绘制空气制动机工作原理图； 6. 会操作货车人力制动机； 7. 根据相关资讯进行分析、推理和归纳，并建构车辆运行原理基本知识架构； 8. 具备严格遵循《地铁车辆通用技术条件》标准化作业意识				
2. 方法能力评价	1. 能根据资讯进行分析推理、归纳总结、建构知识架构的自学能力； 2. 具备安全操作车钩摘解和连挂、货车人力制动机的能力； 3. 具备实训作业的团队协作、沟通交流能力				
3. 思政评价	1. 具备劳动安全、设备安全、运输生产安全的系统安全意识； 2. 具备安全操作、安全重于一切的岗位责任心； 3. 具备认真细致、沉着冷静的岗位职业素养				

反馈与改进

通过检查与评价得到反馈，进行反思，并撰写实训指导手册的任务总结报告。

记录人		时间	
总结报告	请阐述任务评价反馈后，对车钩的摘解和连挂、人力制动机的认知、理解与使用的反思，并谈谈对任务实施过程的体会		

完善与拓展

(1)读者可通过图2-10所示的“视野拓展”模块学习拓展内容。

(2)车站是如何完成调车作业的?

巩固与提高

(1)简述城市轨道交通车辆车钩缓冲装置的用途和种类。

(2)简述两类密接式车钩的基本结构及作用原理。

(3)简述半永久牵引杆的结构及作用原理。

(4)缓冲装置有哪些种类？其结构及作用原理如何?

(5)解释：制动、制动力、缓解、制动机、制动能力。

(6)城市轨道交通车辆制动机有何特点?

(7)制动方式有哪些种类？各有何特点？
(8)制动机有哪些种类？它们是如何工作的？
(9)空气制动装置由哪几部分组成？各部分的作用是什么？

任务3　车辆司机室设备的操作

情境导入

列车载着乘客在隧道内、高架上飞驰而过，将乘客们安全送达目的地。你在乘坐地铁时有没有想过地铁是如何驾驶的？通过本任务的学习，我们将了解地铁车辆司机室内的各种设备和如何驾驶地铁列车。

学习目标

技能目标

(1)会操作车辆司机室相关控制面板的按钮。
(2)模拟驾驶列车，完成列车启动、区间运行及站台作业。
(3)根据相关资讯进行分析、推理和归纳，并建构车辆司机室设备的操作基本知识架构。

知识目标

(1)熟悉司机室各种设备。
(2)熟知启动列车及驾驶列车区间作业程序和标准。

素质目标

(1)时刻保持高度警觉，始终把乘客的安全放在第一位。
(2)树立轨道交通人遵章守纪、爱岗敬业的责任感。
(3)具备严格遵循《轨道列车司机(城市轨道交通列车司机)》标准化作业意识。

任务作业单

为完成以上技能、知识和素质目标，任务作业单见表2-11。

表2-11　任务作业单

序号	任　务
1	操作车辆司机室相关控制面板的按钮； (1)熟悉司机室各部件的名称及用途； (2)正确操作司机室相关控制面板的按钮
2	模拟驾驶列车； (1)启动列车； (2)区间运行； (3)站台作业
3	分析与比较不同类型的驾驶模式，讨论无人驾驶设备未来发展

学习地图

读者自主学习参考智慧职教 MOOC 学院平台国家级精品在线开放课程“轨道交通运输设备运用”项目二任务 3 车辆司机室设备的操作，课程学习地图如图 2-27 所示。

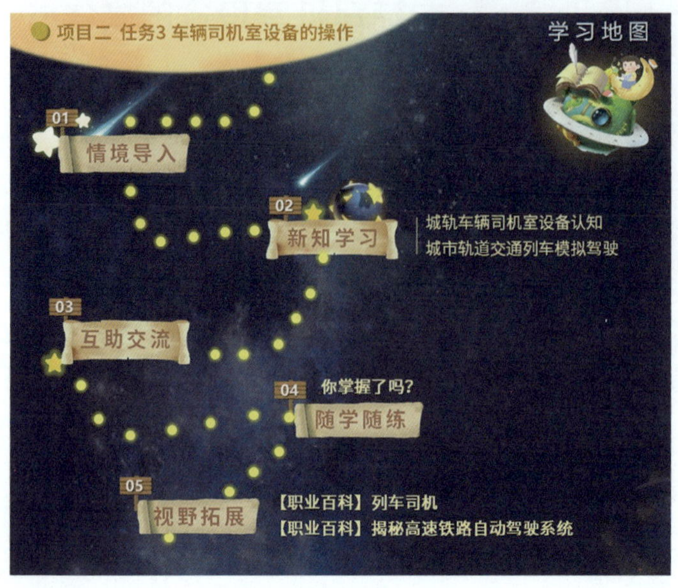

图 2-27　课程学习地图

自学资讯

1. 本任务的两种自学方式

(1)在图 2-27 中的“新知学习”模块学习。

(2)扫描二维码学习。

城轨车辆司机室设备认知

城市轨道交通列车模拟驾驶

2. 重要知识点

(1)城轨车辆司机室设备。

(2)电客车司机通用服务标准。

(3)城市轨道交通列车驾驶。

计划与决策

(1)根据城市轨道交通和城际轨道交通作业情境和作业流程，进行岗位分工，明确各岗位工作职责，完成任务实施计划。

(2)形成决策意见，包括所需工具(模拟驾驶装置)以及实训操作相关注意事项(记录下小组讨论的需要注意的点)。

任务实施

以小组为单位，在本书配套实训指导手册完成以下训练。

(1)在城市轨道交通列车司机室内，操作车辆司机室相关控制面板的按钮，熟悉司机室各部件的名称及用途。

（2）在城市轨道交通列车司机室内或模拟驾驶室内，能按照列车司机的标准正确执行站、走姿、手势、驾驶动作，完成驾驶列车包括启动列车、区间运行、站台作业等，见“技能训练”。

（3）小组讨论和组间交流，分析与比较不同类型的驾驶模式，讨论无人驾驶设备未来发展。

相关知识

司机室是司机驾驶列车的场所，内设有操纵台等设备。司机室与客室之间的墙壁上安装有向司机室打开的门。司机室两侧设有司机室侧门，门上有车窗。部分列车前端设置紧急疏散门，司机室座椅与地板紧固，可前后及上下调整，司机室前方安装有前照灯（DC 24 V，35 W，氙气灯泡）和标志灯（红色 LED，功率不大于 15 W）。司机室前窗玻璃采用高强度、高抗冲击性、带电热夹层的安全玻璃，前窗玻璃附带电动刮水器和遮阳帘。

图 2-28　某地铁驾驶台实景

操纵台安装在 Tc 车司机室内，如图 2-28 所示，供司机驾驶列车用。

在结构上，整个操纵台分两大部分：台面设备和台下箱柜。操纵台台面采用玻璃钢材料；下部柜体采用铝合金材料，分成左、中、右柜体，之间通过螺栓连接。整个操纵台在底部通过螺栓与车体固定。

在功能上，操纵台分为列车牵引控制、制动控制、空压机控制、受电弓控制、照明控制（司机室及客室照明）、门控制、无线电台控制、自动/手动列车控制、前照灯控制、刮水器控制、电热控制、列车监控、列车广播、紧急对讲、视频监视等功能。操纵台台面集中了与司机驾驶操作有关的大部分功能。

司机室操纵台分为整体式、分体式和右置式三种，其中整体式操纵台分为 13 个区，整体式操纵台设备布置示意图如图 2-29 所示。

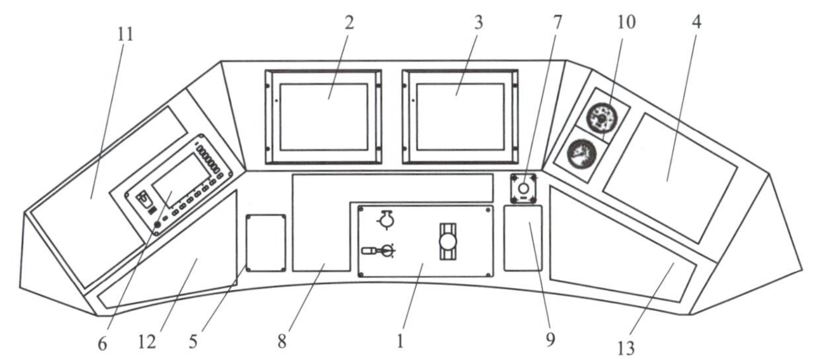

图 2-29　整体式操纵台设备布置示意图

1—司机控制器区；2—车辆显示屏区；3—信号显示屏区；4—视频监视显示屏区；5—广播控制区；6—车载通信设备区；7—紧急制动装置区；8、9—常用功能区；10—仪表区；11、12、13—预留区

一、列车驾驶控制器（司控器）

如图 2-30 所示，司机通过操纵控制器手柄，使列车按照司机发出的指令控制运行。主控制器控制主电路，实际上主控制器相当于一组转换开关，通过扳动两根不同的轴，控制凸轮及

与之组合开关相应的触点分合，接通或分断相应的控制电路控制列车运行方向，实现列车的牵引、制动等工况的转换。

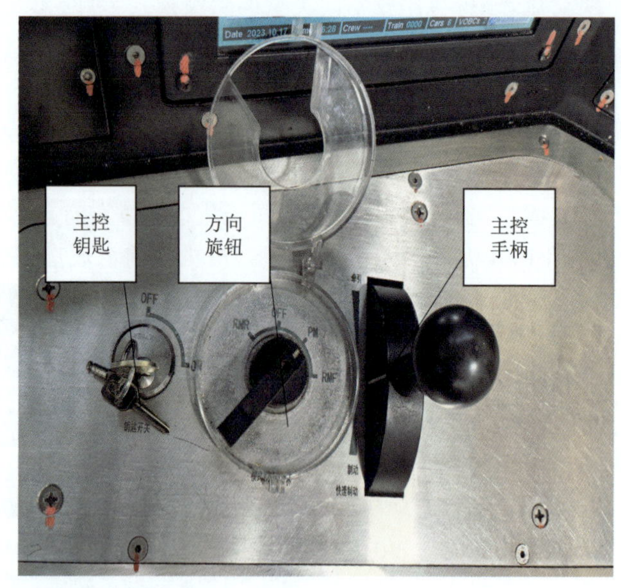

图 2-30　某地铁列车驾驶控制器

列车驾驶控制器，是司机驾驶列车的核心设备，由主控钥匙、方向旋钮、主控手柄（含警惕按钮）组成。

方向旋钮有向前位（PM、RMF）、OFF 位、向后（RMR）四个位置。

主控手柄有牵引、off、制动、快速制动四个区域。只有当主控手柄在 OFF 位时，方向旋钮才可转回 OFF 位，只有当方向旋钮在 OFF 位时，主控钥匙才可旋转关闭并拔出。

主控钥匙、方向旋钮、主控手柄三者相互联系又相互制约，一起合作才能让列车运行，并且轻松控制列车的前进、后退。

二、列车控制与管理系统

列车控制与管理系统通过控制总线将列车主要系统的控制单元连接，实现对列车上相关设备及主要部件的运行状态和动态性能的集中控制、状态监视和故障诊断。

三、主要操纵设备功能

主要操纵设备功能见表 2-12。

表 2-12　主要操纵设备功能

序号	元器件	功能	设备类型							按钮型式			颜色			
			显示屏	指示灯	旋转开关	一般按钮	带灯按钮	蘑菇按钮	其他设备	自复位	自锁式	保护益	红	绿	黄	黑
1	司机控制器	激活列车；进行列车的换向和调速；主控手柄和方向手柄之间机械互锁							√							

续上表

序号	元器件	功能	设备类型							按钮型式			颜色			
			显示屏	指示灯	旋转开关	一般按钮	带灯按钮	蘑菇按钮	其他设备	自复位	自锁式	保护益	红	绿	黄	黑
2	广播控制装置	控制司机室对乘客广播、司机室与司机室通话、乘客对司机室紧急通话、受控司机室广播监听等功能							√							
3	车载通信设备	接收调度指令；司机室与控制中心调度通话							√							
4	车辆显示屏	列车控制与管理系统的人机交互界面	√													
5	信号显示屏	车载信号系统的人机交互界面	√													
6	视频监视显示屏（如有）	显示视频监视图像	√													
7	司机室照明灯开关	控制司机室照明灯开关			√											
8	前照灯开关	控制前照灯开关			√											
9	停放制动缓解按钮	缓解停放制动					√			√				√		
10	紧急制动按钮	紧急情况下控制列车停车					√可选	√			√		√			
11	自动折返按钮	选择自动折返模式					√			√					√	
12	ATO启动按钮	执行列车自动发车功能					√			√				√		
13	电/气笛按钮	控制列车电/气笛				√				√						√
14	开左侧客室侧门按钮	按钮上灯亮起时，按下按钮，打开左侧客室侧门					√			√			√			
15	关左侧客室侧门按钮	按下按钮关闭左侧客室侧门				√				√				√		
16	开右侧客室侧门按钮	按钮上灯亮起时，按下按钮，打开右侧客室侧门					√			√			√			
17	关右侧客室侧门按钮	按下按钮关闭右侧客室侧门				√				√				√		

四、列车操作和运行模式

以某地铁一条运营线路为例，列车操作模式及运行模式如下：

1. 列车操作模式的确定

①模式选择开关，ATO 模式按钮、RM25/RM60 模式选择按钮。

②列车的位置。

③VOBC 是否与 MAU 已建立通信。

2. 列车运行模式

列车运行模式如图 2-31 所示。

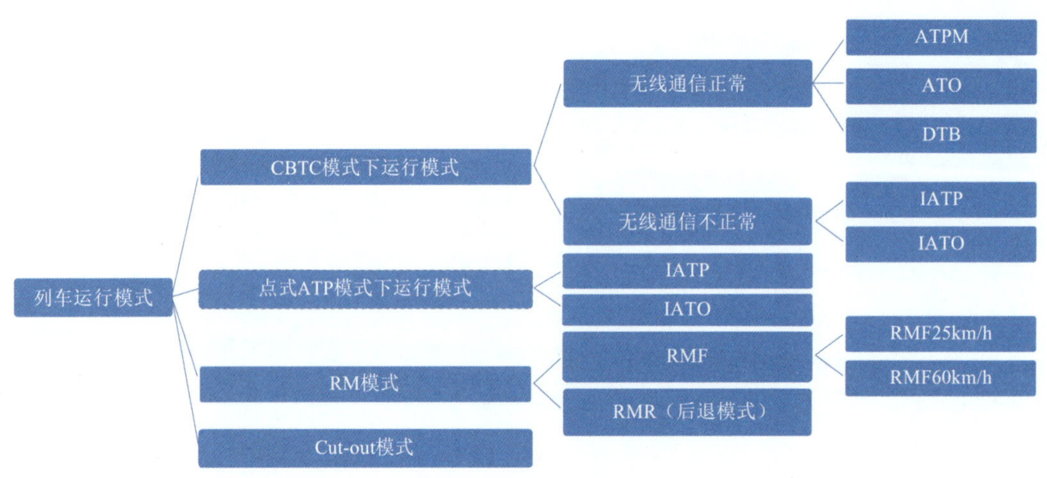

图 2-31　列车运行模式

技能训练

技能训练一　列车司机通用服务标准

1. 仪容仪表

①上岗时按规定统一着装，要求着装整洁，按规定佩戴领带、胸牌、工号牌等。

②男性不得留胡须、留长发、剃光头、染发等奇异发型；女性不得浓妆艳抹和佩戴首饰。

2. 服装服饰

①着制服时，应衣着整洁，不缺扣，不立领，不卷袖挽裤。上装要保持干净无皱褶，口袋内不装多余东西，裤子干净，裤线整齐。

②衬衣干净无皱纹，领口无污垢，衬衣下沿应束进裤内，衬衣扣不得漏扣或缺扣，系好领带。

③男员工应穿黑色或深色的皮鞋，鞋面保持干净，不穿极度磨损及露脚趾、脚跟的鞋。

④女员工应穿黑色或深色皮鞋，款式应简洁大方，不得穿高跟鞋上岗。

3. 体态礼仪

（1）标准站姿

①上半身挺胸收腹，收臀直腰，双手自然下垂，双肩平齐，头正，双眼平视前方。

②下半身双腿直立，脚跟并拢，脚掌呈 60°的“V”字形分开。

③站立时双手贴于身体两侧，紧贴裤缝。不要无精打采，耸肩，斜靠墙柱、墙壁。

④立岗时,不准有背手、抱臂、握拳、玩手指、把手插进口袋或搭在其他物品上等其他现象。

(2)标准走姿

①上身正直不摇摆,两肩相平不摇摆,抬头挺胸,收腹、立腰,肩部放松,两臂自然前后摆动,重心前倾,双目向前平视,嘴微闭。

②双腿直而不僵,步幅适中均匀。

③走路时,不可弯腰驼背,大摇大摆,左右摇晃或左顾右盼。

(3)标准手势

①无名指、小指贴于掌心,大拇指压在无名指第二关节处,食指与中指并拢伸直;手臂不弯曲,抬起与肩同高,指向待确认的要素或条件。

②列车静止时左手拿 400 M 无线手持电台呼唤,右手手指;列车运行时,用左手手指。

(4)驾驶列车动作标准

①列车运行中司机工作状态应保持:坐姿端正,双眼平视前方,不间断瞭望,左手自然放在主台上,ATO 驾驶右手放在主控手柄旁边(ATP 驾驶右手紧握主控手柄)。

②列车进站时,进行不间断的瞭望,发现危及行车安全时,及时采取有效措施。

③采用人工驾驶模式时,不得“急推快位”,采取“早拉、少拉”,保持列车平稳运行,集中精神,防止列车紧急制动,控制好速度,准确对标,避免列车再次启动。

④采用人工驾驶模式驾驶列车停稳后,司机应保持主控手柄在“全常用制动位”。

技能训练二 城市轨道交通列车驾驶

城市轨道交通列车驾驶的主要作业包括列车启动、区间运行、站台作业,以某地铁某一线路为例,相关规定如下。

1. 启动列车

司机进入司机室,确认同机班所有人员全部进入司机室,出站进路防护信号机灭灯,信号屏上推荐速度已释放,有发车 yes,有道岔的车站还需确认道岔开通正确并进行手指口呼,先手指信号机口呼:“CBTC 灭灯,道岔好”,再手指信号屏确认显示正确后口呼:“目标距离××,发车 yes”,最后确认 ATO 按钮灯闪烁/常亮后按压 ATO 按钮动车。

特别需要注意有两点:一是手指标准,信号机、道岔、推荐速度必须手指,“眼看手指口呼”标准为食指和中指并齐,从上自下手指确认。二是如有学员或者添乘人员需要一同立岗时,应遵守“驾驶司机先出后进,添乘人员后出先进”。

2. 区间作业程序及标准

①出站约 300 米列车自动广播,确认广播内容正确,与自动广播里播放“下一站××站”同步,手指广播屏,口呼:“下一站××站”。当列车不能自动广播,需人工点击广播时,出站后(出站有道岔的需越过道岔后)司机点击选择“下一站”按键,确认站名正确,进行手指口呼:“下一站××站”。点击“广播”播放按键,并认真监听确认广播内容正确。

②运行中保持坐立的姿势,不间断瞭望进路,遇信号、道岔必须手指口呼“CBTC 灭灯、或黄\\绿灯好、道岔好”。

③在站名标处呼唤“××站到、注意进站”,列车自动对标停稳过程中,监控目标距离和速度变化所示,有异常情况则需及时采取措施,对标时,注意侧身确认停车标在车窗内,且对标良好,停稳后,确认信号屏显示停靠“yes”。

快车经过非停靠车站需要特别指出的是:要分别在三百米、二百米、站名标处,口呼对应的百米标，在进站过程中监控好信号屏目标距离及推荐速度，手指口呼确认"跳停"图标，如非停靠站没有收到跳停图标，在列车即将停稳时，拉制动人工对标，保证车门没有打开，停稳后，播放临停广播，并报行调；如有"跳停"图标，需手指口呼"××站到，跳停，不停站通过"，手指口呼确认出站信号机和道岔。区间作业手指口呼的时机和标准见表 2-13。

表 2-13　区间作业手指口呼的时机和标准

呼唤时机	呼唤用语	呼唤要求	备注
自动广播	下一站××站	列车自动广播时确认广播内容正确后手指口呼	
人工广播	注意报站，下一站××站	出站后(出站有道岔的需越过道岔后)司机点击选择"下一站"按键，确认站名正确后，进行手指口呼："注意报站，下一站××站"再点击"广播"按键	
遇信号、道岔	CTC 灭灯、黄/绿灯好、红灯停车	可以看到信号显示时或道岔位置正确时手指口呼	
站名标	××站到，注意进站		
站台中部	对标停车		人工驾驶时使用
三百米、二百米	三百米、二百米	经过时	快车
跳停	××站到，跳停，不停站通过	信号屏显示有"跳停"图标时	快车/回厂

3. 站台作业注意事项

①车载信号系统投入使用后，列车只要与轨旁有通信的情况下（即：通信列车），就能实现车门与站台门联动的功能。非通信列车，车门与站台门不能联动，均需人工在 PSL 盘（见图 2-32）上开关站台门。此时，需要安排站台门操作员或车站工作人员协助司机操作站台门。

图 2-32　某地铁 PSL 盘

②人工开关站台门、车门时，必须严格执行"一确认、二呼唤、跨半步、再开门"的作业程序，站台门与车门不能联动时，必须按照"先开关站台门，后开关车门"的顺序操作。

③进、出司机室时，应注意列车与站台间的空隙，避免摔伤。

④关站台门、车门前应先确认进路排列情况或者具备行车凭证，再关站台门、车门。关站台门、车门时，密切注视空隙状态。若发现空隙灯故障司机应及时报车站，若车站未回应则确认空隙安全后出站报行调。

⑤关站台门后，应注意确认所有站台门关闭，PSL 控制盘“所有门关闭”指示灯亮（站台门关闭过程出现故障需及时站在红线外确认站台门上方指示灯状态）。关闭车门后应确认驾驶室内“门全关闭”指示灯亮，且确认空隙没有滞留乘客及异物。

⑥列车关好门后已超过时刻表规定的发车时间，开门信号将会取消，若要重新打开车门需按压“强行开门”按钮后进行开门，关门后恢复“强行开门”按钮。

⑦列车延误情况下站台作业时，司机必须保持站台门和车门打开至少 10 s 后再关门。

⑧若站台门处于故障或隔离状态，列车进站过程中密切留意站台区域安全，按行调指示限速进站，遇危及列车安全的情况时，立即采取紧急措施。

⑨遇乘客向司机投诉时，可用“我们正在处理”或“请咨询车站工作人员”等用语，转交车站处理，同时通过对讲机请求车站协助，避免相互拉扯延误时间。遇非正常情况需要车站人员协助处理的，及时通过对讲机与车控室取得联系，并明确协助处理内容。

⑩正常情况下客车“开关门模式选择”开关置于“半自动”位时，载客列车以 AT0 模式正常进站对标停稳（停车位±50 cm 以内），信号屏显示“停靠 YES”，车门及站台门自动打开。

⑪当客车“开关门模式选择”开关置于“手动”位时，列车以 AT0 模式正常进站对标停稳（停车位±50 cm 以内），信号屏显示“停靠 YES”，车门及站台门不能自动打开，需要司机按压列车“开门”按钮，对应的车门及站台门可以联动打开。

⑫当列车 PM 模式（无论“开关门模式选择”开关置于“半自动”或是“手动”位）正常进站对标停稳（停车位±50 cm 以内），信号屏显示“停靠 YES”，车门站台门不能自动打开，需要司机按压列车“开门”按钮，对应的车门及站台门可以联动打开。

⑬按压开、关门按钮时，必须确认车门动作后方可松开。

⑭通信列车在 PM/RMF 模式下，司机按压开门按钮（2 s 以上）打开车门，7 s 后站台门仍未联动打开时，站台区轨道关闭。

⑮通信列车在 PM/RMF 模式下司机按压关门按钮后车门、站台门没联动关闭，司机再次按压一次关门按钮（2 s 以上），还无法关闭则通过 PSL 盘单独关站台门，而车门不受影响。

⑯列车 ATO 对标不准超过±50 cm 时（车门、站台门打开后，车门边缘不在站台门开启范围内），司机出站后要将情况报行调。

检查与评价

任务评价见表 2-14。

表 2-14　任务评价

项目二任务 3　车辆司机室设备操作					综合得分
姓　名		自我评价	小组评价	教师评价	
组　别					
组员姓名					
知识技能评价	1. 会操作车辆司机室相关控制面板的按钮； 2. 模拟驾驶列车完成启动、区间运行及站台作业；				

续上表

项目二任务3　车辆司机室设备操作					综合得分
姓　　名		自我评价	小组评价	教师评价	
组　　别					
组员姓名					
知识技能评价	3.根据相关资讯进行分析、推理和归纳，并建构车辆司机室设备的操作基本知识架构				
方法能力评价	1.能根据资讯进行分析推理、归纳总结、建构知识架构的自学能力； 2.具备安全正确操作使用模拟驾驶装置的能力； 3.在开展模拟驾驶列车时注意团队协作、沟通交流				
思政评价	1.具备劳动安全、设备安全、运输生产安全的系统安全意识； 2.具备自我保护安全操作、安全重于一切的岗位责任心； 3.具备认真细致、沉着冷静的岗位职业素养				

反馈与改进

通过检查与评价得到反馈，进行反思，并撰写实训指导手册的任务总结报告。

记录人		时间	
总结报告	请阐述任务评价反馈后，对模拟驾驶列车时的认知、理解与使用的反思，并谈谈对任务实施过程的体会		

完善与拓展

（1）读者可通过图2-27所示的“视野拓展”模块学习拓展内容。

（2）以“道路千万条，安全第一条”为题，结合以下学习材料，谈一谈你的观点和看法。

如今，地铁已经成为市民出行必不可少的交通工具。凌晨4:00，第一位早班地铁司机来到派班室。经过体温和酒精检测、精神状态、人脸监测等多个状态检查，并在抄写当日运营指示信息后，领取行车工具包。4:30，整装待发的早班司机来到列车上，开始列车状态整备。25分钟的前期整备时间，包含了静、动检共几十项检查内容，他们严肃认真地检查着每一个列车上的设备，盯控每一项参数指标，仔细严谨，不放过每一处细节。5:00，一列列地铁，自车库缓缓驶出。

巩固与提高

一、赛中学

请完成城轨车辆技能竞赛实操题：2023年9月1日6:00，某市地铁5号线司机采用ATO驾驶列车在火车站准确对标停车，需要立即打开车门，使乘客上、下车。该站的车门、站台门联动功能正常，作为一名司机，该如何安全、快速地完成该作业任务？

二、思考与提高

（1）简述城轨车辆司机室设备概况。

(2)简述列车驾驶控制器的作用。
(3)列车运行模式有哪些？如何分类？
(4)电客车司机对服装服饰有哪些要求？
(5)驾驶列车运输有哪些标准？
(6)如何启动列车？
(7)列车区间运行时作业程序有哪些？
(8)站台作业的注意事项有哪些？

任务 4　车辆安全应急装置的运用

情境导入

在搭乘地铁列车的过程中万一遇到火灾、水淹等突发事件，如何正确地使用地铁车辆各种应急设备，充分利用现有条件进行自救和逃生呢？

学习目标

技能目标

(1)会操作紧急开门装置。
(2)会操作紧急疏散门。
(3)能对车门故障进行处理。
(4)根据相关资讯进行分析、推理和归纳，并建构车辆安全应急装置的基本知识架构。

知识目标

(1)掌握紧急开门装置及位置。
(2)了解紧急疏散门装置及位置。
(3)了解车门切除的相关知识。

素质目标

(1)遵守规章制度，培养应急安全意识。
(2)具备严格遵循《地铁车辆运营技术规范(试行)》标准化作业意识。

任务作业单

为完成以上技能、知识和素质目标，任务作业单见表 2-15。

表 2-15　任务作业单

序号	任　　务
1	规范操作紧急开门装置
2	规范操作紧急疏散门
3	车门故障处理

学习地图

读者自主学习参考智慧职教 MOOC 学院平台国家级精品在线开放课程“轨道交通运输设

备运用”项目二任务 4 车辆安全应急装置的应用，课程学习地图如图 2-33 所示。

图 2-33　课程学习地图

自学资讯

1. 本任务的两种自学方式

(1)在图 2-33 中的“新知学习”模块学习。

(2)扫描二维码学习。

紧急开门装置的运用

紧急疏散门的运用

车门故障处理

2. 重要知识点

(1)紧急开门装置的运用。

(2)紧急疏散门的运用。

(3)车门故障处理。

(4)紧急开门装置操作。

(5)紧急疏散门操作。

(6)故障车门切除。

计划与决策

(1)根据不同的车辆事故类型，根据城市轨道交通和城际轨道交通作业情境和作业流程，进行岗位分工，明确各岗位工作职责，完成任务实施计划。

(2)形成决策意见，包括所需工具(车辆设备)以及实训操作相关注意事项(记录下小组讨论的需要注意的点）。

任务实施

以小组为单位，选定一条已经运营的城市轨道交通或城际轨道交通线路车辆，在本书配套实训指导手册上完成以下训练，见“技能训练”。

（1）操作紧急开门装置。

（2）操作紧急疏散门。

（3）故障车门切除。

相关知识

一、紧急开门装置的运用

紧急开门装置，又称紧急解锁装置，是非正常情况下，比如无法打开车门或遇到突发事件时，用于人工开启地铁车门的装置。操作紧急开门装置会造成列车紧急制动，所以正常情况下禁止操作，以免影响列车安全及乘客安全。

在地铁车厢内的每扇车门上方或一侧都设有紧急开门装置，如图 2-34 所示。

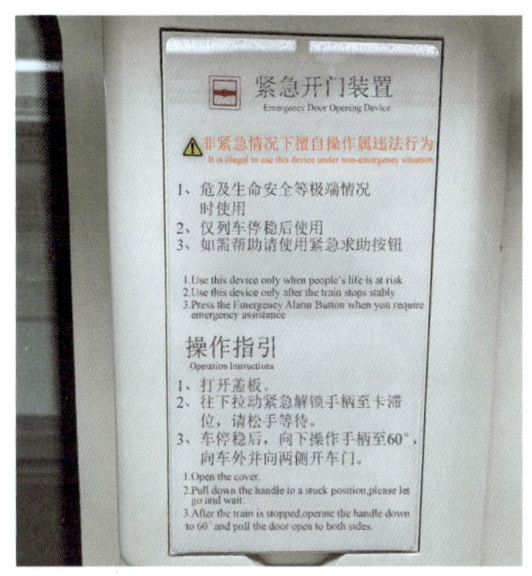

图 2-34　紧急开门装置

列车上的“紧急开门”装置只有在发生火情、爆炸等危及生命安全及运营安全等极端情况下，待列车停稳后，在工作人员的指导下用于打开车门进行疏散。

如果擅自触碰紧急开门装置，列车会触发紧急制动，司机需要赶到现场复位处理，这样会影响列车正常运行，不仅无助于事件处理，反而会耽误时间，延误列车运行。

二、紧急疏散门的运用

部分城市轨道交通线路，紧急疏散门设于地铁列车两端的司机室（见图 2-35），可以手动机械开启，开启后会有疏散梯放下，乘客在司机的引导下，从紧急疏散门离开车厢，再沿轨道前往最近的车站。

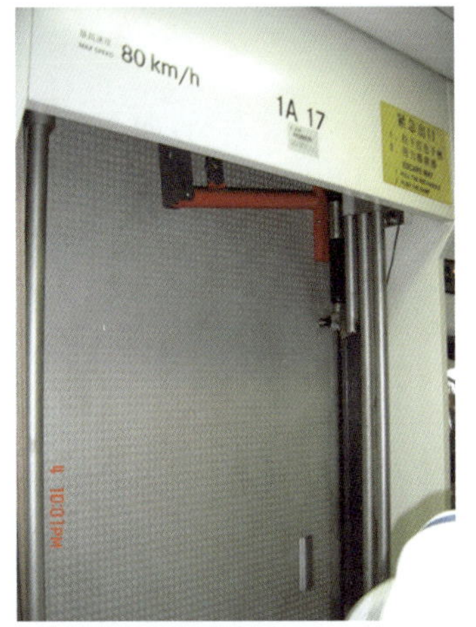

图 2-35　司机室紧急疏散门

疏散门只有在列车在隧道区间停车后不能继续运行且不能通过救援的方式运行到前方车站（如接触网长时间停电）或发生紧急情况（如火灾）且列车不能继续运行到前方车站时使用，用于紧急疏散乘客。疏散的乘客一般选择最近的车站进行疏散。

1. 紧急疏散门的结构

紧急疏散门门叶下部和地板之间用铰链连接，门叶上方装有门锁机构和锁门行程开关，一旦门锁开启车门能自动倒向路基，门板成为连接车体地板与地面的斜梯，打开的紧急疏散门如图 2-36 所示，其结构如图 2-37 所示。

图 2-36　打开的紧急疏散门

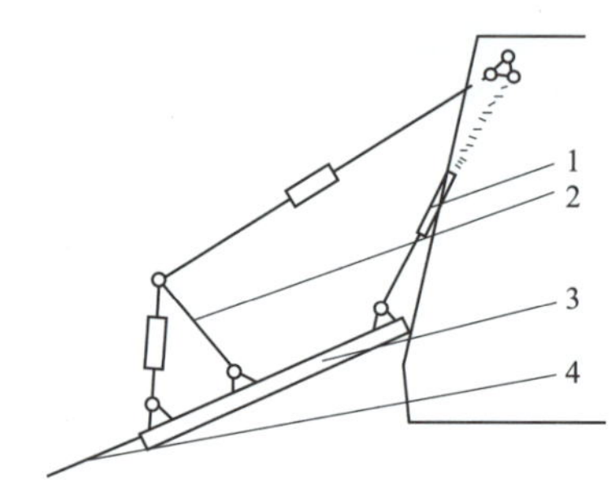

图 2-37　紧急疏散门结构

1—弹簧杆；2—连杆；3—安全疏散梯；4—伸缩杆

门的两侧各有一组由数个铝合金杆和气弹簧铰接在一起，一头与车端相连、一头与门板相连的拉杆机构，在门倒下的过程中起到缓冲作用，使倒下的速度不会过大，防止车门装置的损坏；门两侧的拉杆机构也是斜桥的栏杆和扶手。

门板由铝合金板型材制成，表面涂有防滑漆，防止乘客滑倒。

紧急疏散门有一个检查钢丝绳安放位置正确与否的行程开关，一个锁门行程开关和两个检查紧急疏散门是否关闭良好的行程开关，否则列车无法启动。

2. 紧急疏散门使用时机

紧急疏散门系统是在紧急情况下保证乘客安全快速地从车内疏散到车外。紧急疏散门系统由紧急疏散门和紧急疏散梯组成。遇到以下两种情况需使用紧急疏散门。

①非紧急情况。列车在隧道区间停车后不能继续运行，而且不能通过救援的方式运行到前方车站的，例如接触网长时间停电，影响乘客出行，就需要使用疏散门紧急疏散乘客。

②紧急情况。如发生火灾、塌方等紧急情况时，列车不能继续运行到前方车站时，必须使用疏散门紧急疏散乘客。

3. 紧急疏散门打开方式

(1)在车上开门方式

面对紧急疏散门，从挂在左侧副驾驶台侧面的钢丝绳收放筒内拿出开关门手柄，向下拉开门绳索，使门锁杆缩进即解锁；安装在逃生门右侧的开门阻尼顶杆弹出，顶开逃生门，门板缓缓落下；在落下的过程中，门板两侧的伸缩保护连杆将其拉住，其中的阻尼装置在门板落下过程中起到缓冲作用。

(2)在车下打开方式

开门手柄盒位于车头右下角(面向车头时)。首先打开车下红色逃生门开门手柄盒，拉出开门手柄；用力拔手柄，这时通过钢丝绳使门锁杆缩进即解锁；开门阻尼顶杆弹开，顶出紧急疏散门。

(3)关闭紧急疏散门

须在司机室内操作时用力转动开关手柄，通过钢丝绳收放筒把门拉上。关门时要有一定的冲力才能将门关紧，这时门锁弹出，锁住门叶。

4. 紧急疏散门使用注意事项

首先听从现场工作人员的安排有序撤离，撤离时将大件行李留在车上，以免阻碍疏散，疏散时注意照顾小孩、老人及伤残人士；要在指定的线路上行走，不可走到其他线路上；疏散过程中不要拥挤，注意脚下异物；女士要脱掉高跟鞋，防止摔伤、碰伤、扭伤；如果受伤或突发状况，要及时告知地铁工作人员；到达车站后，按照工作人员的指引离开站台。

三、车门故障处置

城市轨道交通列车运营因线路站距短，客室车门频繁地开启和关闭，因而易导致客室车门的门控电气元件和机械零部件损坏，造成正线运营列车客室车门故障频发。

1. 车门系统的组成

以某地铁列车为例，车门系统主要由控制系统、驱动系统、机械传动系统、悬挂和导向系统、锁闭机械、门页以及负责检测的各种行程开关组成。

2. 车门开关条件

车门的开关是通过操作车门按钮，司机可以在司机室操纵按钮，通过电气控制系统实现列车所有门的同步动作，也可对没关好的车门单独进行重开门的控制。当列车按 ATP 模式运行时，列车到站停稳后能自动开门。

广州、上海地铁车辆的车门即可在 ATO 模式下自动打开也可以由司机进行开关，无论哪种方式，都要满足以下三个条件。

①当列车速度大于 0.5 km/h 时，列车上任何与外界联系的车门都不允许正常打开，一旦被强行打开(如启动紧急开门装置时)，列车将紧急制动；

②当列车上任意与外界联系的车门处于开启或非正常关闭时，列车将不能启动；

③列车开门侧与站台侧要求严格对应。

3. 车门切除

当发生车门故障需进行车门切除时，须使用方孔钥匙启动车门切除机构，从机械上阻止车门的打开，将车门的监控回路短接，使该车门排除在列车车门监控回路之外，整列车不会因该车门的故障而影响正常运营。

车门切除是由司机操作，司机在操作过程需注意：切除车门前需先确认车辆屏显示故障车门位置，找到对应故障车门。

技能训练

技能训练一　紧急开门装置操作

紧急开门装置的操作步骤大致相同，一般三步即可完成：

第一步，紧急时打开盖板。

第二步，往下拉动紧急解锁手柄至卡滞位，松手等待。

第三步，车停稳后，向下操作手柄至 60°向车外并向两侧推开车门。

技能训练二　紧急疏散门操作

以某地铁为例，使用紧急疏散门首先由司机报行调，申请当前区间内接触轨/网停电，确认隧道内已经没有电之后，经行调同意，做好广播，安抚好乘客后，组织乘客从紧急疏散门撤离，前往最近的车站。

紧急疏散门的操作步骤一般分为两步：

第一步，拉下红色手柄，将司机室疏散门解锁并打开。

第二步，用力推斜梯。需要注意的是，部分城市轨道交通车辆的紧急疏散门斜梯需要很大的力气才能打开，打开时要注意自身安全；部分车辆（如广州地铁 1 号线）需要跑到斜梯前端，将斜梯的最后一节伸长，使斜梯着地。

技能训练三　故障车门切除

故障车门切除过程：

第一步，司机报告行调故障车次、列车位置和故障现象并申请到现场切除车门。

第二步，通过车辆信息显示屏选择播放预制的“临时停车”紧急广播安抚乘客。

第三步，用纸笔记录故障车门的编号。

第四步，到达故障车门处，手动关闭车门。

第五步，用方孔钥匙将隔离开关打至隔离位，切除故障门。

第六步，再次手推确认车门切除完毕。

第七步，手指确认车门指示灯红灯亮。

第八步，返回司机室，通过车辆信息显示屏确定车门切除无误，车门图标显示灰色，按作业程序关门动车并汇报行调。

检查与评价

任务评价见表 2-16。

表 2-16　任务评价

<table>
<tr><td colspan="5">项目二任务 4　车辆安全应急装置的运用</td><td rowspan="4">综合得分</td></tr>
<tr><td>姓　名</td><td></td><td rowspan="3">自我评价</td><td rowspan="3">小组评价</td><td rowspan="3">教师评价</td></tr>
<tr><td>组　别</td><td></td></tr>
<tr><td>组员姓名</td><td></td></tr>
<tr><td>1. 知识技能评价</td><td>1. 会操作紧急开门装置。
2. 会操作紧急疏散门。
3. 能对车门故障进行处理。
4. 根据相关资讯进行分析、推理和归纳，并建构车辆安全应急装置的基本知识架构</td><td></td><td></td><td></td><td rowspan="3"></td></tr>
<tr><td>2. 方法能力评价</td><td>1. 具备根据资讯进行分析推理、归纳总结、建构知识架构的自学能力。
2. 具备安全使用车辆安全应急装置等工具的能力。
3. 提高团队协作、沟通交流能力</td><td></td><td></td><td></td></tr>
<tr><td>3. 思政评价</td><td>1. 具备劳动安全、设备安全、运输生产安全的系统安全意识。
2. 具备自我保护安全操作、安全重于一切的岗位责任心。
3. 具备认真细致、沉着冷静的岗位职业素养</td><td></td><td></td><td></td></tr>
</table>

反馈与改进

通过检查与评价得到反馈，进行反思，并撰写实训指导手册的任务总结报告。

记录人		时间	
总结报告	请阐述个人对任务理解、资讯内容、计划与决策、任务实施、考核评价等方面的体会		

完善与拓展

(1)读者可通过图 2-33 所示的“视野拓展”模块学习拓展内容。

(2)作为一名地铁站务员，当在车厢内发生危及生命安全和运营安全等极端情况下(如火情、爆炸等)，应如何处理?

巩固与提高

一、赛中学

请完成地铁车站值班员技能竞赛实操题:2023 年 9 月 1 日，担当 0001 次 0102 车正线值乘任务。

在运行到会展中心至南站上行区间，列车尾部突发火灾，作为一名工作人员，你该如何做好紧急疏散任务?

二、思考与提高

(1)简述紧急开门装置使用时机。

(2)简述紧急疏散门的基本结构。

(3)紧急疏散门的打开及关闭方式有哪些?

(4)简述使用紧急疏散门的注意事项。

(5)简述车门系统的组成。

(6)什么是车门切除?

知识拓展

前沿技术　地铁车辆设备新技术发展

地铁车辆设备已建立车载在线监测、轨旁在线监测、车辆智能运维分析系统，逐步实现车辆监测自动化、车辆数据分析智慧化、车辆维修业务数字化，以达到车辆全生命周期健康管理的目标。

一、车载在线监测系统

车载在线监测系统包括走行部在线监测系统、车门智能监测系统、蓄电池监测系统。

走行部在线监测系统通过安装布置在走行部转向架上的传感器网络，监测轴箱轴承、齿轮箱轴承和牵引电机轴承的温度、振动和冲击三个物理量。通过诊断系统，对采集到的数据进行综合分析处理，对走行部状态进行评估。

车门智能监测系统实时监控各个列车的车门的工作情况，自动采集车门的各种运行参数的数据信息，并通过智能算法，判断未来出现故障的概率，判断车门是否工作于亚健康状态，以便于维护人员针对性开展车门设备检测。

蓄电池监测系统通过监测蓄电池内阻、温度、电压及电流等波形的变化趋势，分析充放电过程，对蓄电池退化特征分析，实现蓄电池基于状态的维护。

二、轨旁在线监测系统

轨旁在线监测系统包含受电弓状态及车顶图像监测系统，车辆运行品质在线监测系统，车底及两侧图像识别监测系统，轮对尺寸测量系统，轴温、齿轮箱及电机温度检测系统。

受电弓状态及车顶图像监测系统通过在车顶部署红外热像仪及可见光数据采集装置实时采集运行端受电弓、接触线、悬臂管、绝缘子、稳定臂、固定支架和电缆夹等数据信息，检测受电弓与接触网之间由于离线、硬点产生的拉弧（拉弧的面积、时长、燃弧率和次数），对拉弧进行视频回放并分级告警。

车辆运行品质在线监测系统，通过轮轨动力学监测系统对踏面的监测，对超标车辆适时采用适当的等级镟修，改善车辆动力学性能，提高安全性，延长轮对使用寿命。

车底及两侧图像识别监测系统可实现对车底及两侧关键部件的可视部位进行在线监控，并实现通过对检修作业质量的监控，通过自动识别等技术实现关键部位预警功能，以此辅助检修库工作人员检修，提高车辆段列车检修作业质量和作业效率。

轮对尺寸测量系统采用非接触式激光测量方法，能准确检测车轮的轮缘高、轮缘厚和轮径值。

轴温、齿轮箱及电机温度检测系统采用非接触红外测量方法，能自动测量列车轴箱、齿轮箱及电机温度，实现被监测部件的自动实时故障诊断和分级报警。

三、车辆智能运维分析系统

车辆智能运维分析系统：以车辆智能化运维技术为研究方向，覆盖列车及设备的互联互通，将基于场景的车载数据、轨旁检测数据、检修业务数据有效耦合，对城轨车辆状态特征和运行机理进行深度挖掘，以期减少检修人力投入、提升关键部件使用寿命、降低部件故障率、提升车辆运行安全性与服役能力、维保决策更智能更科学。形成车辆状态感知与跟踪、故障诊断预警、剩余寿命预测、运维智能决策等能力的智能运维系统解决方案。

项目三 通信信号设备的运用

项目综述

城市轨道交通信号系统是一个综合自动化系统，通常由列车运行自动控制系统(automatic train control system，ATC)和车辆段信号控制系统两大部分组成，用于列车进路控制、列车间隔控制、调度指挥、信息管理、设备工况监测及维护管理，如图3-1所示。

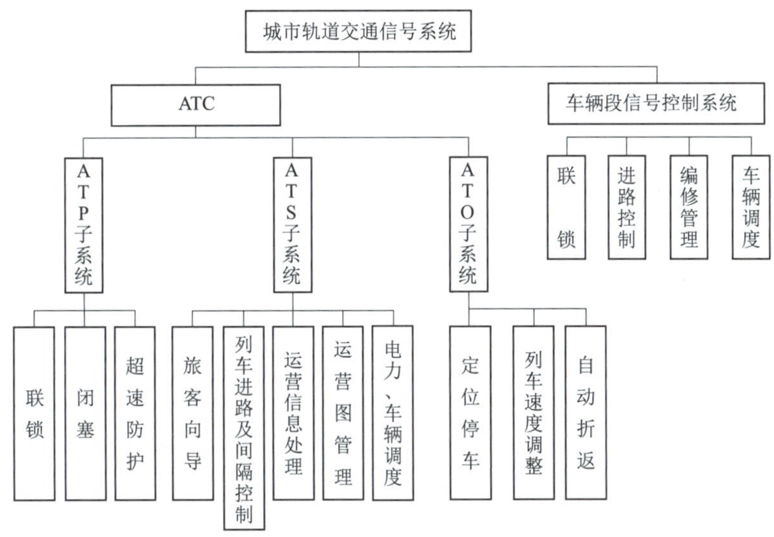

图3-1 城市轨道交通信号系统架构组成

传统意义上城市轨道交通显示信号与实现通信的设备包括信号、联锁、闭塞、通信等设备，统称通信信号设备，随着技术发展，城市轨道交通正线的联锁设备通常与ATC合为一个系统，而闭塞作用完全由ATC子系统ATP(automatic train protection，列车自动保护系统)完成，不存在传统意义的闭塞设备。

学习本设备要求掌握城市轨道交通通信信号设备的组成、技术参数、设备功能、设备操作、设备工作原理及技术发展历程；能完成办理闭塞、准备进路、开放信号等正常情况接发列车作业的核心业务，保证列车运行和调车作业安全；能综合运用通信信号设备，监视列车进站、站内运行、列车出站、列车区间运行、调车作业。

任务1 通信设备的运用

情境导入

2012年11月，某地铁5号线因信号系统受干扰发生多次暂停故障。这是继该地铁2号线发生列车逼停事故八天后又发生的同样类型的地铁故障。其原因是乘客携带的便携式Wi-Fi无线路由器的公用频道与地铁采用的信号频道一致，干扰了列车运行信号系统而导致多次停车事故。该地铁2号线、5号线，均采用基于无线通信的移动闭塞列车控制系统(communication based train control,CBTC)，是集尖端的无线电通信技术和自动化控制技术于一体的列车自动控制系统。那么为何数天之内，该地铁频发停运故障？地铁通信是否应该具有专用频道？或者如何解决公用频道对地铁安全的影响呢？

学习目标

技能目标

(1)能熟练运用城市轨道交通专用通信系统的重要设备进行联系。
(2)根据相关资讯建构轨道交通通信系统知识架构。

知识目标

(1)熟悉轨道交通通信系统的组成。
(2)了解城市轨道交通通信系统的功能。
(3)掌握城市轨道交通通信系统的组成及分类。
(4)熟悉城市轨道交通专用通信设备的使用。

素质目标

(1)具备运用轨道交通通信设备组织车站生产运作的岗位责任意识。
(2)培养采用先进通信信号技术保证列车运行安全和效率的科学思维和工程管理思维。

任务作业单

为完成以上技能、知识和素质目标，任务作业单见表3-1。

表3-1 任务作业单

序号	任务
1	画图说明城市轨道交通通信系统的组成及各子系统的功能
2	实地调研某地铁线路的乘客导乘信息系统(passenger information system,PIS)，并说说该线路的PIS系统有何特点？
3	使用车站通信设备进行客运广播：可模拟列车进站等正常情况或非正常情况(例如大客流、信号故障、紧急停车等)
4	城市轨道交通专用无线通信系统应用

学习地图

读者自主学习参考智慧职教MOOC学院平台国家级精品在线开放课程“轨道交通运输设

备运用”项目三任务 1 通信设备的运用，课程学习地图如图 3-2 所示。

图 3-2　课程学习地图

自学资讯

1. 本任务的两种自学方式

(1)在图 3-2 中的“新知学习”模块学习。

(2)扫描二维码学习。

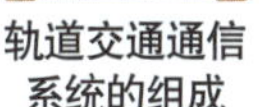

轨道交通专用
通信系统应用

2. 重要知识点

(1)通信系统概述。

(2)轨道交通专用通信系统。

(3)车站使用通信设备进行客运广播。

(4)无线通信系统应用。

计划与决策

(1)选择城市轨道交通运营线路，明确个人任务职责，完成任务实施计划。

(2)选择车站接发列车正常情况、大客流、紧急停车、施工、故障救援、特大客流实施客流控制等实际运营场景，形成决策意见。

任务实施

以小组为单位，在本书配套实训指导手册完成以下训练。

(1)选择一条已投入运营的城市轨道交通线路，画图说明城市轨道交通通信系统的组成及各子系统的功能。

(2)实地调研某地铁线路的乘客导乘信息系统(PIS)，并说说该线路的 PIS 系统的特点。

(3)使用车站通信设备进行客运广播，列车进站等正常情况客运广播见“技能训练一”，非正常情况(例如大客流、信号故障、紧急停车等的客运广播可选择不同的轨道交通线路进行实地考察。

(4)无线通信设备的运用见“技能训练二”。

(5)小组讨论和组间交流，分析比较轨道交通不同种类线路通信系统的差异。

相关知识

一、城市轨道交通通信系统概述

城市轨道交通通信系统是应用于城市轨道交通中，为实现各种信息交互功能的通信系统的总称。通信系统的重要任务是建立一个视听与数据链路网，实现城市轨道交通运转和调度。通信系统为工作人员提供公务信息交互平台；为乘客提供信息服务；为各专业系统及外网提供信息传送通道；为公安提供视频和无线资源；为消防系统提供通信保障；为公网移动业务提供接入平台。

1. 城市轨道交通通信系统的组成和分类

(1)城市轨道交通通信系统的组成

城市轨道交通通信系统是一个既能传输语音信号，又能传输文字、数据和图像等各种信息的综合业务数字通信网。城市轨道交通通信网由传输系统、数字电话交换系统、广播系统、视频监控系统、乘客导乘信息系统、无线通信系统、时钟系统、电源和接地系统等组成。上述系统通过电缆、光缆、漏泄电缆、电磁波等传输媒介，在控制中心与各车站、各列车间构成一个互相关联互相补充的完整的通信系统，为城市轨道交通提供综合通信的能力。

(2)城市轨道交通通信系统的分类

城市轨道交通通信系统按传输媒介分为有线通信系统和无线通信系统两大类。

有线通信系统的传输媒介是光缆和电缆，目前主要是光缆。有线通信系统按功能分为专用电话系统、公务电话系统、广播系统、乘客导乘信息系统、视频监控系统。有线通信系统的基础设备是通信传输网络，又称通信传输系统，上述系统的信息都要经过传输网络进行传输。

无线通信系统的主要传输媒介是无线电磁波，无线通信系统是供行车调度人员和司机进行联络的通信设备，是行车调度的重要设备，也可作为运营服务人员、维护保障人员、公安警务人员和应急抢险抢修人员的辅助通信工具。无线通信系统也要部分地借助有线通信传输网络进行传输。

另有为各系统提供统一标准时间信息的时钟系统，为各系统提供电源和安全接地的电源和接地系统，以及为乘客服务的公众移动通信网接入系统。

2. 传输系统

城市轨道交通线路中的各个站点，分散布置于城市中各个区域，每个站点(包括车站、控制中心、车辆段等)均不是一个独立的信息及业务孤岛，各站点与控制中心之间，以及各个站点之间需要通信系统为其搭建一个统一的信息沟通平台，实现相互之间信息交互需求。因此，必须构建通信传输网，以满足城市轨道系统内各区域的信息及业务传输要求。另外，不同线路之间的信息交换，也必须借助传输系统来实现信息传递与交换。

一般地，城市轨道交通通信网的主干是一个基于光纤的传输系统，除了传输通信系统所需的语音、数据、图像等各种信息外，还可以传输电力监控、自动售检票(automatic fare collection, AFC)、列车自动监控(automatic train supervision, ATS)、火灾自动报警系统(automatic fare alarm system, FAS)、机电设备监控等其他系统的信息。

3. 公用电话系统

电话系统主要为城市轨道交通管理、运营及维修人员提供语音通信。电话系统由公用电话系统和专用电话系统组成，其中专用电话系统又包括调度子电话系统和站内、站间及轨旁电话子系统。

公用电话系统为地铁管理、运营及维修人员提供内部和外部电话语音通信，以数字程控交换机设备为核心，与程控交换机相连的电话分机分布在地铁各办公管理部门、运营控制中心、车站、设备室、车辆段及所需电话的其他区域。

4.无线集群调度系统

城市轨道交通无线通信系统在地铁通信系统中发挥重要作用，是地铁内部固定人员（如控制中心调度员、车站值班员等）与流动人员（如司机、站务人员、设备维修人员等）之间进行高效移动通信联络的唯一手段。

城市轨道交通无线通信系统包括行车调度台、车辆段调度台、环控调度台、维修调度台、保安调度台。调度台通过以太网与服务器及中央电子柜相连接，实现各个调度台都对应有该用户组用户，如行车调度台下属有正线运营车载电台、站务人员手持电台、车控室车站台。每个组别的用户只能呼叫所对应的调度台，如确要与其他调度台通话，须经调度转接。

(1)车载电台

车载电台安装在地铁列车的前后两端驾驶室各一台，如图3-3所示。为司机提供移动通信功能，并通过系统跟ATS连接。车载电台会显示列车所属范围和车次，并自动更换。

图3-3　车载电台话筒、麦克风及手持台

(2)车站台

车站台安装于每个车站的车控室，车站值班站长（或车站值班员）可通过车站台跟行调联系，经行调转接还可与司机通话。

(3)手持电台

手持电台主要提供给站务人员、维修人员等不固定地点作业人员跟调度通话，如深圳地铁站务人员使用的800 M便携电台，广州地铁一号线站务人员使用的诺基压便携电台。

一般地，移动电台的通信功能主要有一般呼叫、紧急呼叫、短信息收发；调度台对移动台的群呼、对列车的广播等。

5.时钟系统

时钟系统用于为地铁的乘客提供一个标准的时间信息，并且为有需要的其他系统提供一个用于同步的标准GPS(global position system，全球定位系统)时间信息。

由GPS为地铁通信、信号、地铁自动售检票AFC系统、楼宇防灾报警系统、火灾报警系统、电力监控系统等提供统一的时间信息.

6.闭路电视系统

闭路电视系统(closed circuit television，CCTV)是城市轨道交通安全技术防范体系中的一个重要组成部分，如图3-4所示，它是一种先进的、防范能力极强的综合系统。它可以通过摄像机及其辅助设备（镜头、云台等）直接观看被监视场所的一切情况；可以把被监视场所的图像内容、声音内容（如有需要）同时传送到监控中心，同时可以把被监视场所的图像及声音全部或部分地记录下来，为事后对某些事件的处理提供方便及重要依据。

CCTV系统主要作用是监视城市轨道交通车站范围内包括站厅、站厅站台出入口、站台的一切情况，包括售票、乘客出入闸机的情况，确保车站的安全和乘客的安全及进行合理的客流组织。同时监视地铁列车的运行状况和乘客上下车的情况，确保列车的安全运行。

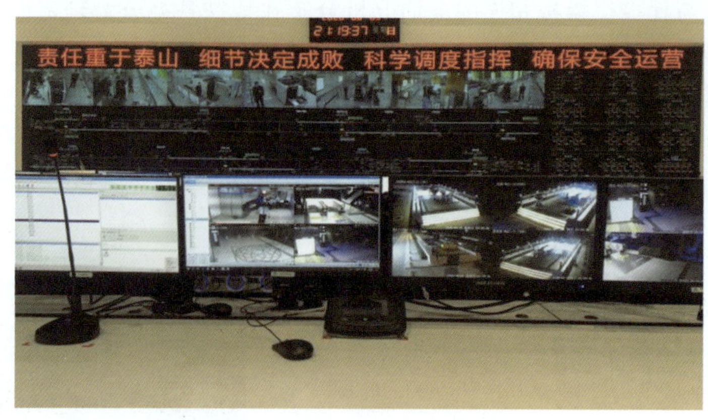

图 3-4　闭路电视系统

一条城市轨道交通线路一般包括若干个车站、1 个车辆段和 1 个运营控制中心。其中控制中心负责监控全线的运营情况，如图 3-5 所示是城市轨道交通运营控制中心，负责组织调度列车的运行。车站的站务人员则负责监控本车站范围内的运营情况。

图 3-5　城市轨道交通运营控制中心

城市轨道交通采用两级控制方式，包括控制中心的中心级控制和各车站的车站级控制方式。车辆段是独立于中心级和车站级的，并不要求安装 CCTV 系统。

在城市轨道交通系统中，控制中心的地位和作用十分重要。为了确保轨道交通系统的正常运营，各站的 CCTV 图像必须提供给控制中心的调度人员使用，供其监视各站的客流情况和列车的运行情况，用于行车调度以及客流组织。

一般地，为了监控城市轨道交通全线的运营，以及调度列车的运行，在控制中心设置了行调、环调、电调和维调，图 3-6～图 3-9 所示是行调、环调、电调和维调各专业调度台实景。同时根据是否监视其控制场所的需要，为行调和环调设置了 CCTV 设备，包括行调和环调专用的控制键盘、监视器和录像机。这样，通过各自专用的CCTV设备，各调度实现了对控制范围的监视功能。

图3-6 行调调度台实景

图3-7 环控调度台实景

图3-8 电调调度台实景

图3-9 综合维调调度台实景

车站级设备提供给车站站务人员使用，通过使用车站级设备，站务人员可以监视到本车站的客流和列车运行情况，确保本车站的运营安全。

城市轨道交通车站区域可以划分为站台和站厅两部分，按照具体环境和监视范围的不同，在站台和站厅分别安装了不同数量的摄像机，确保监视到全站区域，尽可能避免死角的出现。在车站控制室和站台设置了监视器，车控室的监视器提供给站务人员使用，用于监控全站的运营情况。站台的监视器提供给列车司机使用，用于监视乘客上下车的情况。

7.广播系统

广播系统是用来将各种语音信息传送到用户的一种通信方式，它具有快速响应的能力，城市轨道交通广播系统可以通过控制中心的操作终端指挥整条线路的广播，使整条线路中的每个车站的广播系统既独立又成为统一的整体。广播系统主要是向广大乘客发布有关列车时间、车次变动、列车延时、行车安全、紧急情况以及突发事件等信息。

(1)组成

广播系统由机柜、广播台、噪音感应探头、扬声器等几部分组成。广播台可分为控制中心的智能广播台，车站控制室的站长广播台，各站站台的站台广播台，车辆段沿线的轨旁广播台，通号楼、检修楼、运用库桌面广播台等种类。

噪音感应探头一般每站台设2个，站厅2个。它的作用是降低噪声，提供一个控制信号至CPU来调整放大器的增益，并进一步调节站台上的扬声器的声压水平。

(2)功能

智能广播台安装在控制中心，具有选择呼叫、组合呼叫、全部呼叫等功能。录音广播可分别用于维调、环调、行调。在紧急情况下，调度人员可以使用它对控制中心大楼进行广播，也可以对任何车站的任何区域进行广播。

站长广播台设置在车站控制室的控制台上，它包括语音、信号及各种控制处理，如选择呼叫、组合呼叫、全部呼叫等功能，可进行人工广播和录音广播。车站控制室的值班人员可以通过站长广播台对本站站台、站厅、办公区进行分别或同时广播。

站台广播台和轨旁广播台是一种全天候、有防护门的对讲台，它带有线路语音键和防护门，可以在恶劣的环境中使用(如高噪声、高温、有灰的环境)。玻璃钢外壳可以防止冲击，外壳符合防水标准，允许外部温度为－20 ℃～70 ℃。麦克风放大器具有音量压缩功能。站台广播台设置在站台中部的墙上，每个站台设有一个。轨旁广播台一般设在车辆段内及地面站间的轨道沿线。

8.乘客导乘信息系统

以乘客服务为中心的运营模式建立起来的乘客导乘信息系统(PIS)，被越来越多的地铁公司采用，成为客运服务的新手段。乘客导乘信息系统指的是城市轨道交通采用成熟、可靠的网络技术和多媒体传输、显示技术，在指定的时间，将指定的信息显示给指定的人群的系统。乘客导乘信息系统在正常情况下，可提供列车时间信息、政府公告、出行参考、广告等实时多媒体信息；在火灾及阻塞、恐怖袭击等非常情况下，提供动态紧急疏散指示。该系统向乘客提供了上述各类信息，为乘客安全、高效地乘坐城市轨道交通提供便利条件。

(1)PIS的功能及实现方式

①PIS的功能。

PIS的功能包括紧急信息功能、显示信息功能、广播播出功能、定时自动播出功能等。

a.紧急信息功能。

• 预设设定紧急信息。乘客导乘信息系统可以预先设定多种紧急灾难告警模式，方便地自动或人工触发进入告警模式。操作员通过控制中心操作员工作站，可以预先设定多种紧急灾难告警模式，如火灾、恐怖袭击等，并设定每种模式的告警信息及各种告警发布参数。当指定的灾难发生时，由自动告警系统或人工触发进入紧急灾难告警模式。此时，相应终端显示屏显示警告信息及人流疏导信息。

• 即时编辑发布紧急信息。系统环境可能会发生非预期的灾难警告信息，PIS软件可以及时编辑发布紧急信息。操作员通过设置在控制中心的工作站和设置在车站的工作站，可以即时编辑各种警告信息，并发布到指定终端。控制中心工作站发布区域可以是一个站也可以是全线车站，需设置在车站的工作站只能发布本站的警告信息。

b.显示信息功能。

• 显示列车服务信息。车站子系统的车站服务器实时地从ATS接收列车服务信息，再控制指定的终端显示器显示相应的列车服务信息，如下几班车的到站时间、列车时间表、列车阻塞/异常、特别的列车服务安排等。

• 显示时钟。PIS可以读取时钟系统的时钟基准，并同步整个PIS所有设备的时钟，确保终端显示器显示时钟的准确性。屏幕可以在播出各种信息时同时显示日期和时间。通过远程设置终端显示屏的全屏或指定的子窗口显示多媒体时钟。

• 显示实时信息。屏幕上不同区域的信息可根据数据库信息的改变随时更新。实时信息的更新可以采用自动的方式也可由操作员人为干预。实时信息包括新闻、天气、通告等。通过车站操作员工作站或控制中心操作员工作站，操作员可以即时编辑指定的提示信息，并发布到指定的终端显示屏，提示乘客注意。

c. 广告播出功能。

PIS 可为城市轨道交通引入一个多媒体广告的发布平台，通过广告的播出，可以为城市轨道交通带来更多的广告收入。广告可以分为图片广告、文字和视频广告。广告可以与其他各类信息同步播出，提高了系统的工作效率。

d. 定时自动播出功能。

PIS 可以提供一套完整的定时播放功能。信息的播出可以采用播出表播出方式，系统可以根据事先编辑设定好的播出列表自动进行信息播出。播出列表可以以日播列表、周播列表、月播列表的形式制定。

②PIS 显示类型。

PIS 信息显示类型可以分为紧急灾难信息、列车服务信息、乘客引导信息、一般站务信息和公共服务信息。

a. 紧急灾难信息：火灾警报、台风警报、洪水警报等；逃逸及疏散指示，如紧急出口的指示；紧急站务告警信息，如停电、停止服务等；有关乘客人身安全的临时信息，如乘车安全须知。

b. 列车服务信息：列车时刻表；列车阻塞等异常信息；下班车的到站时间(以及下二、三、四班车的到站时间)；列车组成(4 节、6 节或 8 节)；特别的列车服务安排信息。

c. 乘客引导信息：动态指示信息；疏散方向指示；轨道交通服务终止通告；换乘站换乘信息；地面交通指示信息。

d. 一般站务信息和公共服务信息：日期和时钟信息；票务信息；公益广告信息；天气、新闻、股市等信息；地面公共交通信息；公安提示信息等。

e. 商业信息：视频商业广告；视频形象宣传片；图片商业广告；文字商业广告；各类分类广告。

③信息显示优先级。

乘客导乘信息系统要确保乘客快速安全地到达其目的地；在保证安全运营的基础上，可以向乘客提供各类信息服务，以及进行商业广告的运作。因此，在乘客导乘信息系统的设计中，应充分考虑每一类信息的显示优先级。高优先级的信息优先显示，相同优先级的信息按先进先出的规则进行显示。按照这个要求，信息显示的优先级规定如下：

a. 信息类型的优先级按照如下顺序递减：紧急灾难信息、列车服务信息、乘客引导信息、一般站务信息及公共信息、商业信息。

b. 高优先级的信息可以中断低优先级信息的播出，低优先级的信息不能打断高优先级信息的播出。发生紧急事件可中断当前信息的播出，进入紧急信息播出状态，其他各类信息自动停止播出。直到警告解除，才能进行其他各类信息的播出。

c. 同等优先级的信息按设定的时间播出列表顺序播出。

二、城市轨道交通专用电话网通信系统

城市轨道交通专用电话网通信系统的作用是为控制中心的调度员、车站值班员、车辆段/停车场值班员、各车站的保安人员等提供热线电话和组呼、会议电话等功能，实现快捷而可靠

的通信，以组织指挥行车、运营管理及确保行车安全，并为轨旁电话等专用电话提供自动交换功能。专用电话系统主要包括：调度电话、站间行车电话、车站和车辆段/停车场内直通电话以及区间电话。

1. 调度电话子系统

城市轨道交通调度电话子系统（见图 3-10）是为列车运营、电力供应、日常维护、防灾救护提供指挥手段的专用通信系统，主要由调度总机、调度台、调度分机三部分通过传输系统或相应的通信缆线连接而成。调度电话子系统可为控制中心指挥人员，如行调、电调、环调、维调等提供专用直达通信，具有单呼、组呼、全呼、紧急呼叫和录音等功能。

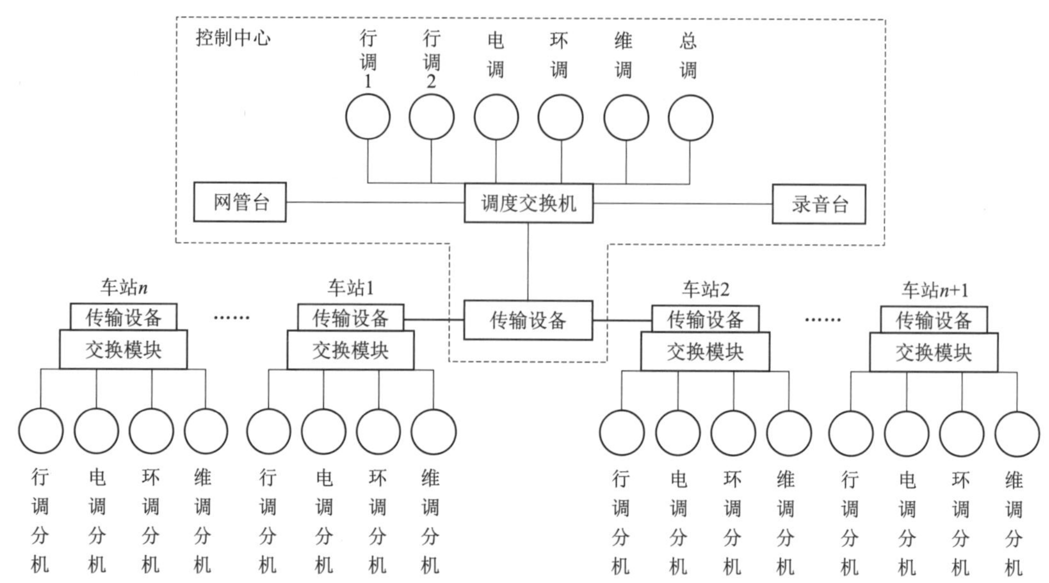

图 3-10　城市轨道交通调度电话子系统

调度总机是调度电话子系统的核心部分，由具有交换功能的交换机或交换模块组成，可组成多个独立调度系统（如行调、电调、环调、维调等）。

调度台是调度业务的操作控制台，设在中央运营控制中心（operation control center, OCC）。调度分机为普通电话机。总机与分机通过传输系统提供的点对点式专用音频话路连接。调度分机呼叫调度台，按热线功能方式，无须拨号，举机即通。调度分机对调度台的呼叫可区分为一般呼叫和紧急呼叫。

（1）调度通信的特点

①通信调度关系明确。

调度员与调度用户之间的关系是上下级关系，各调度用户之间是同级关系。通常情况下，由调度员发出调度指令，各调度用户之间互相不能下达调度指令。

同一调度专网内有多个调度台和调度员时，调度员之间的关系是同级关系，故要求各调度台之间互相透明，具有同样的呼叫状态、呼叫提示等信息显示，每个调度台可进行相同或不同的调度呼叫。

②双向呼叫一键拨号。

调度实时性高、操作简单，只需在按键式键盘或触摸屏上进行“单键直呼”“一键多号”的按键操作即可实现自动呼叫，无须记忆对方电话号码。

③双向呼叫畅通无阻。

调度工作的重要性要求调度呼叫可靠、畅通。可以通过“呼叫排队”“监听”“强插”或“强拆”等功能实现。

④会议功能。

将参加会议的成员编成会议组，即可随时对会议组成员进行编辑。需要召开某组会议时，只需按会议组号与会议键即可呼叫该组会议所有成员召开会议，并进行会议录音。

⑤通信状态显示直观。

调度系统具有主叫号码及相关资料（如姓名、单位、职务等）的显示功能，引导操作的显示功能（如操作无效等），会议显示功能以及用户，中继状态显示（占用、空闲等）功能等，使得调度指挥简单易行。

（2）调度电话子系统的功能

调度电话子系统主要应用功能有以下几种：

①通话功能。

城市轨道交通控制中心各调度系统的中心调度员与各站（段）相应系统的分机用户可直接呼叫通话。其中，行调 1 调度员与行调 2 调度员可同时对行车调度电话分机进行呼叫通话。行车调度系统分机呼叫调度台时，两个调度台同时振铃，抢答通话。控制中心各调度员之间可直接呼叫通话。值班主任与控制中心各调度员可直接呼叫通话。各分机之间不允许通话。

②选叫功能。

调度台呼叫分机时可单呼、组呼、全呼。分机呼叫调度台时可区分为一般呼叫和紧急呼叫。分机呼叫调度台，调度台可显示呼叫分机号码及中文站名。紧急呼叫时有灯光指示，液晶屏同时显示“紧急”字样，以示区别。

③会议功能。

调度台可以方便地召集电话会议，会议的参加方能由调度台灵活地设置。城市轨道交通调度电话子系统有的可支持≥1＋30 方会议电话。调度员可指定会议成员发言，会议成员也可向调度员提出发言请求。

④录音功能。

调度员与分机的通话及各调度员之间的通话能在控制中心以数字方式自动记录在多信道录音设备上。录音设备记录的通话文件保存在计算机硬盘上并可转录长期保存。

2.站内及轨旁电话子系统

站内及轨旁电话子系统可为车站站内各有关部门提供与车站值班员之间的直达通话，并且车站值班员可以呼叫其他相关车站的车站值班员。轨旁电话还可选择相邻站或接入公用电话子系统。

（1）站内电话系统

车站内有站厅、站台、售票亭、值班室、站控室等各个不同的岗位，这些岗位之间通常需要大量而频繁的联系。

站内电话由车站电话总机、车站值班台（值班员电话机）、电话分机、轨旁电话机共同组成站内及轨旁电话子系统，实现站（段）内重要部门有关人员的点对点的直接通话、相邻车站值班人员之间及轨旁人员的直接通话。

（2）轨旁电话

为了列车司机和维修人员在紧急情况下能及时与车站以及有关部门进行联系，在地铁沿线，每 150～200 m 左右设置一部轨旁电话，以供维护人员使用。

技能训练

技能训练一　车站使用通信设备进行客运广播

城市轨道交通车站控制室控制台上的站长广播台为例，车站使用通信设备进行客运广播，按压站长广播台的录音，就会播放相应的预先录好的客运广播。

(1)当列车即将进站时，一般播放内容为："列车很快就要进站，请勿越过黄色安全线。"

(2)列车已进站，车门打开时，一般播放内容为："欢迎到达××站，请小心列车与站台之间的空隙，按箭头排队候车，先下后上。请不要手扶车门，谨防夹伤，要下车的乘客请迅速离开黄色安全线。"

列车进站时，站台站务人员使用无线便携台对站台上候车的乘客进行候车和乘降车秩序广播一般内容为"请不要越过黄色安全线，请勿蹲姿候车"等。

技能训练二　无线通信设备的运用

无线电台是城市轨道交通车站站务人员常见的无线通信系统设备，一般的无线电台由手持无线便携台和固定台两部分组成，如图 3-11 和图 3-12 所示。常见的城市轨道交通车站 800 M 无线电台的操作为：

图 3-11　手持无线便携台

图 3-12　固定台

1. 手持无线便携台与行调便携台的通话

第一步：拨行调号码：如某市地铁公司 OCC 一号线行调 800 兆号码：68×××9。

第二步：按拨号键，即可拨号，使用方法与手机类似。

2. 固定台与行调的通话

第一步：摘机，拿起通话手柄，按"调度"键(见图 3-13)，显示屏显示"呼叫调度"。

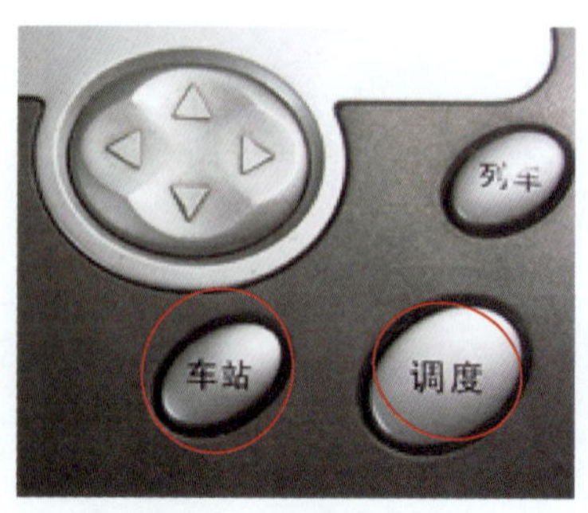

图 3-13　无线固定电话

第二步：通话，按通话手柄上的PTT按钮与被叫调度组进行通话。

3. 固定台与手持无线便携台的通话

(1)摘机：拿起通话手柄，按“车站”键，显示屏显示“呼叫车站”。

(2)通话：按通话手柄上的PTT按钮(见图3-14)与被叫车站手持无线便携台进行通话。

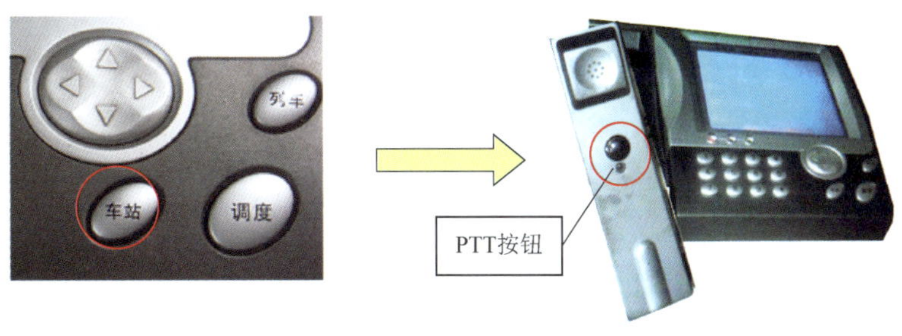

图 3-14 PTT 按钮

检查与评价

任务评价见表3-2。

表 3-2 任务评价

<table>
<tr><td colspan="5">项目三任务1 通信设备的运用</td><td rowspan="4">综合得分</td></tr>
<tr><td>姓 名</td><td></td><td rowspan="3">自我评价</td><td rowspan="3">小组评价</td><td rowspan="3">教师评价</td></tr>
<tr><td>组 别</td><td></td></tr>
<tr><td>组员姓名</td><td></td></tr>
<tr><td>知识
技能评价</td><td>1. 看图说明城市轨道交通通信系统的各组成部分功能；
2. 能熟练运用城市轨道交通专用通信系统的调度电话、站间电话、区间及轨旁电话等重要设备进行相关作业场景的业务联系</td><td></td><td></td><td></td><td rowspan="3"></td></tr>
<tr><td>方法
能力评价</td><td>1. 具备根据资讯进行分析推理、归纳总结、建构轨道交通通信系统知识架构的自学能力；
2. 具备轨道交通远程控制系统中通信设备前沿技术使用能力</td><td></td><td></td><td></td></tr>
<tr><td>思政评价</td><td>1. 具备运用先进通信系统提高列车运行安全和效率意识；
2. 具备轨道交通远程控制技术的工程思维意识</td><td></td><td></td><td></td></tr>
</table>

反馈与改进

通过检查与评价得到反馈，进行反思，并撰写实训指导手册的任务总结报告。

<table>
<tr><td>记录人</td><td></td><td>时间</td><td></td></tr>
<tr><td>总结报告</td><td colspan="3">请阐述任务评价反馈后，对轨道交通通信系统的认知和运用任务实施过程的体会</td></tr>
</table>

完善与拓展

(1)读者可通过图3-2所示的“视野拓展”模块学习拓展内容。

(2)拓展了解高速铁路通信系统的组成和作用。

巩固与提高

一、赛中学

可利用全国行业职业技能竞赛城市轨道交通行车调度员（学生组）职业技能大赛竞赛平台进行以下四个场景的城市轨道交通通信设备的运用：

(1)开展运营前检查。

(2)组织轧道列车出段。

(3)组织列车加开。

(4)组织备用车替开。

二、思考与提高

(1)画图说明城市轨道交通通信系统的组成及各子系统功能。

(2)简述城市轨道交通专用通信系统有哪些重要设备。

(3)熟悉城市轨道交通专用通信设备的使用。

(4)模拟演练地铁施工、故障救援、特大客流实施客流控制等实际运营场景，地铁控制中心、车站、列车之间运用轨道交通专用通信设备进行的作业联系。

任务2 固定信号和移动信号运用

情境导入

图3-15是某地铁线路布置示意图，根据前面学习过的当一列上行列车从黄边车站出发，到达嘉禾望岗车站后正常站后折返，那么此时正线上黄边站的进路防护信号机S2701应显示什么颜色的灯光？

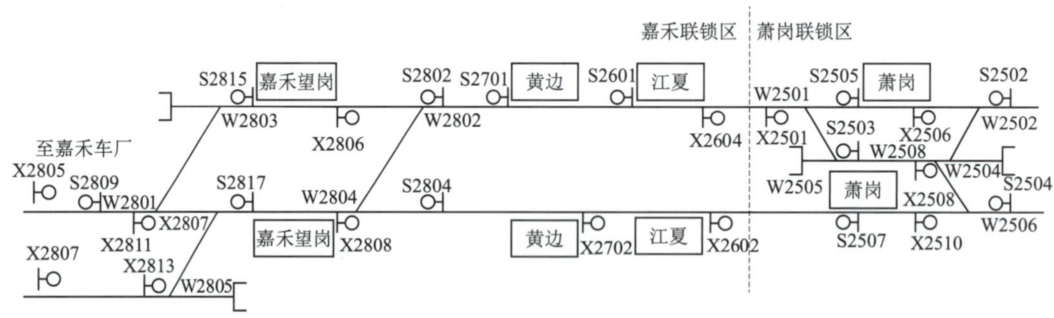

图3-15 某地铁线路布置示意图

学习目标

技能目标

(1)能看图说明城市轨道交通正线信号机的设置和显示。

(2)能绘制城市轨道交通和铁路车站进站信号机的设置和显示。

(3)能绘制说明城市轨道交通和铁路车站出站信号机的设置和显示。
(4)了解自动闭塞区间通过信号机的设置。
(5)能辨识各类信号表示器显示方式。
(6)能辨识各类信号标志。
(7)根据相关资讯建构轨道交通信号系统知识架构。

知识目标

(1)掌握城市轨道交通正线信号机、进出站信号机和通过信号机的设置位置和显示含义。
(2)轨道交通信号表示器和信号标志的显示方式。

素质目标

(1)具备运用轨道交通信号指示列车运行和调车作业的安全意识。
(2)培养采用先进信号技术保证列车运行安全和效率的科学思维和工程思维。

学习地图

读者自主学习参考智慧职教 MOOC 学院平台国家级精品在线开放课程“轨道交通运输设备运用”项目三任务 2 固定信号和移动信号运用,课程学习地图如图 3-16 所示。

图 3-16 课程学习地图

任务作业单

为完成以上技能、知识和素质培养,任务作业单见表 3-3。

表 3-3 任务作业单

序号	任　　务
1	画图说明城市轨道交通线路信号布置图正线信号机的设置及其显示
2	绘制铁路车站信号布置图,标明进站信号机和出站信号机
3	看图说明铁路车站进站信号机、出站信号机的显示及含义
4	辨识各类信号表示器和信号标志

自学资讯

1. 本任务的两种自学方式

(1)在图 3-16 中的“新知学习”模块学习。

(2)扫描二维码学习。

信号机的设置和显示

信号表示器及标志

列车运行手信号

调车手信号

2. 重要知识点

(1)固定信号机。

(2)信号表示器及标志。

(3)手信号。

(4)认知轨道交通信号机、继电器、轨道电路、计轴器、道岔转辙机等信号基础设备。

(5)辨识各类信号表示器和信号标志。

计划与决策

(1)选择实际城市轨道交通运营线路,明确个人任务职责,完成任务实施计划。

(2)选择具体铁路车站,形成决策意见,包括相关示意图(车站信号布置图)的绘制。

任务实施

以小组为单位,在本书配套实训指导手册完成以下训练。

(1)画图说明城市轨道交通线路信号布置图上信号机的设置及其显示。

(2)绘制铁路车站信号布置图,标明进站信号机和出站信号机。

(3)看图说明铁路车站进站信号机、出站信号机的显示。

(4)到轨道交通车站或车辆段辨识各类信号表示器和信号标志。

(5)小组讨论和组间交流,轨道交通不同种类线路车站的进站信号机和出站信号机显示的差异。

相关知识

一、固定信号机

信号装置一般分为信号机和信号表示器两类。轨道交通信号是指示列车运行及调车作业的命令,必须根据需要设置各种信号机。轨道交通普遍采用色灯信号机和 LED 信号机。在城市轨道交通中,列车的运行速度不取决于信号的显示,即城市轨道交通信号为非速差信号。允许信号的绿灯、黄灯并不表示列车的运行速度,而是代表列车的运行路径是走道岔直股还是弯股。城际轨道交通、普速铁路和高速铁路的信号机的设置和显示都与城市轨道交通有较大的差异。

1. 城市轨道交通信号机设置位置及显示

(1)信号机的类型

色灯信号机以其灯光的颜色、数目和亮灯状态来表示信号。在城市轨道交通中应用最广的是透镜式色灯信号机。透镜式色灯信号机有高柱和矮型两种类型。高柱信号机具有显示远、观察位置明确等优点，因此车辆段的进段、出段信号机均采用高柱信号机。其他信号机由于对信号显示距离要求不远或由于隧道内安装空间有限，一般采用矮型信号机。LED信号机的信号点灯单元由LED发光二极管构成。由于发光二极管寿命是信号机灯泡的100倍，免维修，LED作为一种节能、免维护的新型光源系统被成功运用。

(2)信号机的设置

城市轨道交通的信号机设置不同于铁路，规定在ATC控制区域的线路上的道岔区需设防护信号机或道岔表示器，其他类型的信号机可根据需要设置。

①信号机的设置原则。

地面信号机应设在列车运行方向右侧，遇条件限制应设于其他位置时，应经运营主管部门批准后再实施。

②正线上的信号机设置。

在ATC控制区域的正线应设道岔防护信号机和出站信号机，图3-17和图3-18所示为正线高架段信号机和正线隧道段信号机，可根据运营需要设置其他类型的信号机。

图3-17　正线高架段信号机

图3-18　正线隧道段信号机

道岔防护信号机设于道岔岔前和岔后的适当地点，如图3-19所示，具有出站性质的道岔防护信号机应设引导信号，具有两个及两个以上运行方向的信号机可设进路表示器。

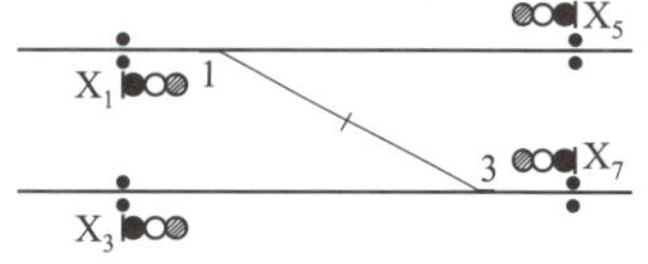

图3-19　道岔防护信号机

采用ATC的城市轨道交通，自动闭塞通过信号机已失去主体信号机的作用，所以区间分界点一般不设通过信号机，设发光材料制成的分界标。只有行车间隔较大采用自动闭塞作为过渡方式才设区间通过信号机。

车站一般不设进、出站信号机，在正向出站方向的站台侧列车停车位置前方适当地点设置发车指示器。也可根据需要设进、出站信号机以及进站信号机的预告信号机，或只设出站信号机。

③车辆段的信号机设置。

在车辆段入口处设进段信号机，在车辆段的出口处设出段信号机，如图3-20和图3-21所示。在同时能存放两列及以上列车的停车线中间进段方向设列车阻挡信号机(可兼作调车信号机)。车辆段内其他地点根据需要设调车信号机。

图 3-20　车辆段入段信号机

图 3-21　车辆段出段信号机

(3)信号机的显示

①信号显示基本要求。

将信号机经常保持的显示状态作为信号机的定位。信号机定位的确定，一般是考虑保证行车安全、提高运输效率或信号显示自动化等因素。除采用自动闭塞时通过信号机显示绿灯为定位以外，其他信号机一律以显示禁止信号(红灯或蓝灯)为定位。

除调车信号机以外，其他信号机当列车第一轮对越过该信号机后及时自动关闭。调车信号机在调车车列全部越过调车信号机后自动关闭。

信号机的灯光熄灭、显示不明或显示不正确时，均视为停车信号。有两个以上运行方向而信号显示不能区分运行方向时，应在信号机上装进路表示器，由进路表示器指示开通的运行方向。

②信号显示意义。

《地铁设计规范》对信号显示未做统一规定。以广州、上海地铁为例，广州地铁一、二号线正线信号系统防护信号显示意义见表 3-4，上海地铁一号线信号机的显示见表 3-5。

表 3-4　广州地铁正线信号系统防护信号显示意义

序号	信号灯显示	行 车 指 示	备　注
1	绿灯	开通直股允许越过	
2	黄灯	开通弯股允许越过	
3	黄灯+红灯	引导信号允许越过	
4	红灯	禁止越过	

表 3-5　上海地铁一号线信号机的显示

序号	信号灯显示	行 车 指 示	备　注
1	绿色	运行前方道岔在直股(定位)	按 TP 速度命令运行
2	月白色	运行前方道岔在侧股(反位)	按 ATP 速度命令运行，一般限制为 30 km/h
3	红色+月白色	引导信号允许越过	准许列车在信号机处继续运行，但需准备随时停车
4	红灯	禁止越过	ATP 速度为零

2.铁路信号机设置位置及显示

(1)铁路信号机分类

铁路信号机按类型分为色灯信号机、臂板信号机和机车信号机。信号机按用途分为进站、出站、通过、进路、预告、接近、遮断、驼峰、驼峰辅助、复示、调车信号机。铁路信号机应采用色灯信号机。色灯信号机应采用高柱信号机,在以下处所可采用矮型信号机:

①不办理通过列车的到发线上的出站、发车进路信号机;

②道岔区内的调车信号机及驼峰调车场内的线束调车信号机;

③自动闭塞区段,隧道内的通过信号机。

铁路信号机设在列车运行方向的左侧或其所属线路的中心线上空。反方向运行进站信号机可设在列车运行方向的右侧。其他特殊地段因条件限制,需设于右侧时,须经铁路局批准。

在确定设置信号机地点时,除满足信号显示距离的要求外,还应考虑到该信号机不致被误认为邻线的信号机。

(2)主要固定信号机的设置位置

①进站信号机。

车站必须设进站信号机。进站信号机应设在距进站最外方道岔尖轨尖端(顺向为警冲标)不小于 50 m 的地点,因调车作业或制动距离需要延长时,一般不超过 400 m。双线自动闭塞区间反方向进站信号机前方应设置预告标。

②出站信号机。

在车站的正线和到发线上,应设出站信号机。出站信号机应设在每一发车线的警冲标内方(对向道岔为尖轨尖端外方)适当地点。在调车场的编发线上,必要时可设线群出站信号机。

③通过信号机。

通过信号机应设在闭塞分区或所间区间的分界处。自动闭塞区段的通过信号机,不应设在停车后可能脱钩、牵引供电分相的处所,也不宜设在启动困难的地点。

自动闭塞区段信号机设置位置和显示关系应根据列车牵引计算确定,并应满足列车运行速度规定的制动距离和线路通过能力的要求。

④调车信号机。

在经常进行调车作业的线路上(如到发线、咽喉道岔),以及非联锁区(调车场、机务段、货场、牵出线及专用线等)到联锁区的入口处,设置调车信号,用来指示调车机车能否越过该信号机进行调车。调车信号机一般多用矮型的色灯信号机。

(3)铁路信号机的显示

铁路信号机的具体显示见《铁路技术管理规程》,详细规定了进站信号机、出站信号机、调车信号机和通过信号机等铁路信号机的显示方式及含义。

二、信号表示器和信号标志

1.信号表示器

信号表示器分为道岔、脱轨、进路、发车、发车线路、调车及车挡表示器。

(1)道岔表示器的显示方式

①昼间无显示;夜间为紫色灯光,表示道岔位置开通直向,如图 3-22 所示。

(a)

(b)

图 3-22 道岔表示器（道岔开通直向）

②昼间为中央画有一条鱼尾形黑线的黄色鱼尾形牌；夜间为黄色灯光，表示道岔位置开通侧向，如图 3-23 所示。

(a)

(b)

图 3-23 道岔表示器（道岔开通侧向）

(2)进路表示器

在其主体信号机开放时点亮，用于区别进路开通方向或双线区段反方向发车，不能独立构成信号显示。

(3)脱轨表示器的显示方式

①带白边的红色长方牌及红色灯光，表示线路在遮断状态，如图 3-24 所示。

②带白边的绿色圆牌及月白色灯光，表示线路在开通状态，如图 3-25 所示。

图 3-24 线路在遮断状态

图 3-25 线路在开通状态

(4)发车线路表示器

发车线路表示器在线群出站信号机开放后显示一个白色灯光——准许该线路上的列车发车，如图 3-26 所示。不许发车的线路，所属该线路的发车线路表示器不能点亮。

(5)发车表示器

发车表示器常态不显示;显示一个白色灯光则表示车站人员准许发车,如图 3-27 所示。

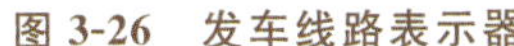

图 3-26　发车线路表示器

图 3-27　发车表示器

(6)车挡表示器

车挡表示器设置在线路终端的车挡上,昼间一个红色方牌;夜间显示一个红色灯光,如图 3-28 所示。安全线及避难线可不设置车挡表示器。

2. 信号标志

信号标志包括:警冲标,站界标,预告标,引导员接车地点标,司机鸣笛标,电气化区段的电力机车禁停标,断电标、合电标,接触网终点标,准备降下受电弓标、降下受电弓标、升起受电弓标,作业标,减速地点标,机车停车位置标,轨道电路调谐区标志,级间转换标,通信模式转换标等。信号标志应设在其内侧距线路中心不小于 3.1 m 处(警冲标除外)。

信号标志设在列车运行方向左侧(警冲标除外)。双线区段的轨道电路调谐区标志设在线路外侧。最常见的信号标志是警冲标。

警冲标设在两会合线路线间距离为 4 m 的中间。线间距离不足 4 m 时,设在两线路中心线最大间距的起点处,如图 3-29 所示。在线路曲线部分所设道岔附近的警冲标与线路中心线间的距离应按限界的加宽增加。

(a)　　(b)

图 3-28　车挡表示器

图 3-29　警冲标

三、移动信号

手信号是一种轨道交通移动信号,是由人直接挥动信号旗和信号灯来下达的各种命令,紧急情况下，也可徒手指示。手信号的信号旗同其他信号一样，有三种基本颜色：绿、黄、红；信号灯有四种基本灯光：绿、黄、红、白。

手信号常见的有列车运行手信号、调车手信号、联系用手信号等。一般的，城市轨道交通车站正常情况下，列车以规定速度进站，车站站务人员不需人工显示接发列车手信号。遇特殊情况须接发列车时，车站、车厂接发列车人员应显示手信号进行接发列车。

1. 列车运行手信号

列车运行时，有关人员应遵守下列手信号的显示。

(1)停车信号：要求列车停车

昼间——展开的红色信号旗；夜间——红色灯光，如图 3-30 所示。

昼间无红色信号旗时，两臂高举头上向两侧急剧摇动；夜间无红色灯光时，用白色灯光上下急剧摇动，如图 3-31 所示。

(a)

(b)

图 3-30　停车手信号

(a)

(b)

图 3-31　停车手信号(无信号旗)

(2)减速信号：要求列车降低到要求的速度

昼间——展开的黄色信号旗；夜间——黄色灯光，如图 3-32 所示。

昼间无黄色信号旗时，用绿色信号旗下压数次；夜间无黄色灯光时，用白色或绿色灯光下压数次，如图 3-33 所示。

(a)

(b)

图 3-32　减速手信号

(a)

(b)

图 3-33　减速手信号(无黄色信号旗)

(3)发车信号：要求司机发车

昼间——展开的绿色信号旗上弧线向列车方面作圆形转动；夜间——绿色灯光上弧线向列车方面作圆形转动，如图 3-34 所示。

在设有发车表示器的车站，按发车表示器显示发车。

（4）通过手信号：准许列车由车站（场）通过

昼间——展开的绿色信号旗；夜间——绿色灯光，如图 3-35 所示。

（a）

（b）

图 3-34　发车手信号

（a）

（b）

图 3-35　通过手信号

（5）引导手信号：准许列车进入车场或车站

昼间——展开的黄色信号旗高举头上左右摇动；夜间——黄色灯光高举头上左右摇动，如图 3-36 所示。

（6）特定引导手信号显示方式

昼间为展开绿色信号旗高举头上左右摇动，夜间为绿色灯光高举头上左右摇动，如图 3-37 所示。

（a）

（b）

图 3-36　引导手信号

引导地点

（a）

（b）

图 3-37　特定引导手信号

2. 调车手信号

（1）停车信号

调车停车手信号显示方式同列车运行手信号的停车信号。

（2）减速信号

昼间——展开的绿色信号旗下压数次；夜间——绿色灯光下压数次（显示方式如图 3-33 所示）。

（3）指挥机车向显示人方向来的信号

昼间——展开的绿色信号旗在下部左右摇动；夜间——绿色灯光在下部左右摇动，如图 3-38 所示。

（4）指挥机车向显示人方向稍行移动的信号

昼间——拢起的红色信号旗直立平举，再用展开的绿色信号旗左右小动；夜间——绿色灯光下压数次后，再左右小动，如图 3-39 所示。

(a)　(b)

图 3-38　指挥机车向显示人方向来手信号

(a)　(b)

图 3-39　指挥机车向显示人方向稍行手信号

(5)指挥机车向显示人反方向去的信号

昼间——展开的绿色信号旗上下摇动；夜间——绿色灯光上下摇动，如图 3-40 所示。

(6)指挥机车向显示人反方向稍行移动的信号

昼间——拢起的红色信号旗直立平举，再用展开的绿色信号旗上下小动；夜间——绿色灯光上下小动，如图 3-41 所示。

(a)　(b)

图 3-40　指挥机车向显示人反方向去手信号

(a)　(b)

图 3-41　指挥机车向显示人反方向稍行移动手信号

3.联系用手信号

(1)道岔开通信号：表示进路道岔准备妥当

昼间——拢起的黄色信号旗高举头上左右摇动；夜间——白色灯光高举头上，如图 3-42 所示。

(a)

(b)

图 3-42　进路道岔准备妥当道岔开通手信号

机车出入段进路道岔准备妥当后，显示如下道岔开通信号：

昼间——展开的黄色信号旗高举头上左右摇动；夜间——黄色灯光高举头上左右摇动，如图 3-43 所示。

(a)

(b)

图 3-43　机车出入段进路道岔准备妥当道岔开通手信号

(2)连结信号：表示连挂作业

昼间——两臂高举头上，使拢起的手信号旗杆成水平末端相接；夜间——红、绿色灯光(无绿色灯光的人员，用白色灯光)交互显示数次，如图 3-44 所示。

(3)溜放信号：表示溜放作业

昼间——拢起的手信号旗两臂高举头上交叉后，急向左右摇动数次；夜间——红色灯光作圆形转动，如图 3-45 所示。

(a)

(b)

图 3-44　连接信号

(a)

(b)

图 3-45　溜放信号

(4)停留车位置信号：表示车辆停留地点

夜间——白色灯光左右小摇动，如图 3-46 所示。

图 3-46　停留车位置信号

(5)十、五、三车距离信号：表示推进车辆的前端距被连挂车辆的距离

昼间——展开的绿色信号旗单臂平伸，夜间——绿色灯光，在距离停留车十车时连续下压三次，五车时连续下压两次，三车时下压一次，如图 3-47 所示。

(6)取消信号：通知将前发信号取消

昼间——拢起的手信号旗，两臂于前下方交叉后，急向左右摇动数次；夜间——红色灯光作圆形转动后，上下摇动，如图 3-48 所示。

(a)

(b)

图 3-47　十、五、三车距离信号

(a)

(b)

图 3-48　取消信号

(7)要求再度显示信号：前发信号不明，要求重新显示

昼间——拢起的手信号旗右臂向右方上下摇动；夜间——红色灯光上下摇动，如图 3-49 所示。

(8)告知显示错误的信号：告知对方信号显示错误

昼间——拢起的手信号旗两臂左右平伸同时上下摇动数次；夜间——红色灯光左右摇动，如图 3-50 所示。

(a)

(b)

图 3-49　要求再度显示信号

(a)

(b)

图 3-50　告知显示错误信号

此外还有要道还道手信号。在显示手信号时，凡昼间持有手信号旗的人员，应将信号旗拢起，左手持红旗，右手持绿旗（扳道员右手持黄旗），不持信号旗的人员徒手按各规定方式显示信号。

4. 试验列车自动制动机的手信号

(1)制动信号

昼间——用检查锤高举头上；夜间——白色灯光高举，如图 3-51 所示。

(a)

(b)

图 3-51　制动信号

(2)缓解信号

昼间——用检查锤在下部左右摇动；夜间——

白色灯光在下部左右摇动,如图 3-52 所示。

(3)试验结束信号

昼间——用检查锤作圆形转动;夜间——白色灯光作圆形转动,如图 3-53 所示。

车站人员显示上述信号时,昼间可用拢起的信号旗代替。司机应注意瞭望试验信号,并按规定回答。

如列车制动主管未达到规定压力,试验人员要求司机继续充风时,按照缓解的信号同样显示。

(a)

(b)

图 3-52 缓解信号

(a)

(b)

图 3-53 实验结束信号

5.发现接触网故障,需要机车临时降弓通过时手信号

发现接触网故障,需要机车临时降弓通过时,发现的人员应在规定地点显示降弓、升弓手信号。

(1)降弓手信号

昼间——左臂垂直高举,右臂前伸并左右水平重复摇动;夜间——白色灯光上下左右重复摇动,如图 3-54 所示。

(2)升弓手信号

昼间——左臂垂直高举,右臂前伸并上下重复摇动;夜间——白色灯光作圆形转动,如图 3-55 所示。

(a) (b)

图 3-54 降弓手信号

(a)

(b)

图 3-55 升弓手信号

技能训练

轨道交通企业信号装置现场认知

(1)到已开通运营的城市轨道交通地面、高架或地下车站认知道岔电动转辙机、信号机、轨道电路等信号基础设备。

(2)到已开通运营的城市轨道交通车辆段认知道岔电动转辙机、信号机、轨道电路等信号设备。

(3)到已开通运营的轨道交通车站和车辆段辨识各类信号表示器和信号标志。

检查与评价

任务评价见表 3-6。

表 3-6　任务评价

项目三任务 2　固定信号和移动信号运用		自我评价	小组评价	教师评价	综合得分
姓　　名					
组　　别					
组员姓名					
知识技能评价	1.能看图说明城市轨道交通正线信号机的设置和显示； 2.能绘制说明城市轨道交通和铁路车站进站信号机的设置和显示； 3.能绘制说明城市轨道交通和铁路车站出站信号机的设置和显示； 4.能了解自动闭塞区间通过信号机的设置； 5.能辨识各类信号表示器显示方式； 6.能辨识各类信号标志				
方法能力评价	1.具有根据资讯进行分析推理、归纳总结、建构轨道交通固定信号和移动信号知识架构的自学能力； 2.具有城市轨道交通信号显示前沿技术综合使用能力				
思政评价	1.理解轨道交通信号显示具备指示列车运行或调车车列动车的行车命令性质的安全意识； 2.具备分析比较城市轨道交通和铁路信号差异的思维方法				

反馈与改进

通过检查与评价得到反馈，进行反思，并撰写实训指导手册的任务总结报告。

记录人		时间	
总结报告	请阐述任务评价反馈后，对固定信号和移动信号运用任务实施过程的体会		

完善与拓展

(1)读者可通过图 3-16 所示的“视野拓展”模块学习拓展内容。

(2)了解高速铁路进站、出站和通过信号机等固定信号机的设置和显示。

巩固与提高

一、赛中学

可利用全国职业院校技能大赛高职组“城轨智能运输(赛项编号:GZ071)”竞赛平台,进行竞赛内容——运营工作准备,模拟实训以下内容:

“车控室设备状态检查”:眼看手指联锁区内每一个道岔、信号机及计轴区段。

二、思考与提高

(1)信号显示有何作用及有哪些技术要求?

(2)进站信号机有哪些显示?分别表示什么含义?一般设置在什么位置?

(3)出站信号机有哪些显示?分别表示什么含义?设置在什么位置?

(4)通过信号机有哪些显示?分别表示什么含义?通过信号机是怎样编号的?

(5)调车信号机有哪些显示?分别表示什么含义?一般设置在什么位置?

(6)在城市轨道交通线路平面布置图中怎样给信号机编号?

(7)在城际轨道交通铁路车站信号平面布置图中怎样给各类信号机编号?

(8)连挂作业完了,给列车的手信号指示是怎么做的?试拉信号呢?

(9)提醒列车减速的移动信号应怎样操作?

(10)试讨论归纳信号的昼间显示和夜间显示的不同。

任务 3 车站联锁设备的运用

情境导入

列车冒进信号险性事故

如图 3-56 所示,1209 次列车以 ATO(automatic train operation,列车自动驾驶)驾驶模式到达 XL 站 1 道停稳自动开门后,到达司机发现显示屏没有列车自动折返符号和 AR 灯不亮,立即报告行调。行调立即要求到达司机在列车正点开车前提前 1 min 关客室门以作好故障的处理和换室的准备,到达司机随即通过司机室对讲装置通知了 1210 次接班司机列车自动折返功能故障,行调同意提前 1 min 关门和采用 RM 模式出站。

列车关门时,接班司机正在填写车辆状态卡,待后室司机关了主控钥匙且过了 30 s 后,接班司机才开启本端司机室主控钥匙,列车立即出现紧急制动,经按压人工驾驶 RM 按钮后列车恢复正常。匆忙中接班司机启动列车,此时 S111 信号机显示红灯,车站发现司机臆测行车,立即按压紧急停车按钮,列车紧急制动后已越出 S111 信号机并压上 W123。

报行调同意后 1210 次列车退回 1 道,在 S111 信号机显示绿灯后从车站开车。

这起事故暴露了信号设备故障情况下的应急处置问题,请大家思考:

(1)轨道交通车站每天办理大量的列车出站、进站作业,列车进站、出站和站内运行的进路安全是如何得到保证的?

(2)正常情况下列车凭信号动车,那么信号机的显示与列车运行有什么联系呢?

这些与本任务学习的车站联锁设备的功能有关。

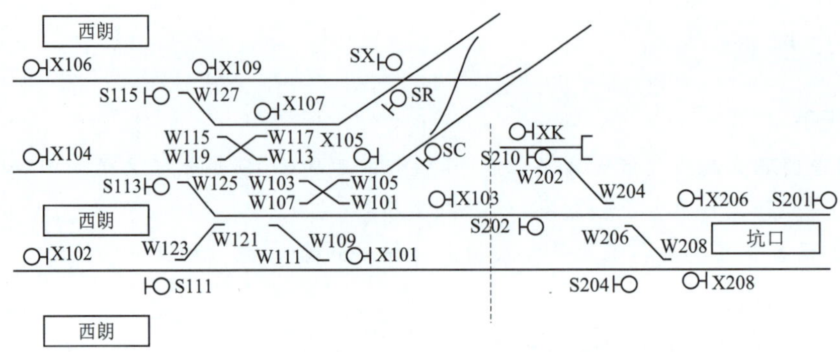

图 3-56　列车冒进 S111 信号险性事故

学习目标

技能目标

(1)能按规定办理接车进路、发车进路和通过列车进路。

(2)能正确解锁接车进路、发车进路、通过列车进路。

(3)能清楚表达办理列车进路作业关键环节。

(4)能根据相关资讯进行分析、推理和归纳,并建构轨道交通联锁设备运用知识架构。

知识目标

(1)了解继电器、轨道电路工作原理及道岔开通位置。

(2)清楚表达联锁的含义。

(3)清楚表达接车进路、发车进路、通过进路、调车进路等专业词汇。

(4)辨析接车进路、发车进路、通过进路的起始点。

(5)掌握办理列车进路和解锁列车进路的要点及关键事项。

素质目标

(1)具备运输生产安全意识,运用联锁设备办理进路时,能遵循“严谨细致、安全高效”的工作原则。

(2)办理列车进路及进行接发列车作业时,能遵守“统一指挥、逐级负责”的行车组织原则,岗位协作顺畅。

(3)具备严格遵循行业标准《接发列车作业》和《车机联控标准》进行车站接(通过)、发列车的标准化作业意识。

任务作业单

为完成以上技能、知识和素质目标,任务作业单见表 3-7。

表 3-7　任务作业单

序号	任　　务
1	辨析车站线路信号布置图的信号机设置、车站联锁按钮设置
2	运用城际铁路常见计算机联锁系统进行接发列车核心技能操作:办理进路、解锁进路、办理引导接车进路
3	运用城市轨道交通常见计算机联锁系统进行接发列车核心技能操作:办理进路、解锁进路、办理引导接车进路等

学习地图

读者自主学习参考智慧职教 MOOC 学院平台国家级精品在线开放课程“轨道交通运输设备运用”项目三任务 3 车站连锁设备的运用，课程学习地图如图 3-57 所示。

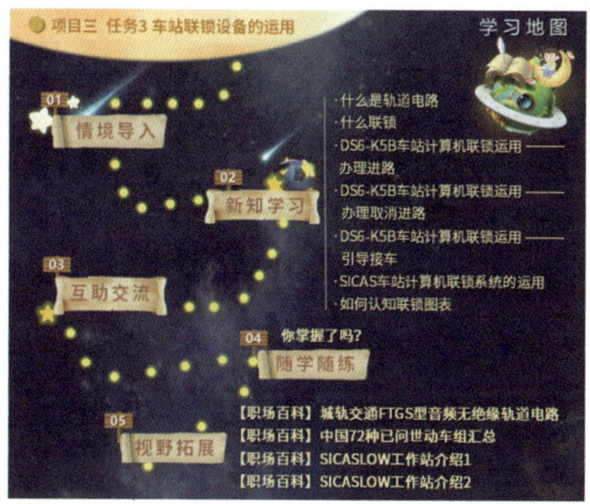

图 3-57 MOOC 课程学习地图

自学资讯

1. 本任务的两种自学方式

(1)在图 3-57 中的“新知学习”模块学习。

(2)扫描二维码学习。

什么是轨道电路

什么是联锁

DS6-K5B车站计算机联锁系统的运用——办理进路

DS6-K5B车站计算机联锁系统的运用——办理取消进路

DS6-K5B车站计算机联锁系统的运用——引导接车

SICAS车站计算机联锁系统的运用

如何认知联锁图表

2. 重要知识点

(1)联锁基础设备。

(2)联锁的含义。

(3)城际轨道交通计算机联锁系统。

(4)城市轨道交通计算机联锁系统。

(5)联锁图表。

(6)运用城际铁路计算机联锁系统 TYJL-Ⅱ进行接发列车核心技能操作。

(7)运用城市轨道交通计算机联锁系统 SICAS 进行接发列车核心技能操作。

计划与决策

(1)根据不同的计算机联锁类型，分别依据城市轨道交通和城际轨道交通运输生产作业情境和作业流程，进行岗位分工，明确各岗位工作职责，完成任务实施计划。

(2)形成决策意见，包括所需工具(信号布置示意图)以及实训操作相关注意事项(记录下小组讨论的需要注意的点)。

任务实施

以小组为单位，在本书配套实训指导手册完成以下训练。

（1）辨析车站线路信号布置图的信号机设置、车站联锁按钮设置；

（2）运用城际铁路常见计算机联锁系统 TYJL-Ⅱ进行接发列车核心技能操作：办理进路、取消进路、办理引导接车进路，见“技能训练一”；

（3）运用城市轨道交通常见计算机联锁系统 SICAS 进行接发列车核心技能操作：办理进路、取消进路、办理引导接车进路，见“技能训练二”。

相关知识

一、联锁基础设备

城市轨道交通信号系统由行车指挥和列车运行控制设备组成，并应设置故障监测和报警设备。信号系统应满足地铁行车组织和运营管理的需要，满足地铁大运量、高密度行车、不同列车编组和行车交路的运营要求。

传统意义上城市轨道交通显示信号与实现通信的设备包括信号、联锁、闭塞、通信等设备。联锁基础设备包括继电器、轨道电路、计轴器、道岔转辙机等。

1. 继电器

继电器是自动控制中常用的电器设备，用于接通或断开电路，以实现自动控制和远程控制电路。在城市轨道交通信号系统中广泛使用各种继电器，来控制道岔的转换、信号机的开放和关闭、进路的锁闭及解锁。

根据继电器的动作原理分为电磁继电器和感应继电器；按动作电流分为直流继电器和交流继电器；按动作时间分为正常动作和缓动作继电器；按可靠程度分为安全型和非安全型继电器。最基本的继电器是直流无极继电器。

直流无极继电器如图 3-58 所示：当电流通过线圈时，铁芯吸动衔铁，使推杆向上移动，带动中簧片断开后接点，而与前接点闭合；当电流减少到一定数值或切断时，铁芯失磁，衔铁自行释放，使推杆下降，中簧片断开前接点，而与后接点闭合。

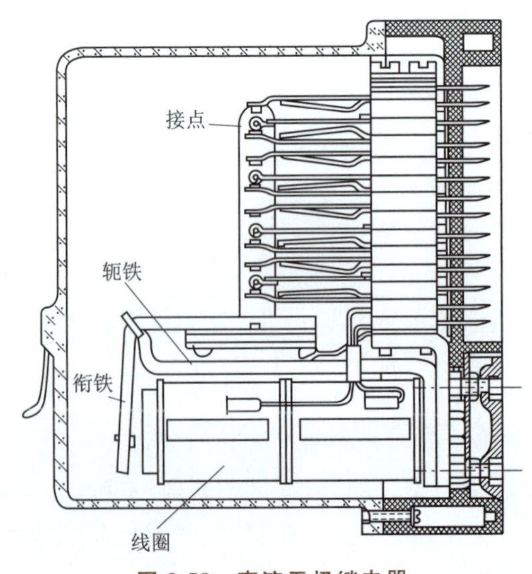

图 3-58　直流无极继电器

应用原理：继电器线圈没电时，铁芯失磁，中簧片与后接点闭合，使信号灯电路接通红灯，则红灯亮，如图 3-59 所示；继电器线圈有电时，铁芯吸动衔铁，中簧片与前接点闭合，使信号灯电路接通绿灯，则绿灯亮，如图 3-60 所示。

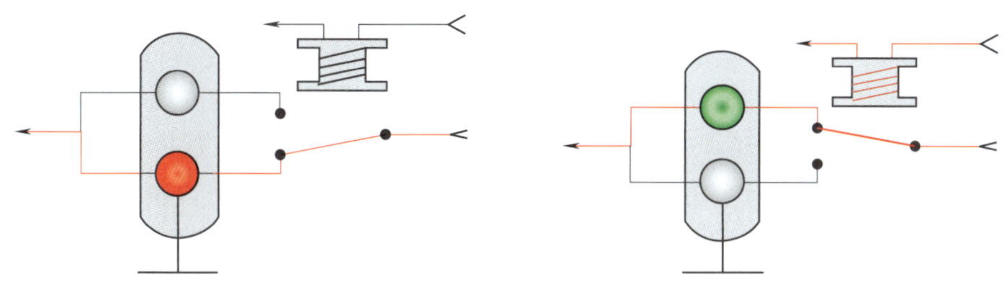

图 3-59　继电器无电失磁红灯亮　　　　**图 3-60　继电器有电励磁绿灯亮**

2. 轨道电路

(1)轨道电路的含义

轨道电路是利用轨道的两条钢轨作为导体，两端加以机械绝缘或电气绝缘，接上送电和受电设备，使电流在轨道的一定范围内流通而构成闭合电气回路，如图 3-61 所示。轨道电路示意图如图 3-62 所示。

图 3-61　轨道电路的轨端接续线

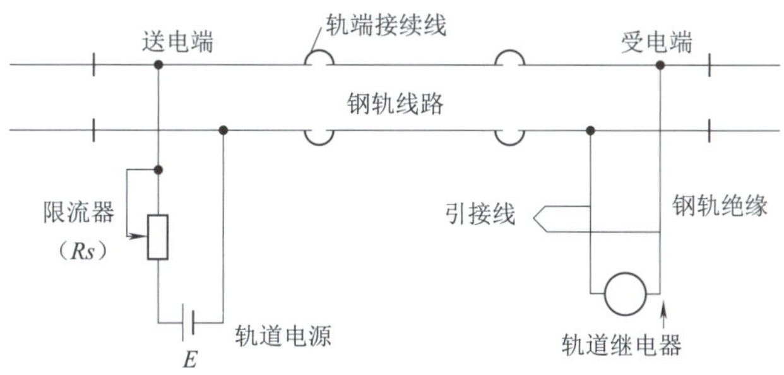

图 3-62　轨道电路示意图

(2)轨道电路的组成

轨道电路一般由钢轨、钢轨绝缘、钢轨接续线、引接线、送电设备、受电设备等组成。钢轨主要用于传送电信息；绝缘节用于划分各轨道区段；轨端接续线和引接线用于保持电信息延续；轨道继电器用于反映轨道的状况。

（3）轨道电路的作用

①可以检查和监督股道是否被占用；

②可以检查和监督道岔区段有无机车车辆通过，锁闭被占用道岔区段的道岔；

③检查和监督轨道上的钢轨是否完好；

④传输不同的信息，使信号机根据所防护区段及前方邻近区段被占用情况的变化而变换显示。例如音频数字编码轨道电路中传送的行车信息，为 ATC 系统直接提供控制列车运行所需要的前行列车位置、运行前方信号机状态和线路条件等有关信息，以决定列车运行的目标速度，控制列车在当前运行速度下是否停车或减速。对于 ATC 系统来说，带有编码信息的轨道电路是其车地之间传输信息的通道之一。

（4）轨道电路的基本原理

轨道电路的基本原理如图 3-63 所示。当列车或调车车列未占用轨道电路，即线路空闲时，电流流过钢轨，使轨道继电器保持吸起，该状态称为轨道电路的调整状态。可用轨道继电器的前接点接通表示轨道电路空闲；当列车或调车车列进入轨道电路，即线路被占用时，电流通过轮对分流，使流过轨道继电器的电流大大减小，低于轨道继电器的落下值，使轨道继电器落下，该状态称为轨道电路的分路状态，可用轨道继电器的后接点断开来关闭信号机。因此，轨道继电器监督轨道电路的工作状态，轨道继电器的接点成为控制信号的主要条件之一。

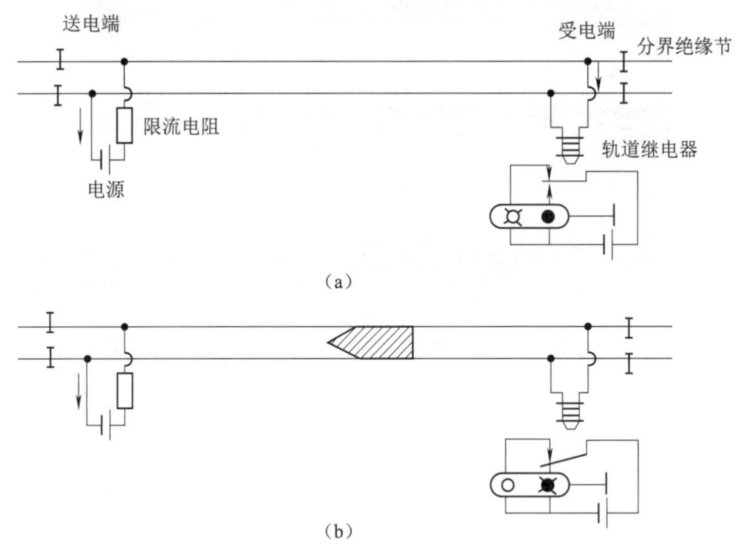

图 3-63　轨道电路的基本原理

对于城市轨道交通线路，轨道电路不仅用来检测列车是否占用，更重要的是传输 ATP 信息。除了车辆段可采用 50 Hz 相敏轨道电路外，正线需要采用音频轨道电路；同时为便于牵引电流流通，提高线路性能和方便维修，音频轨道电路是无绝缘的轨道电路。音频无绝缘轨道电路具有检测列车占用和传递 ATP/ATO 信息两个功能。

常见的城市轨道交通音频无绝缘轨道电路 FTGS 型轨道电路，是报文式数字编码轨道电路。FTGS 轨道电路用于检测轨道电路的占用状态，并发送 ATP 报文。当区段空闲时，由室内发送设备传来移频键控信号，通过轨旁单元在轨道电路始端馈入轨道，并由轨道电路终端接收传至室内接收设备，经过信号鉴别判断（幅值计算、调制检验、编码检验），完成轨道区段的空闲检测。当接收器计算出接收的轨道电压的幅值足够高，并且解调器鉴别到发送的编码调制正确时，接收器产生一个“轨道空闲”状态信息，这时轨道继电器吸起表示“轨道空闲”。列车占用时，由于车辆轮对分路，降低了终端接收电压，以致接收器不再响应，轨道继电器达不到相应的响应值而落下，发出一个“轨道占用”状态信息。当轨道区段被占用时，发送器将 ATP 报文送入轨道，供车上接收。

报文式数字编码从 ATP 轨旁设备向 ATP 车载设备传输。电码有效长度 136 位，包括车站停车点、下一个轨道电路的制动曲线、运行方向、开门、入口速度、允许速度、紧急停车、限速区段速度、目标速度、目标距离、当前轨道电路识别、下一个轨道电路识别、轨道电路长度、下一个轨道电路的坡度、下一个轨道电路的频率等信息。

FTGS 轨道电路由室内设备和室外设备两部分组成，如图 3-64 所示。每段轨道电路之间由 S 棒隔开，不需要绝缘节。

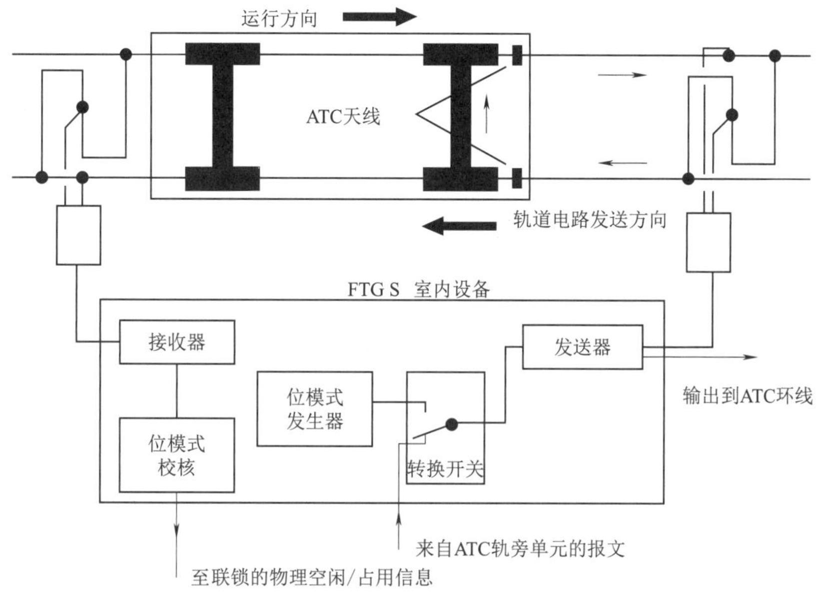

图 3-64　FTGS 轨道电路组成

室内设备主要是发送器和接收器，室外设备为耦合单元和 S 棒。发送器和接收器被集中安装在控制室内，从控制室到轨道区段的最大距离可达 6 km。室外设备有电气绝缘节和轨旁盒；室内、外设备通过电缆连接；发送电缆和接收电缆分开使用，排除了由于芯线的接触而引起的电气干扰。

(5)轨道电路的分类

①按动作电源分：直流轨道电路(已经淘汰)和交流轨道电路(低频 300 Hz 以下，音频 300～3 000 Hz，高频 10～40 kHz)。

②按工作方式分：开路式和闭路式(广泛使用)。

③按所传送的电流特性分：连续式、脉冲式、计数电码式、频率电码式、数字编码式。

④按分割方式分：有绝缘轨道电路、无绝缘轨道电路(电气隔离式、自然衰耗式、强制衰耗式)。

⑤按所处的位置分：站内轨道电路、区间轨道电路。

⑥按轨道电路内有无道岔分：无岔轨道电路、道岔轨道电路。

⑦按适用的区段分：电化区段、非电化区段。

⑧按通道分：双轨条、单轨条。

(6)站内轨道电路区段的划分和命名

①轨道电路区段划分的原则。

a. 有信号机的地方，必须装钢轨绝缘，即信号机的内外方应划分为不同的区段。

b. 凡是能平行运行的进路，其间应设钢轨绝缘把它们隔开，如渡线上的钢轨绝缘。

c. 在一个轨道电路区段内，包括道岔的数目原则上不超过三组。因包括道岔过多，轨道电路不易调整。

d. 有时为了提高咽喉利用效率，把轨道电路区段适当划短，使道岔能及时解锁，立即排列别的进路。

②轨道电路区段的命名。

道岔区段是根据道岔编号来命名的，如 1DG、3DG，包含两组道岔的 7～9DG、13～19DG。如果包括三组道岔，则以两端的道岔号码命名，如图 3-65 所示的 11～27DG，包含 11、23、27 三组道岔。

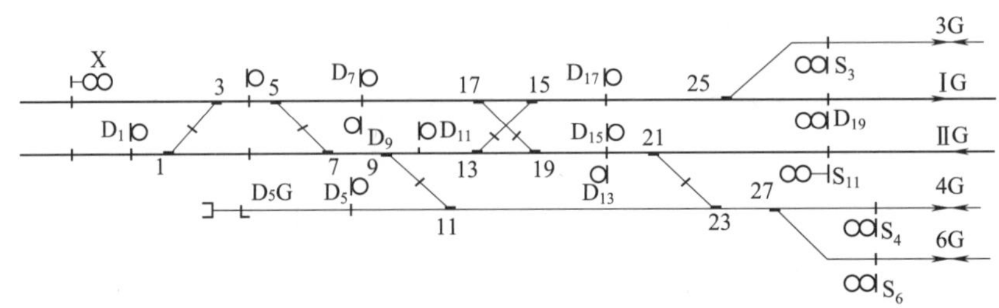

图 3-65 轨道电路区段

无岔区段存在于股道、进站信号机内方、双线发车口、半自动闭塞区间进站信号机外方的接近区段、差置调车信号机之间、尽头线调车信号机外方的接近区段等处。

无岔区段的命名有不同的情况。对于股道，以股道号命名，如 IG、IIG。进站信号机内方及双线发车口的无岔区段，根据所衔接的股道编号加上 A(下行)及 B(上行)来表示。牵出线、机待线、机车出段线、调车线、岔线入口和其他用途的尽头线处调车信号机外方设接近区段，用来保证信号开放后机车车辆接近时完成接近锁闭。还能帮助车站值班员及时了解上述线路是否留有机车车辆或调车车列的接近情况以及早采取措施(如尽快开放信号等)提高作业效率。该接近区段的编号是在调车信号机名称后加 G 来表示的，如 D2G、D20G。

3.计轴器

作为检查区段的安全设备，计轴器作用和轨道电路等效。在采用基于通信的列车运行控制系统(Communication Based Train Control System，CBTC)的城市轨道交通线路，当无线传输设备发生故障，可用计轴器检查列车的位置，构成“降级”信号。

(1)计轴器的组成

计轴器由室内设备和室外设备两部分组成，如图 3-65 所示。室外设备有轮轴传感器(或称磁头)K1、K2 和电子连接箱，如图 3-66～图 3-69 所示；室内设备有运算器、继电器等，或采用微型计算机构成计轴器主机系统 ACE。室外设备和室内设备通过传输线路——专用计轴电缆相连接。

计轴设备分为以下部分：

①计轴点，包括传感器和电气连接箱，主要用于产生车轴脉冲。轮轴传感器又称磁头，为变耦合式电磁有源传感器，设有发送线圈和接收线圈，如图 3-69 和图 3-70 所示为计轴磁头发

射端和计轴磁头接收端，利用车轮铁磁体改变二者之间耦合关系，使电感或互感在车轮通过时发生变化，而产生轮轴信号。

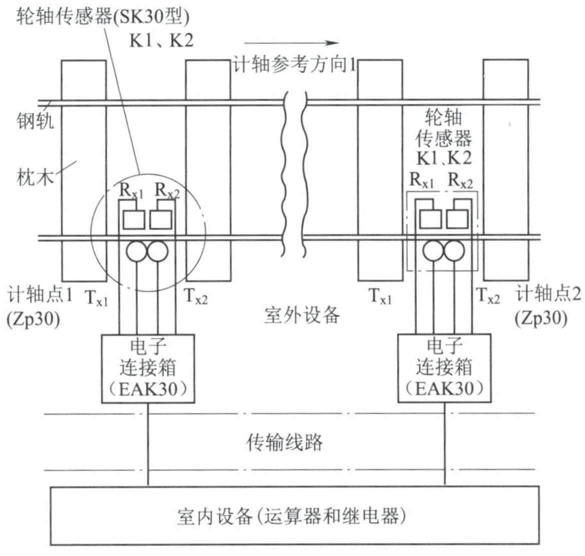

图 3-66　计轴器的组成

图 3-67　计轴磁头

图 3-68　计轴轨旁电子单元

图 3-69　计轴磁头发射端

图 3-70　计轴磁头接收端

②信息传输部分，用来传递信息。

③计数部分，包括计数、比较、监督、表示等装置，对计轴点产生的车轴脉冲进行计数和确定列车运行方向，比较计轴点入口和出口所记轴数及记录计数结果。

④电源，提供可靠的供电。

(2)计轴点的设置

对于无岔区段，在其两端各设一个计轴点，如图 3-71(a)所示。对于数个无岔区段构成的带形区段，其计轴点的设置如图 3-71(b)所示。

对于道岔区段，在其岔前、岔后直向和岔后侧向各设一个计轴点，如图 3-71(a)所示。对于交叉点，其计轴点的设置如图 3-71(b)所示。对于交叉渡线，其计轴点的设置如图 3-71(c)所示。

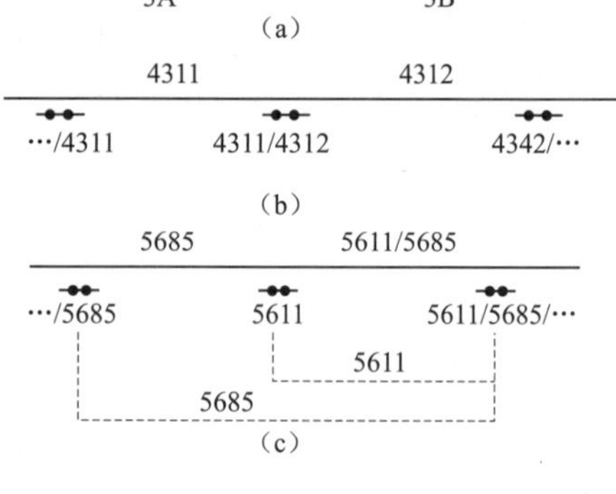

图 3-71　无岔计轴区段

4.道岔转辙机

道岔的转换和锁闭直接关系行车安全。转辙机是转辙装置的核心和主体，除转辙机本身外，还包括各类杆件、安装装置，交流转辙机还包括外锁闭装置，它们共同完成道岔的转换和锁闭。

(1)道岔转辙机的作用

①转换道岔的位置，根据需要转换至定位或反位。

②道岔转至所需位置而且密贴后，实现锁闭，防止外力转换道岔。

③正确地反映道岔的实际位置，道岔的尖轨与基本轨密贴后，给出相应的表示。

④道岔被挤或因故处于“四开”(两侧尖轨均不密贴)位置时，及时给出报警及表示。

(2)对道岔转辙机的基本要求

①有足够的拉力，带动尖轨作直线往返运动；当尖轨受阻不能动到底时，应随时通过操纵使尖轨恢复原位。

②作为锁闭器，当尖轨和基本轨不密贴时，不应进行锁闭；一旦锁闭，应保证不至因车通过道岔时的震动而错误解锁。

③作为监督器，应能正确反映道岔的状态。

④道岔被挤后，在未修复前不应再使道岔转换。

(3)转辙机的分类

按动作能源和传动方式分为电动转辙机、电动液压转辙机和电空转辙机；按供电电源种类分为直流转辙机和交流转辙机，常用的 ZD6 型电动转辙机就是直流转辙机；按动作速度分为普通转辙机(转换道岔时间 3.6 s 以上)和快动转辙机(转换道岔时间 0.8 s 以下)；按锁闭方式分为内锁闭转辙机和外锁闭转辙机，ZD6 型等大多数内锁闭转辙机依靠转辙机内的锁闭装置锁闭道岔，交流道岔采用外锁闭方式，依靠转辙机外的锁闭装置锁闭道岔，将尖轨直接锁闭于基本轨，锁闭可靠程度相对较高。

(4)转辙机的设置

城市轨道交通正线一般采用 9 号、12 号道岔，车辆段一般采用 7 号或 9 号道岔，通常一组道岔由一台转辙机牵引。如果正线上采用的是 9 号或 12 号 AT 道岔，因其为弹性可弯道岔，需要两点牵引，即一组道岔需两台转辙机牵引。

(5)ZD6 系列电动转辙机

ZD6 系列电动转辙机是我国城市轨道交通使用最广泛的电动转辙机，主要由电动机、减速器、摩擦连接器、转换锁闭装置、自动开闭器、挤切连接器和移位接触器等部件组成，由动作杆和表示杆连接道岔尖轨。

电动机采用直流串激式，为电动转辙机提供动力。减速器降低转速，以变换为较大扭矩。摩擦连接器防止道岔转换过程中尖轨被阻后电机烧坏和机件受损。转换锁闭装置将转矩变换为动作杆的伸出或拉入运动，牵引尖轨，完成道岔的转换和锁闭。自动开闭器反应道岔的位置，在转换过程中自动接通和断开电动机电路。

挤切连接器用以在挤岔时保护转辙机内部部件不受损害，同时向车站值班员报警，它直接与行车安全有关。正常转换道岔时，应保证不发生挤切动作。当道岔被挤，尖轨离开基本轨，将连接动作杆和转换锁闭装置的挤切销挤断，移位接触器接点断开，切断道岔表示电路，发出挤岔报警。

安全接点(又称遮断点)是为了确保维修人员安全而设的，插入手摇把，断开电动机电路才能进行维修，或人工变换道岔位置。

手摇电动转辙机时，先用钥匙打开锁，露出摇把插孔，插入手摇把，摇动转辙机使道岔转换至所需位置。

手摇道岔后虽抽出摇把，但安全接点被断开，转辙机电路也被断开，如图 3-72 所示。此时必须由电务维修人员打开机盖，合上安全接点，转辙机电路才能恢复正常。遇有多动道岔和多台转辙机牵引的道岔，必须摇动各台转辙机使道岔至所需位置。它们在进路控制情况下是联动的，但手摇转换时必须一一摇动。手摇把关系到行车安全，必须按规定严格管理。

图 3-72　道岔转辙机断电图

二、联锁的含义

1. 进路

城市轨道交通进路是车站和车辆段/停车场内列车或调车车列由一点运行至另一点的全部径路，分列车进路和调车进路。列车用的进路称为列车进路，调车用的进路称为调车进路。进路可包含数个轨道电路区段。

(1)列车进路

列车进路分为接车进路、发车进路和通过进路。接车进路指列车进入车站(车辆段/停车场)所经过的径路；发车进路指列车由车站(车辆段/停车场)驶出所经过的径路；通过进路指列车经正线不停车通过车站的进路，如下行通过进路由下行接车进路和下行发车进路组成。

(2)调车进路

调车进路包括短调车进路和长调车进路。短调车进路指从起始调车信号机开始，到次架阻挡信号机为止的一个单元调车进路。长调车进路是由两个以上的单元调车进路组成的进路。调车进路的长与短，不是指进路长度的长与短，而是指调车进路中，阻挡信号机是一架还是几架。

(3)敌对进路

同时行车会危及行车安全的任意两条进路是敌对进路，敌对进路必须相互照查，不得同时开通。下列进路规定为敌对进路：

①同一线路上对向的列车进路与列车进路；

②同一线路上对向的列车进路与调车进路；

③同一咽喉区内对向重叠的列车进路；

④同一咽喉区内对向重叠的或顺向重叠的列车进路与调车进路，顺向重叠进路指两条方向相同、互相间有部分或全部重合的进路；

⑤同一咽喉区内对向重叠的调车进路；

⑥防护进路的信号机设在侵限绝缘节处禁止同时开通的进路。侵限绝缘节是指设置的绝缘节位置距道岔警冲标不足 3.5 m 的绝缘。当侵限绝缘节一边停有车辆，侵限另一侧有车驶过时，有可能发生车辆侧面冲撞，因此要进行检查。

(4)进路的锁闭和解锁

进路锁闭，指进路上所有的道岔被锁住，不能转换。进路解锁，即解除进路上道岔的锁闭，允许转换。

①进路的锁闭。

进路有建立和未建立两种状态。进路建立，即进路排列且处于锁闭状态；进路未建立，即进路未排列，其在解锁状态。

进路的锁闭是为实现联锁关系而将所排进路上的各道岔限制于规定位置。联锁以道岔区段为主要锁闭对象，进路的锁闭即由构成该进路的各道岔区段的锁闭组成。故进路锁闭的实质是对进路上各道岔的锁闭。根据道岔的锁闭情况，可分为进路锁闭、区段锁闭、人工锁闭。

进路排出后该进路上各区段的道岔锁闭在规定位置，即为进路锁闭；道岔区段有车占用时道岔不能转换，即为区段锁闭；人工锁闭则指利用操纵设备(如单独锁闭按钮)断开道岔控制电路或用转辙机安全接点断开启动电路的单独锁闭。

在故障情况下，道岔区段被锁闭即为故障锁闭。例如，列车通过进路后因轨道电路故障使个别区段未解锁，或轨道电路停电恢复后引起的区段锁闭，或维修时更换继电器引起的区段锁闭等。

集中操纵的道岔受上列任一种方式锁闭时，应保证当机车车辆通过时，道岔均不转换。

②进路锁闭和接近锁闭。

进路的锁闭按时机分为进路锁闭和接近锁闭。进路锁闭(又称预先锁闭)在进路选通、有关联锁条件具备时构成，此时列车或调车车列尚未占用该进路的接近区段；接近锁闭(又称完全锁闭)在信号开放后接近区段有车占用时构成。

对于列车进路，接近锁闭须持续到进路第一轨道区段自动解锁或人工解锁。当无接近区段时，信号开放后即构成接近锁闭。设接近锁闭的作用是为了防止列车或调车车列接近后信号突然关闭而停不住冒进信号时，进路上道岔有可能转换以致发生挤岔或进异线而危及行车安全。另外，如此时进路不经延时立即解锁，其他与进路相抵触的进路也可能建立，危及行车安全。

列车及调车进路，应设接近锁闭，其接近区段(应有足够的长度)应符合如下规定：

a. 接车进路的接近区段一般为信号机前方的轨道区段。有时候根据设计需要有多个轨道区段；

b. 发车进路的接近区段为发车线；

c. 调车进路的接近区段为信号机前方的轨道区段，当信号机前方未设轨道电路时，信号开放即构成进路的接近锁闭。

③进路的解锁。

进路解锁指解除对进路的锁闭。进路的解锁也是构成该进路的各区段的解锁。按不同情况，进路的解锁分为正常解锁、取消解锁、人工解锁、调车中途返回解锁和故障解锁。

a. 正常解锁。

进路的正常解锁指列车或调车车列驶入被锁闭的进路使防护该进路的信号机自动关闭，在顺序出清进路上各道岔区段后，各道岔区段自动解锁。一般采用逐段解锁的方式，即多次分段解锁，车列出清一段解锁一段。这样可以充分发挥咽喉道岔的利用率，缩短两项作业间的间隔时间，提高咽喉区的通过能力和调车作业效率。进路正常解锁必须得到列车或调车车列确实进入该进路而使信号关闭，并占用和出清了进路上的各道岔区段的证明后方可进行。

作为车曾占用过和已出清道岔区段的证明，采用三点检查法来解锁道岔最为安全，在集中联锁中普遍采用。

三点检查法，就是用三个区段的轨道电路作为解锁的检查条件，指在解锁某区段时，必须证实列车或调车车列曾占用相邻的前一区段，再占用并出清本区段，而且又占用相邻的后一区段。列车进路解锁原则上应满足三点检查。

调车进路的正常解锁一般也要三点检查，但在无岔区段上留有车辆向外调车时，只能实现两点检查。

b. 取消解锁。

当信号机开放后，列车或调车车列尚未接近时，即进路处于预先锁闭状态，有可能未占用就要办理解锁，如试验电路时办理的进路，或进路建立后欲变更进路，或因故不再办理，都需要取消已建立的进路。取消解锁不应延时。

c. 人工解锁。

进路完成接近锁闭后，即列车或调车车辆占用进路的接近区段时，应保证不因进路上任一区段故障而导致进路错误解锁，必须办理人工延时解锁(简称人工解锁)。

办理人工解锁手续后信号关闭，进路自动延时解锁。接车进路及有通过列车的正线发车进路人工解锁延时 3 min。之所以延时 3 min，是为了防止因信号故障关闭(如熔丝断丝、电路断线或轨道电路故障)或改变进路时，已运行在接近区段的列车看不见突然关闭的信号，或虽看见信号关闭但不能保证停于机外，而冒进信号造成危险。调车进路和站线发车进路因车速较低，故只延时 30 s 就解锁。

进路的人工解锁应具备以下条件：信号机开放后列车或调车车列已驶入接近区段；防护该进路的信号机必须随办理人工解锁手续而关闭；在整个延时过程中必须证明车未冒进信号。

因此列车或调车车列驶入接近区段时欲解锁进路，就不能用取消的方法，而必须施行人工解锁。在人工解锁过程中必须证明车始终未冒进信号才允许解锁。因此在延时时间内要始终监视列车和调车车列是否冒进信号机。若冒进，进路不能解锁。此时应让车退出信号机内方，重新办理人工解锁，必要时将列车引导进站。

正线发车进路也是延时 3 min。到发线发车进路和调车进路延时到 30 s，在延时过程中点亮的是 30 s 人工解锁表示灯。

通过进路的接近区段有车占用时欲解锁，接车进路按人工解锁方式延时解锁，发车进路因其接近区段无车占用采用取消方式解锁。长调车进路其接近区段有车占用时，组成该长调车进路的第一条单元调车进路按人工解锁方式延时解锁，其他各条因接近区段无车，用取消方式解锁。

接近区段未设轨道电路的调车信号机，进路一锁闭即构成接近锁闭，只能用人工解锁方式解锁进路。

同一咽喉不能同时办理两条进路的人工解锁，只有前一条进路延时解锁后，才能办理另一条进路的人工解锁。

④调车中途返回解锁。

调车中途返回解锁指调车中途折返时对原调车进路上不能正常解锁的区段，在调车车辆退回后也能使之自动解锁。

转线作业包括牵出和折返两个过程。为提高作业效率，调车车列牵出时往往未通过原排进路上的全部区段即按最近的反向调车信号机的显示返回。这时原牵出线可能有部分区段或全部区段未解锁，需用调车中途返回解锁使未解锁的区段解锁。

这有两种情况：一是牵出进路中有部分区段解锁，还有部分区段未解锁；二是牵出进路中的所有区段都未解锁。

咽喉区的调车信号机都有可能碰到这种情况，它的牵出进路上的不少区段要按调车中途返回解锁方式解锁。

⑤故障解锁。

进路不应锁闭而锁闭了，或该解锁而没有解锁，都叫作故障锁闭。使故障锁闭后的区段解锁称为故障解锁。信号因故关闭，不应导致锁闭的进路自动解锁。已锁闭的进路不应因轨道电路瞬间分路不良或轨道电路停电恢复而错误解锁。

轨道电路停电恢复后，已锁闭的区段应经办理故障解锁后才能解锁。这是因为轨道电路在停电恢复后因轨道继电参数不可能完全一致，吸起有先有后，当吸起顺序和列车或调车车列驶过的顺序一致时，有可能造成错误解锁。所以当轨道电路停电恢复后，须经车站值班员确认无危险因素存在时进行故障解锁。

2. 联锁

(1)联锁的含义

车站内有许多线路，它们用道岔联结着；列车和调车车列在站内运行所经过的径路，称为进路，各道岔开通不同方向可以构成不同的进路。列车和调车车列必须依据信号的开放而通过进路，即每条进路必须有相应的信号机来防护。如进路上的道岔位置不正确，或进路上有车占用，有关的信号机就不能开放；信号开放后，其所防护的进路上的道岔不能转换，进路、道岔、信号机之间的这种相互制约的关系，称为联锁关系，简称联锁。

(2)联锁的基本内容

①联锁关系的基本内容包括：防止建立会导致机车车辆相冲突的进路；必须使列车或调车车列经过的所有道岔均锁闭在与进路开通方向相符合的位置；必须使信号机的显示与所建立的进路相符。

②联锁最基本的三个技术条件。

a. 进路上各区段空闲时才能开放信号机，这是联锁最基本的条件之一。如果进路上有车占用，却开放信号，则会引起列车、调车车列与原停留车冲突。

b. 进路上有关道岔在规定位置才能开放信号，这是联锁最基本的条件之二。如果进路上有关道岔开通位置不对却能开放信号，则会引起列车、调车车列进入异线或挤坏道岔。信号开放后，其防护的进路上的有关道岔必须被锁闭在规定位置，而不能转换。

c. 敌对信号未关闭时，防护该进路的信号机不能开放，这是联锁最基本的条件之三。否则列车或调车车列可能造成正面冲突。信号开放后，与其敌对的信号也必须被锁闭在关闭状态，不能开放。

(3)城市轨道交通列车运行进路控制

列车进路由防护信号机防护，但列车在进路中的运行安全由ATP负责，这为城市轨道交通高密度行车提供了前提和安全保证。在设计中，ATP与计算机联锁功能的结合，加强了计算机联锁的功能。

列车运行进路控制采用三级控制，即控制中心控制(ATS自动控制)、远程控制终端控制和车站工作站控制。

控制中心集中控制全线的列车运行(不包括车辆段/停车场内列车的运行控制)。系统根据列车运行时刻表及列车运行状况发出列车运行控制命令，并进行自动调整。在车站设置必要的自动控制功能，控制中心故障时，转入站级控制。

①控制中心控制。

中心级控制为全自动的列车监控模式，在该模式下，列车进路设置命令由自动进路设定系统发出，其信息来源于时刻表和列车运行自动调整系统，控制中心调度员也可以人工干预，对列车运行进行调整，操作其安全相关命令，排列和取消进路。

列车自动选路是ATS的一部分，其任务是与联锁设备协同为列车运行自动排列进路。为此，进路自动排列具有这样的功能，其自动操作单元具有自动操作功能，而联锁系统根据来源于控制中心的自动进路设定系统排列进路指令，负责实际的安全排列进路。当许可校核得出否定的结果，联锁系统将向ATS回送一个相应的信息，然后由ATS重复传输相同的控制命令，直到到达规定的次数和时间。

②远程控制终端控制。

在控制中心故障或者控制中心与下级设备的通信线路故障的情况下，控制中心将无法对远程控制终端进行控制，此时系统自动转入列车自动控制的降级模式。在降级模式下，由司机在车上输入目的地码，通过列车上的车次号发送系统发出带有列车去向的车次号信息，远程控制终端自动产生进路控制命令，联锁系统根据来自远程控制终端的进路好排列进路。在这种情况下，系统不具备列车运行自动调整功能，但对于高密度的列车运行，此功能可以节省车站操作人员的大量精力。

③车站工作站控制。

在站级控制模式下，列车运行的进路控制在车站值班员工作站执行，用于远程控制终端设备故障或其与车站的通信线路故障的情况。在站级控制时，列车进路的设定完全取决于值班员的意图，值班员选择通过联锁区的预期排路。联锁控制逻辑检查进路没有被占用，并且没有建立敌对进路，然后自动排列通过联锁区的进路，锁闭进路，在所有条件满足列车安全运行后开放地面的信号机，并允许ATP将速度命令传给列车。信号机的开放表示通过联锁区的进路开通。

(4)城市轨道交通进路的特殊要求

城市轨道交通因运营的特殊性，其进路具有与铁路不同的情况，如多列车进路、追踪进路、折返进路、联锁监控区段、保护区段、侧面防护等。

①多列车进路。

进路分为单列车进路和多列车进路，这主要是因为城市轨道交通运行间隔小，车流密度大，列车运行安全由ATP保护，所以在一条进路中可能有多列列车运行。

②追踪进路。

追踪进路为联锁系统本身的一种自动排列进路的功能。列车接近信号机，占用触发区段（触发区段是指列车占用该区段时引起进路排列的区段，触发区段可能是信号机前方第1个接近区段，也可能是第2个接近区段，触发区段根据线路布置和通过能力而定）时，列车运行所要通过的进路自动排出。追踪进路排出的前提除了满足进路排出的条件外，进路防护信号机还必须具备进路追踪功能。

当一信号机被预定具有进路追踪功能时，则对规定进路的进路命令便通过接近表示自动产生。调度命令被储存，一直到信号机开放为止，接近表示将由确定的轨道区段的占用而触发。当对一信号接通自动追踪进路时，也可以执行人工操作。若接收到接近表示之前已人工排列了一条进路，则自动调用的进路被拒绝，重复排列进路也不能被储存。假如排列的进路被人工解锁，则该信号机的自动追踪进路功能便被切断。

③折返进路。

列车折返进路作为一般进路纳入进路表。通常，通过列车自动选路、追踪进路或人工排列的折返进路从指定的折返线出发。

④联锁监控区段。

铁路信号机开放必须检查所防护进路的所有区间空闲，而在装备准移动闭塞的城市轨道交通中，开放信号机前联锁设备不需要检查全部区段，只要检查部分区段，这些被检查的区段叫作联锁监控区段，即排列进路时信号机开放所必须空闲的区段，一般为信号机内方两个区段，如果监控区段内有道岔，则在最后一个道岔区段后加一区段作为监控区段。监控区段的长度，应足够满足驾驶模式的转换。

线路设有监控区段，只要监控区段空闲，防护信号机便可正常开放。列车通过监控区段后自动将运行模式转为ATO自动驾驶模式或SM模式（ATP监督人工驾驶模式），列车之间的追踪保护就由ATP来实现。

⑤保护区段。

为了保护列车的运行安全，避免列车由于某种原因不能在信号机前停住而导致事情的发生，充分考虑了列车的制动距离及线路等因素，在停车点后设置了保护区段，即始端信号机后方的一至两个区段为保护区段时，这类似铁路的延续进路。

进路可以带保护区段或不带保护区段排出。如进路短，排列进路时带保护区段，多列车进路无保护区段时，防护信号机可以正常开放。

根据设计，保护区段可以在主体信号机控制层内受到监督，也可以不在主体信号控制层内受到监督。此外，也有可能在进路排列时直接征用保护区段，或进路先排列，保护区段设置延时直至进路内的接近区段被占用。延时的保护区段设置是一种标准方式，为多列车进路内的每个列车提供保护区段条件。

当排列的运行进路无法成功进行保护区段设置或保护区段设置延时没有成功时，保护区段可稍后设置，只要到达线和指定保护区段的轨道区段空闲，并且设置保护区段的条件得以满足。

在设定的时间（预设值为30 s）截止之后，保护区段便解锁。延时解锁从保护区段、接近区段被占用时开始。在列车反方向运行的情况下，保护区段的延时解锁仍将继续。

⑥侧面防护。

城市轨道交通的正线道岔控制全部设为单动，不设双动道岔，所有的渡线道岔均按单动处理，也不设带动道岔。这些都靠采取侧面防护来防止列车的侧面冲突。

侧面防护是指为了避免其他列车从侧面进入进路，与列车发生侧向冲突，类似铁路的双动道岔和带动道岔的处理。列车进路需要侧面防护是为了保护其运行的径路安全，侧面防护由防护道岔或者通过显示红色信号来实现。

道岔为一级侧面防护，信号机为二级侧面防护。排列进路时先找一级侧面防护，再找二级侧面防护，无一级侧面防护时，则将信号机作为侧面防护。侧面防护必须检查侵限绝缘。

侧面防护的任务是，通过操作、锁定和检查邻近分歧道岔，使通向已排运行进路的所有进路均不建立。侧面防护也可通过具有停车显示和位于有侧面防护要求的运行进路方向的主体信号机来获得。在进路表中已为每一条运行进路设计了侧面防护区域。

如果采用了一个道岔的侧面防护，而道岔的实际位置和所要求的位置不一致时，则应发出一个转换道岔位置的命令。当该命令不能执行（如果道岔封锁而禁止操作）时，该操作命令被储存直至要求的终端位置达到要求为止。否则通过取消或者解锁该运行进路来取消操作命令。

排列进路时，除检查终端信号机和侧防信号机的红灯灯丝，只有这两种信号机的红灯功能完好，进路防护信号机才能开放。当要求侧面防护的运行进路解锁时，运行进路侧面防护区域也将解锁。

三、城际轨道车站计算机联锁系统

我国城际轨道交通采用的计算机联锁主要有国产的 TYJL-Ⅱ型、DS6-K5B 型、CIS-1 型计算机联锁、VPI 型、iLock 型计算机联锁和从国外引进的 SICAS 计算机联锁（德国 SIEMENS 公司研制）、MICROLOCK Ⅱ 计算机联锁（US&S 公司研制）。后两种主要用于正线。现以 TYJL-Ⅱ型计算机联锁系统为例予以介绍。

在轨道交通信号系统中，控制车站内的道岔、进路和信号机并实现它们之间的联锁关系的系统称为车站信号联锁系统，是保证站内行车安全、提高铁路运输效率、改善行车人员劳动条件、指挥列车按运行计划行车的重要技术装备。车站信号联锁系统的功能、体系结构、技术应用和操作方式等各个方面都在不断地演变和完善、发展和改革，现代的联锁系统是以色灯信号机、动力转辙机和轨道电路作为室外三大基础设备，以电气设备或电子设备实现联锁功能并采取集中控制方式对信号机和道岔进行控制的系统。

TYJL-Ⅱ型计算机联锁系统是中国铁道科学研究院集团有限公司通信信号研究所研制的，为双机热备系统，是目前我国铁路和城市轨道交通使用较多的计算机联锁系统。

1.系统主要功能

①实现联锁的基本功能；

②实现车辆段需要的特殊联锁功能；

③具有完善的自诊断功能；

④维护和远程诊断功能；

⑤实现与 ATS 系统的结合功能；

⑥具备故障弱化功能；

⑦具有较强的防雷和抗电磁干扰性能。

2.系统结构

TYJL-Ⅱ型计算机联锁系统为分布式多微机系统，主要由监控机（又称上位机）、控制台、联锁机、执表机、继电接口电路、电务维修机、电源屏和室外设备组成。系统框图如图 3-73 所示，其中监控机、联锁机、执表机均为双套，具有热备、自动切换功能。各备用的计算机构成系统与主机同步工作，备用系统可脱机，作为试验维修用。

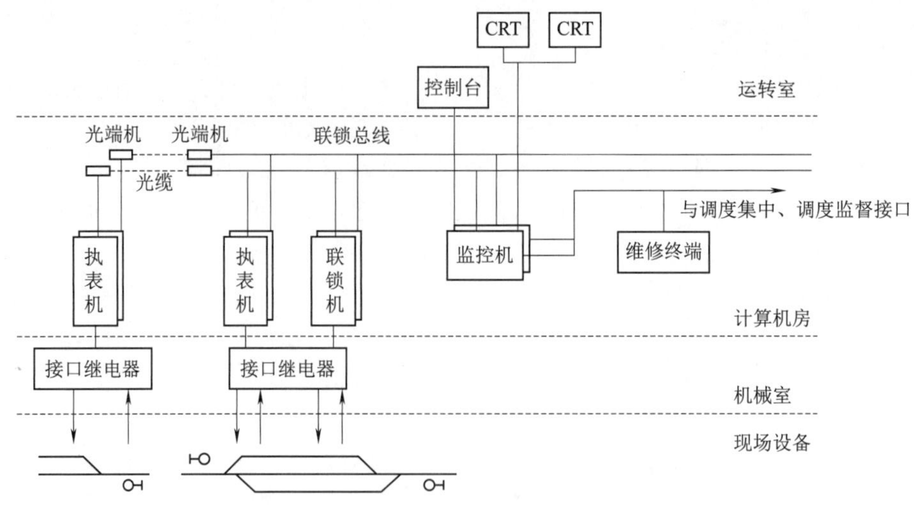

图 3-73　TYJL-Ⅱ型计算机联锁系统框图

系统（不包括现场设备）可划分为三个层次：监控机为上层，联锁机是核心层，第三层是继电接口电路。系统的上层使用通用的局域网实现各子系统之间的连接；监控机与控制台之间通过视频线等线缆和切换装置组成的专用显示和命令通道连接。监控机与联锁机、执表机之间通过专用的联锁总线实现安全信息的通信连接，联锁总线是实时的现场控制总线，是系统的核心总线。

（1）监控机

监控机是监控系统的核心，包括工业控制计算机、控制台通信卡、联锁网卡、维修网卡等，安装在计算机机房的机柜中或微机桌子上，通过引出的视频线、鼠标线、数字化仪线和语音线与车站值班员室内的控制台相连。监控机采用标准的通用工业控制计算机。系统的人机界面软件安装在监控机中，主要完成控制台屏幕显示、操作处理、进路预选、站场变化及设备工作状态记录、错误提示等功能。

监控系统是计算机联锁系统的操作界面的人机接口控制计算机，其作用为：对车站值班员的所有操作进行提示、处理并记录，接受车站值班员的有效操作命令，根据此控制命令初选进路；与联锁机的通信，向主控系统发出相应的执行命令；接收主控系统提供的站场表示信息，向车站值班员提供站场图像的实时显示；向车站值班员提供整个系统的工作状态信息、报警信息和简要的故障信息；记录系统的全部操作和运行信息；向维修机发送操作信息、站场变化信息、设备工作状况信息等信息；同 ATS 通信，为控制中心提供站场信息。

（2）控制台

控制台是系统使用的直接人机界面部分，也称 MMI，主要功能是接收控制命令信息和实现与监视控制机的通信，用于操纵道岔、进路的办理、站场图像显示，由监控机管辖。控制台将站场表示、进路状态、操作结果用彩色监视器的光带显示给操作人员，将操作人员的操作命令传输给监控机。

控制台的操作方式可根据用户要求采用，有数字化仪操作盘、鼠标操作、单元按钮控制台三种；表示有彩色监视器和单元表示盘两种。目前计算机联锁控制台，均采用多种操作并用，以防操作设备故障造成系统瘫痪。其结构有：数字化仪＋数字化仪＋显示器；数字化仪＋鼠标＋

显示器；鼠标＋鼠标＋显示器；数字化仪＋显示器＋单元块表示盘；按钮＋单元块表示盘＋提示窗（若有必要，还可加鼠标和显示器）。

（3）联锁机

联锁机的主要功能是：实现与监控机的通信调度；实现信号设备的联锁逻辑处理功能，完成进路确选、锁闭，发出开放信号和动作道岔的控制命令；采集现场信号设备状态，如轨道状态、道岔表示状态、信号机状态等；输出动态控制命令，通过动态板驱动偏极继电器，控制动作现场设备。

普通型的联锁机柜结构如图 3-74 所示，主要由电源模块、主机笼、接口板、总线切换控制盒、监控面板等组成。由上到下依次大致可分为电源层、计算机层、采集层、驱动层和零层等。执表机柜结构与联锁机柜相近。只有联锁机柜的容量不能满足车站监控对象数量的需要时，才设执表机。

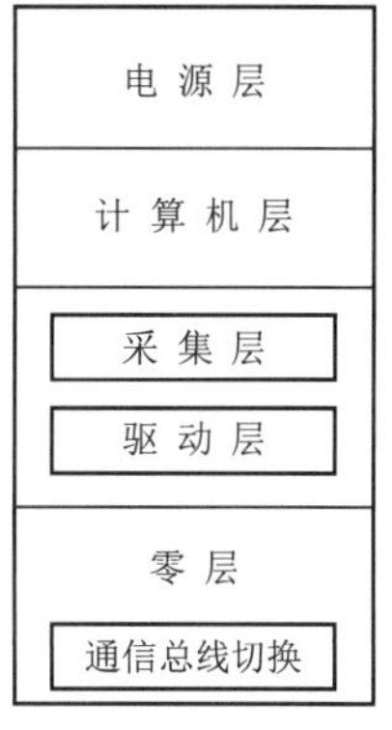

图 3-74　联锁机柜示意图

电源层主要由电源指示面板、采集电源、驱动电源和计算机电源组成。

计算机层采用工业控制计算机，其基本组成是：CPU 板、指示报警板、通信板、I/O 接口板。CPU 板是联锁系统的核心，专用操作系统和联锁软件固化在 CPU 板上，它是系统的核心软件，更是保证系统故障安全的关键软件，完成系统的调度、通信、诊断以及现场信息的采集、联锁逻辑的运算和控制命令的输出等功能，包括选路、动作道岔、锁闭进路、开放信号、关闭信号、解锁进路等关键的联锁运算。

采集层主要由采集机笼、采集板以及与计算机层和电源层联系的扁平电缆、电源线及相应的接插件等所组成，用来采集现场表示信息。采集板采用光电隔离、动态采集技术。

驱动层主要由驱动机笼、驱动板以及与计算机层和电源层联系的扁平电缆、电源线及相应的接插件等所组成。用来驱动室外信号机和转辙机。驱动板采用光电隔离、动态驱动技术。为了提高计算机联锁输出的安全可靠性，还对计算机联锁的输出进行回读。

零层位于机柜最下层，主控系统最为重要的连接线缆从这里引入和引出。上面装有联锁总线切换合、零端子和接地端子等。

①执表机。

当站场规模较大，超过联锁机的输入、输出容量时，需增设执表机。执表机除了没有联锁软件，其他情况与联锁机相同。

②接口系统。

接口系统主要由继电电路、配线和结合电路以及防护电路等组成，在机械室内，对外与现场设备相连，对内与主控系统相连。接口系统可分为两大部分，一部分是继电集中对室外设备的控制电路和表示电路（如道岔电路、信号点灯电路等），以这些电路中的相关继电器为界面进行控制和信息采集；另一部分是计算机联锁所特有的，分为采集电路、驱动电路和专用防护电路。接口电路必须符合故障—安全原则。

现场表示信息的采集是由主控系统通过对相关继电器接点的数字量采集完成的。由信息采集电路将现场的表示信息通过整形送入计算机。

输出驱动电路是直接参与控制室外信号机和电动转辙机的电路。联锁计算机输出动态脉冲驱动信息，通过输出驱动电路驱动继电器。为保证计算机联锁系统的安全输出，采用双输入动态继电器，或双输入动态驱动组合＋偏极继电器。

防护电路由强电防护插件组合、断线检查器和相应的配线规则构成，是为重雷区内增强系统雷电防护能力而设的，对电气化区段牵引电流的侵入亦有相当的防护能力。

③电务维修机。

为了方便电务维修人员更好地维护计算机联锁系统，系统中增加了电务维修机（简称维修机）。维修机通过与主备监控机连接，接收计算机联锁系统中的实时信息，储存记录系统的全部运行信息。维修机是计算机联锁系统的重要辅助设备，为维修人员提供人机界面，与其他系统的连接一般也是通过维修机实现的。

3.系统软件

计算机系统软件按系统硬件的结构划分为三个软件包：人机界面软件包、联锁软件包和辅助系统软件包。各种软件包之间由专用通信软件实现沟通。

（1）人机界面软件

人机界面软件包不涉及行车安全，主要包括按钮命令处理和进路初选软件、图像显示软件和记录、储存、打印软件，完成控制台屏幕显示、操作处理、进路初选、站场变化及设备工作状态记录、错误提示等功能，编制语言为C语言。人机界面软件安装在监控机的CPU中。

（2）联锁软件

联锁软件是系统的核心软件，更是保证系统故障安全的关键软件。它完成的联锁运算包括选路、动作道岔、锁闭进路、开放信号、关闭信号、解锁进路等。联锁软件安装在联锁机的CPU中。为提高联锁软件的可靠性和故障—安全性，系统采用双套联锁软件，在控制命令输出级进行比较。命令一致，即向外发出驱动命令。

（3）辅助系统软件。

辅助系统软件主要指维修机软件。它完成系统的记录、存储、诊断功能。辅助系统软件采用Windows操作系统编程，提供丰富和方便的信息处理手段。

4.与现场主要设备的结合

（1）与ATS系统的结合

联锁系统可与ATS设备互联，以便于向ATS中央系统提供车辆段以下信息：

进路状态——显示进路的锁闭、占用、空闲；

信号机状态——显示进段、出段、调车信号机的各种开放、关闭状态；

道岔位置——显示道岔的定位、反位、四开、挤岔状态；

轨道电路状态——显示轨道电路的占用、锁闭、空闲状态；

股道状态——显示股道的占用、空闲状态。

计算机联锁系统与车辆段ATS设备间，采用可靠的隔离措施，以确保不影响联锁设备的正常工作。

（2）与试车线设备的结合

试车线的联锁受车辆段计算机联锁设备统一控制，当需要对列车进行动态试验时，计算机联锁设备按非进路调车方式下放对试车线的控制权；试车完毕后，经试车线控制室交权，信号楼控制室重新收回对试车线的控制权，有关信号机关闭，道岔延时30 s解锁。

（3）与正线联锁设备的结合

正线车站与车辆段之间的出、入段按列车方式办理；车辆段与正线车站间的接口电路考虑出段和利用转换轨调车时的联锁敌对照查条件以及对方防护信号机的状态显示；进、出段作业（转换轨至段内停车库）按列车方式办理。

5.屏幕显示和按钮设置

（1）屏幕显示

屏幕显示按站场图形布置，平时显示的灰色光带为基本的轨道图形。

屏幕图形显示的含义如下：

①轨道区段。

平时轨道区段为粗线，当该区段的轨道继电器前、后接点校核错时为细线。

灰色光带——基本图形；

白色光带——进路在锁闭状态；

红色光带——轨道区段有车占用或故障；

绿色光带——区段出清后尚未解锁；

蓝色光带——进路初选状态；

青色光带——接通光带。

轨道绝缘，在屏幕上用竖线表示，灰色为普通绝缘，红色带圆圈为超限绝缘。

②信号机。

红色——信号关闭；

蓝色——调车信号机关闭；

绿色、黄色——信号开放；

白色——调车信号机开放；

红色、白色同时显示——引导信号开放；

红色闪光——灯丝断丝；

白色外框(方形)——信号处于封闭状态，按钮失效；

粉红色外框(圆形)闪光——信号前后接点校核错。

信号机旁平时不显示名称号，只有在信号开放、相应股道有机占(有车占用，下同)、信号前后接点校核错、灯丝断丝或办理进路时显示。

点压“信号名称”按钮可显示信号名称号。

信号名称显示的含义为：

绿色闪光——办理列车作业，始端或终端按钮按下，进路尚未排通；

黄色闪光——办理调车作业，始端或终端按钮按下，进路尚未排通；

粉红色闪光——办理总取消；

红色闪光——办理总人工解锁，正在延时解锁；

黄色——提示该信号在开放状态或相应股道有机占、信号前后接点校核错或断丝(断丝时信号复示器为红闪)；

浅灰色——办理总人工解锁时，等待输入口令；

深灰色——按下信号名称按钮，显示全部信号名称；

红色外框(方形，在名称外)——该信号机的接近轨道有机占。

③道岔。

道岔岔尖处用缺口表示道岔位置，无缺口的一侧表示道岔开通位置。当道岔无表示时，道岔岔尖处闪白色光，挤岔时岔尖闪红色光，同时出现道岔名称。点压“道岔名称”时，道岔岔心处的短绿光带表示定位，短黄光带表示反位。

道岔名称有以下含义：

黄色——道岔正在转换；

红色——道岔单独锁闭；

白色——道岔封闭；

灰色——按下道岔名称按钮，显示全部道岔名称。

道岔单独锁闭的含义是指可通过该道岔锁定位置排进路，但不能操纵；道岔封闭是指不能通过该道岔排进路，但道岔可以单独操纵。道岔封闭是专为电务人员维修道岔而设的。

(2)按钮设置

利用按压鼠标左键来实现在屏幕上按压“按钮”的功能，屏幕上设置的按钮有通用按钮及其他按钮，除信号按钮和道岔按钮外其他按钮平时都隐含在屏幕内。在屏幕空白处按压鼠标左键，屏幕上方和下方会出现功能按钮，在屏幕空白处按压鼠标右键可取消这些按钮。屏幕下方虚框为提示框。

①信号按钮。

用股道旁的列车信号机作为列车按钮，调车信号机作调车按钮。列车按钮用鼠标右键，调车按钮用左键。列车终端、调车终端、变更按钮为灰色方块。

②功能按钮。

功能按钮包括“总取消”“总人解”“道岔总定”“道岔总反”“道岔单锁”“道岔单解”“封闭”“清封闭”“区段故障解锁”“破封检查”等按钮。办理时，先点压功能按钮，屏幕上出现该功能的提示，再点压有关的道岔或信号按钮。对于铅封按钮需再按口令，点压一次功能按钮，只能有效一次。凡是按压带口令的按钮时，屏幕均有计数器记录使用次数。倒机时，该记录可自动叠加。按下破封检查按钮可依次查看各个铅封按钮的使用次数。按区段故障解锁按钮还需按压区段内的道岔按钮。

③道岔按钮。

设于道岔岔尖处的黄色圆块为道岔按钮，双动道岔两端均设有黄色圆块，屏幕上道岔岔尖处为道岔按钮，双动道岔两端均为道岔按钮，点压任意一个均可。

④上电解锁按钮。

开机或人工切换时，出现全场锁闭，只有此时才可以点压“上电解锁”按钮解锁，其他任何时候均不可按压此按钮。屏幕上平时无显示，办理时，按压鼠标左键，屏幕上显示“上电解”按钮，点压此按钮前，必须确认全场列车已停止运行，否则将可能造成迎面解锁。点压上电解锁按钮必须按照屏幕提示点压口令，使用该按钮后，应记录原因。

⑤信号名称按钮。

全场设一个，点压后屏幕上出现所有信号机名称，再点压一次显示消失。

⑥道岔名称按钮。

全场设一个，点压后屏幕上出现所有道岔名称及道岔所在位置，绿色短光带表示道岔处于定位，黄色短光带表示道岔处于反位，再点压一次显示消失。

⑦接通光带按钮。

全场设一个，点压后屏幕上沿道岔开通位置用青色光带显示，再点压一次显示消失。

⑧清提示按钮。

全场设一个，点压后可清除屏幕上提示窗口内不需要的汉字提示。

⑨清点压按钮。

对于任何已点压但尚未执行的按钮，可通过点压该按钮取消操作。

⑩区段解锁按钮(即区段故障解锁按钮)。

用于轨道区段故障修复后的区段解锁，在屏幕上显示为“区段解”按钮。只对道岔区段有效。办理区段故障解锁须确认该区段确实没有车占用，并且该区段所在进路的始端和终端均已解锁。办理时，先按“区段解”，再按相应道岔区段内的任一道岔按钮，再按口令“789”即可，以上每一步操作，屏幕提示窗口均有提示。

⑪机占按钮。

点压机占按钮和股道内的调车信号按钮，屏幕上该信号名显示，同时名称外套上红色方框，表示该信号对应股道的该信号一侧有机车占用股道，再次办理机占时，该信号名和外框消失，表示机占清除。有机占时，不允许向该股道排列进路。

四、城市轨道交通车站计算机联锁系统

城市轨道交通 SICAS 车站计算机联锁系统是由德国西门子 SIEMENS 公司研制，采用 SICAS 车站计算机联锁系统线路有道岔且有联锁设备的车站称为联锁站，其车站联锁设备操作界面为计算机联锁区域操作员工作站(local operator workstation，LOW)工作站。

城市轨道交通 SICAS 车站计算机联锁系统的运用主要包括在 LOW 联锁工作站上对车站、联锁区、轨道区段、信号机、道岔等的操作。

1. 在联锁工作站上对车站的操作

关闭车站所有信号机。

2. 在联锁工作站上对联锁区的操作

在联锁工作站上对联锁区可执行表 3-8 的命令。

表 3-8　联锁工作站上对联锁区命令

命令	命　令　含　义	命令类型
自排全开	将全部信号机设置为自动排列进路状态	R
自排全关	将全部信号机设置为人工排列进路状态	R
追踪全开	将全部信号机设置为联锁自动排列进路状态	R
追踪全关	将全部信号机设置为取消联锁自动排列进路状态	R
关区信号	关闭并封锁联锁区全部信号机	R
交出控制	向控制中心交出控制权	R
接收控制	从控制中心接收控制权	R
强行站控	车站强行从 OCC 取得控制权	K
重启令解	系统重启动，解除全部命令的锁闭	K
全区逻空	将本联锁区全部轨道区段设置为逻辑空闲	K

只有在联锁工作站上执行了“交出控制”操作，控制中心(ATS)才可以执行“接收控制”，从而取得控制权，并可以对联锁进行一些常规命令的操作。但在故障的情况下，不需要在联锁工作站执行“交出控制”操作，联锁工作站的控制权可以自动切换到控制中心(ATS)操作。命令类型中 R 指常规命令；K 指安全相关命令；W 指维修用命令。

3. 在联锁工作站上对轨道区段的操作

（1）在联锁工作站上对轨道区段可执行表 3-9 的命令

表 3-9 联锁工作站上对轨道区段命令

命令按钮	命令含义	命令类型
封锁区段	禁止通过该区段排列进路	R
解封区段	允许通过该区段排列进路	K
强解区段	解锁进路中的该区段	K
轨区逻空	把区段设为逻辑空闲	K
轨区设限	设置轨道区段的限速	K
轨区消限	取消轨道区段的限速	K
终止站停	取消运营停车点	R
换上至下	改变列车运行方向由上行至下行	R
换下至上	改变列车运行方向由下行至上行	R
自动折返	实行列车自动折返	R

（2）轨道区段在 LOW 上的显示

轨道区段在 LOW 上的显示如图 3-75 所示。

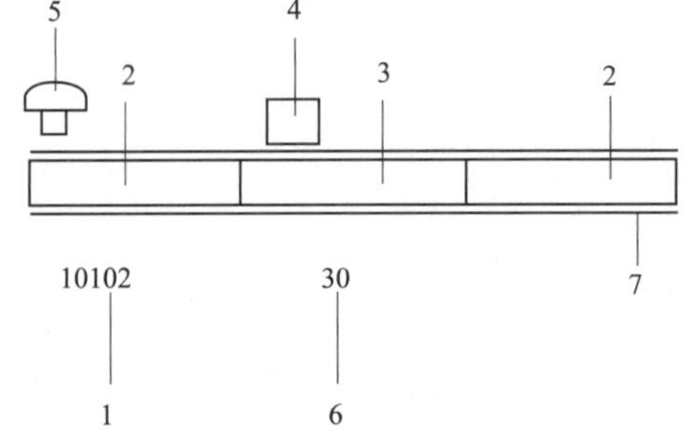

图 3-75　轨道区段在 LOW 上的显示

1—编号；2—轨道头部；3—轨道中部；4—运营停车点；5—紧急停车显示标记；6—限速标记；7—选择框

①轨道区段的编号。

编号显示正常时为白色，灰色为无数据；当出现编号闪烁时，表示为与 ATP 连接中断。

②轨道区段体部。

轨道区段（含道岔区段）有六种优先等级颜色在联锁工作站上显示，从高到低分别为：灰色、深蓝色、红色、粉红色、绿色或淡绿色、黄色。

a. 黄色表示轨道区段常态、空闲、没有被进路征用。

b. 绿色表示轨道区段空闲、被进路征用。

c. 淡绿色表示轨道区段空闲、被进路征用为保护区段。

d. 红色表示轨道区段物理占用。

e. 粉红色表示轨道区段逻辑占用。

f. 轨道中部深蓝色表示轨道区段已被封锁，拒绝通过该区段排列进路（如果轨道中部深蓝色闪烁，表示对该区段已进行封锁操作，但对下一条进路才有效）。

灰色表示轨道区段无数据（FTGS 轨道电路设备与 SICAS 计算机连接中断）；轨道区段闪烁表示在延时解锁中。

③轨道区段限速标记。

列车通过该区段的最高速度不能大于此限制速度，可设置的速度分别为：60 km/h、45 km/h、30 km/h、25 km/h、20 km/h、10 km/h 六种。

（3）常规命令

①封锁区段。

功能：命令执行后，不能通过该轨道区段排列进路，如果该轨道区段已存在进路，只对下一条进路生效。

②终止站停。

功能:命令执行后,运营停车点被取消。

(4)安全相关命令

在选择了轨道元件后,再按照操作安全相关命令的步骤执行。

①解封区段。

功能:命令执行后,能取消对该区段的封锁,允许通过该轨道区段排列进路。

②强解区段。

功能:命令执行后,能解锁进路中的轨道区段,如果接近区段及进路无车,区段立即解锁,有车将会延时解锁(30 s)。

③轨区逻空。

功能:命令执行后,能使轨道区段设置为逻辑空闲。

④轨区设限。

执行条件:只能在没有进路的情况下执行。设限只能由高往低设,不能由低往高设,也就是说,如果原来设置了 10 km/h 的限速,这时不能直接设为 30 km/h 的限速,必须在消限后才可以设为 30 km/h 的限速。但是如果原来是设为 60 km/h 的,可以在不消限的情况下设为 45、30、25、20、10 km/h。

功能:命令执行后,可对轨道区段设置限速,限制速度可设为 10 km/h、20 km/h、25 km/h、30 km/h、45 km/h 和 60 km/h。

⑤轨道消限。

功能:命令执行后,将取消对轨道区段的限速。

4.在联锁工作站上对信号机的操作

联锁工作站上信号机的显示如图 3-76 所示。

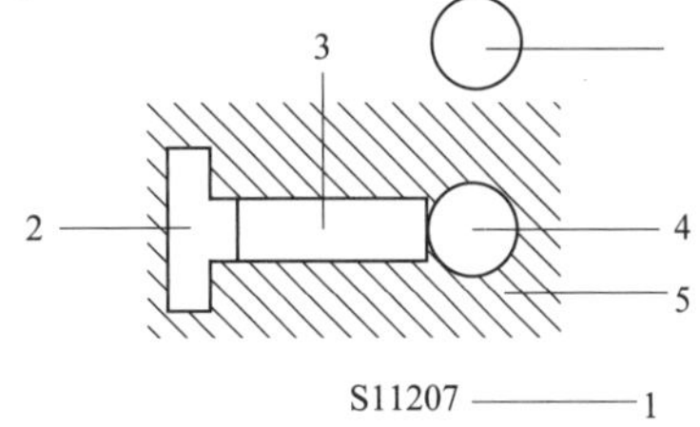

图 3-76　联锁工作站上信号机的显示

1—信号机编号;2—信号机基础(脚);3—信号机机柱(柱);4—信号机灯头(头);5—选择框

(1)信号机各组成部分的显示含义

①信号机编号。

正常情况下信号机显示稳定的颜色,不同的颜色表示不同的含义。

红色:信号机处于人工排列进路状态。

绿色:信号机处于自动排列进路状态。

黄色:信号机处于追踪进路状态。

若信号机闪烁表示信号机红灯断主丝故障或绿灯/黄灯灭灯;如果信号机红灯为灭灯故障,则信号机机柱及信号机灯头同时闪烁。

②信号机基础。

正常情况下信号机基础显示稳定的颜色,若信号机基础闪烁表示进路在延时中(进路延时取消,进路延时建立或保护区段延时解锁。)

信号机基础不同的显示颜色表示信号处于监控层还是非监控层。

绿色:表示信号处于主信号控制层(处于监控层:在进路状态)。

黄色:表示信号处于引导信号控制层(处于监控层:在进路状态)。

红色:非监控层(无进路状态或进路未建立)。

③信号机机柱。

信号机机柱用以记录信号机的开放及关闭情况。信号机机柱有绿、黄、红、蓝四种显示。

信号机机柱显示绿色表示信号机开放，且开放主信号；显示黄色表示信号机开放引导信号；显示红色表示信号机关闭，且未开放过（针对本次进路）；显示蓝色表示信号机关闭，但曾经开放过（针对本次进路：在重复锁闭状态）。

④信号机灯头（头）。

信号机灯头可以用来显示信号机处于开放还是关闭状态。信号机灯头有绿、红、蓝三种颜色显示。

信号机灯头显示绿色表示信号机处于开放主信号状态；显示红色表示信号机处于关闭状态（但可以开放引导信号）；显示蓝色表示信号机处于关闭状态，且被封锁（但可以开放引导信号）。当信号机机体灰色表示无数据。

⑤替代信号机标识。

替代信号机标识的主体为红色横三角形“▶”。

替代信号机标识的编号为白色，且在被替代的信号机的编号前加一个“F”。（注：在 LOW 上设置替代信号机标识，只是为了排列跨联锁区的进路而设置的，但并不反映实际信号机的开放及关闭状态）

⑥虚拟信号机。

虚拟信号机的设置是为了解决现场不需要设置防护信号机，但又可以解决进路太长而导致运营效率降低的问题而设置的。虚拟信号机在 LOW 上的显示跟正常的信号机是一样的，功能也一样，只是在编号前加了一个“F”，如 F21108 等。注：虚拟信号机在现场设备中并没有存在。

（2）常规命令

①关单信号。

条件：信号机已开放。

功能：命令执行后把信号机设置为关闭状态。

②封锁信号。

功能：把关闭状态下的信号机封锁。（如果信号机为开放状态，执行“封锁信号”命令后，信号机将会被关闭并封锁。）信号机被封锁后，将不能开放主信号，且在人工解封后（即使在信号没有开放过的情况下）信号都不会自动开放，只可以人工再次开放信号。

③开放信号。

条件：信号达到主信号层，信号没有被封锁，且信号机正常。

功能：把信号机设置为开放状态。

④自排单开。

条件：信号机具备自排功能且追踪全开功能没有打开。

功能：命令执行后，可以把单架信号机设置为自动排列进路状态（根据目的地码排列进路）。

⑤自排单关。

功能：把单个信号机设置为人工排列状态。

⑥追踪单开。

条件：信号机具备追踪功能且自排全开功能没有打开（只有追踪功能信号机除外）。

功能：把单个信号机设置为联锁自动排列进路状态（由联锁机调用唯一的进路）。

⑦追踪单关。

功能:把单个信号机取消由联锁自动排列进路状态。

(3)安全相关命令

①开放引导。

条件:列车占用接近区段等。

功能:命令执行后,开放引导信号(黄灯+红灯)。

②解封信号。

功能:取消在关闭状态下的信号机的封锁。

5.在联锁工作站上对道岔的操作

联锁工作站上道岔的显示,如图3-77所示。

(1)道岔在SICAS联锁工作站上的显示

①道岔编号。

颜色:白色表示正常、无锁定,红色表示道岔被单独锁定。

状态:稳定表示正常;闪烁表示出现kick-off储存故障,此时只要对该道岔区段执行“岔区逻空”命令即可排除该故障。

②道岔编号框。

如果该道岔没有被进路征用,则道岔编号不会出现道岔编号框,只有该道岔被进路征用锁闭时,道岔编号框才会出现。

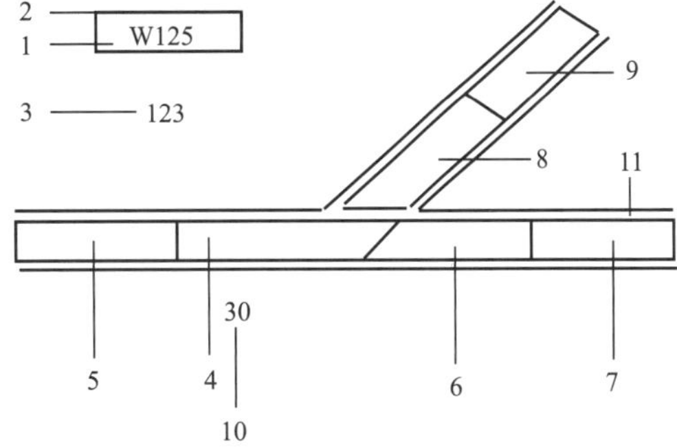

图3-77 联锁工作站上道岔的显示

1—道岔编号;2—道岔编号框;3—轨道区段编号;4—道岔根部;5—道岔根部延伸;6—道岔右位;7—道岔右位延伸;8—道岔左位;9—道岔左位延伸;10—道岔区段限速标记;11—选择框

③轨道区段编号。

道岔区段中,轨道区段编号只会灰色显示,道岔区段是一个带道岔的特殊轨道区段。

(2)岔体

岔体是由根部4、5和腿部6、7、8、9组成。

①颜色表示含义。

a.黄色:常态、空闲、没有被进路征用。

b.绿色:空闲、被进路征用。

c.淡绿色:空闲、被进路征用为保护区段。

d.红色:占用、物理占用。

e.粉红色:占用、逻辑占用。

f.道岔中部深蓝色:表示该区段已被封锁,拒绝通过该区段排列进路(如果轨道中部深蓝色闪烁,表示对该区段已进行封锁操作,但对下一条进路才有效)。

g.灰色:无数据。

②道岔位置判断。

a.岔体4、5、6、7有颜色显示,而8、9为灰色,且都为稳定显示时,则道岔为右位。

b.岔体4、5、8、9有颜色显示,而6、7为灰色,且都为稳定显示时,则道岔为左位。

c.岔体4、5、6、7有颜色显示,且6为闪烁(俗称短闪),而8、9为灰色且稳定时,则该道岔表示为右位转不到位(右位无表示)。

d. 岔体 4、5、8、9 有颜色显示，且 8 为闪烁，而 6、7 为灰色且稳定时，则该道岔表示为左位转不到位（左位无表示）。

e. 岔体 4、5、6、7、8、9 均有颜色显示，且 6、7、8、9 均为闪烁（俗称两腿长闪），则该道岔表示为挤岔表示。

（3）常规命令

①单独锁定。

功能：命令执行后，可以锁定该道岔（电子锁定），阻止该道岔通过电操作转换。

②转换道岔。

执行条件：道岔区段逻辑空闲；道岔没有被锁闭（没有被进路、保护区段、侧防征用）；道岔没有挤岔。道岔没有（单独）锁定。

功能：命令执行后，可以把该道岔从一个位置转换到另一个位置。

③封锁道岔。

功能：命令执行后，可以禁止通过该道岔排列进路，但道岔可通过转换道岔命令进行位置转换。

（4）安全相关命令

①取消锁定。

功能：命令执行后，可以取消对该道岔的（电子）锁定，道岔可通过执行转换道岔命令自由转动。

②强行转岔。

执行条件：道岔区段非逻辑空闲；道岔没有挤岔；道岔没有（单独）锁定；道岔没有被锁闭（没有被进路、保护区段、侧防征用）。

功能：命令执行后，可以强行转换非逻辑空闲的道岔，道岔转一个位置。

③解封道岔。

功能：命令执行后，能取消对该道岔区段的封锁，允许通过该道岔区段排列进路。

④强解道岔。

功能：命令执行后，能解锁进路中的道岔区段，如果接近区段及进路无车，道岔区段立即解锁，有车将会延时解锁（30 s）。

⑤岔区逻空。

功能：命令执行后，能使道岔区段设置为逻辑空闲。

⑥岔区设限。

功能：命令执行后，可对道岔区段设置限速，限制速度可设为 10 km/h、20 km/h、25 km/h、30 km/h、45 km/h 和 60 km/h。

⑦岔区消限。

功能：命令执行后，能取消对道岔区段的限速。

⑧挤岔恢复。

执行条件：道岔没有锁闭（没有被进路、保护区段、侧防征用）；道岔挤岔（挤岔显示）；道岔没有（单独）锁定；（注：不管道岔区段是逻辑占用还是逻辑空闲，都可以对该道岔执行“挤岔恢复”命令）。

功能：命令执行后，可以取消挤岔逻辑标记，并且道岔转换一个位置。

技能训练

技能训练一 运用城际铁路计算机联锁系统TYJL-Ⅱ进行接发列车

1.办理进路和解锁进路

进路的办理方法如下：点压始端——终端——开通基本进路；点压始端——变更（或多个变更）——终端——开通变更进路。

（1）办理列车进路

先点压始端信号按钮，再点压终端信号按钮。若满足选路条件，则开始动岔、锁闭进路、开放信号。若选路条件不满足，则在上提示后面加“——按钮不符”或“——选路不通”或“——有区段锁闭”或“——有区段占用”或“——有道岔要点”等，并给出道岔或区段名称。

（2）办理调车进路

调车进路同样点压始端、（变更）、终端按钮办理。反向单置信号可作调车变更，并置或差置信号可作同向进路变更。变更按钮不受此限。

调车进路的办理方法和显示与列车进路相同。

（3）对原铅封按钮的办理

为办理慎重起见，相对于原铅封按钮点压后，屏幕将提示输入口令，点压口令后操作才被执行，微机系统自动记录，并且在屏幕提示栏有记录显示。

以总人解X进路为例：先点压“总人解”，再点压X按钮，此时屏幕下方提示“总人解——X——请输入口令——123——”，据此依次点压数字123，正确后屏幕下方提示“OK”，此时操作被执行。

（4）对误办的进路的处理

误办的进路，需要变更时，在进路未锁闭前可点压本咽喉的“总人解”或“总取消”按钮取消，然后还需点压清按钮按钮；锁闭后的进路需点压“总取消”或“总人解”按钮和“始端”按钮取消进路；当接近区段有车占用时，必须点压“总人解”按钮和进路始端按钮，延时30 s或3 min后解锁。

（5）解锁进路

由于计算机联锁取消了区段事故解锁按钮盘，而采用始、终端进路故障解锁。有以下几种故障解锁情况：

①尚未使用的进路中某区段故障，出现红光带，此时信号关闭，进路处于锁闭状态，如接近区段无车，点压“总人解”和“始端”按钮及口令，进路自始端至故障区段解锁，若接近区段有车，进路延时30 s或3 min解锁。故障区段至终端之间的进路，需点压“总人解”和“终端”按钮及口令，延时30 s解锁。若故障区段为进路的第一区段，接近区段又有车，则进路无法解锁，应等待设备恢复。

②某进路列车已驶入，但由于进路中的某区段故障，在列车驶离后，仍保留红光带，致使此区段到终端的部分进路无法解锁。若故障区段为进路的第一轨道区段，则需点压“总人解”和“始端”按钮及口令，将进路的始端取消，再点压“总人解”和“终端”按钮及口令，将进路解锁。

③故障区段非第一轨道区段，在列车正常驶过第一轨道区段后，第一轨道区段自动解锁，

原进路的始端已不存在，待列车驶出该进路后，点压“总人解”和“终端”按钮及口令，故障区段至终端的进路解锁。

为保证自进路终端的故障解锁不会导致车列进路的迎面解锁，因此必须要求故障区段（红光带）至终端的各区段均被车列占用过又出清后，点压“总人解”和“终端”按钮才能生效。

④进路中某区段轨道电路分路不良，在列车通过后进路不能正常解锁。若进路始端尚存在时，点压“总人解”和“始端”按钮可将整条进路解锁；若第一区段已正常解锁，进路始端消失，或始端信号已做别的进路的始端或始端至未解锁区段间道岔已改变位置，则可用“总人解”和“终端”按钮将进路解锁。如果用终端也不能解或找不到终端时，就要用区段故障解锁的办法来解锁，即点压区段故障解锁按钮和故障区段中的任一道岔按钮将该区段解锁。

⑤进路排通后，因某种原因使轨道继电器瞬间落下，此时信号关闭，该区段屏幕显示由白光带转为绿光带，进路仍处在锁闭状态，点压进路信号“始端”按钮，信号重复开放，绿光带保持不变。

⑥单独操纵和单独锁闭道岔。道岔区段在解锁状态时，允许办理单独操纵道岔。同时点压“总定位”（总反位）按钮和“道岔”按钮，屏幕提示处显示“道岔总定（总反）……C×××”。在道岔转换过程中，屏幕道岔岔尖处闪白光，同时道岔号显示黄色。

点压“单独锁闭”按钮和“道岔”按钮，屏幕提示处显示“单独锁闭……C×××”，同时显示红色道岔号。单锁后，不能再单独操纵道岔，但还可通过该道岔排列进路口点压“单独解锁”和“道岔”按钮，该道岔解锁。

⑦封闭信号和封闭道岔。封闭信号和封闭道岔时，先按封闭按钮，再按压信号按钮或道岔按钮，这时信号机上套有白色方框，道岔名显示白色，表明信号机按钮已不能再进行操作，也不能再通过该道岔排进路。

清封闭按钮时，先按清封闭按钮，再按压信号按钮或道岔按钮，这时信号机外的白色方框消失，白色道岔名消失，表明该信号或道岔的封闭取消。

2.办理引导接车

当某轨道区段故障影响正常接车时，可用进路引导接车。办理方法是：首先必须确认要开通的进路上无车，将道岔单操到需要的位置后点压该进路信号的“引导”按钮，如下行接车，点压“X引导”按钮，屏幕提示“进路引导接车——X，请按口令234”，依次点压234，屏幕上显示“OK”，进路锁闭，引导信号开放。

当进站信号内方第一轨道区段故障时，信号开放10 s就会关闭，为保证引导信号开放，需要每隔8～9 s点压一次“X引导”按钮，点压完后屏幕提示窗有倒计时提示，直到列车进入进站信号机内方。在引导信号开放时，第一轨道区段有车占用，按压“引导”按钮，不需输入口令，另外在这种情况下也可以直接按压该信号的列车按钮。

引导信号开放后，可用“总人解”的办法关闭该引导信号，引导进路可自动解锁。

当道岔因电气故障失去表示时，可用引导总锁闭接车，但必须确认道岔位置走向正确，进路上无车占用，才可用引导总锁闭接车。

办理的方法是：每咽喉设一个引导总锁闭按钮，先点压该咽喉的“引导总锁”按钮，如点压下行咽喉的“引导总锁”按钮，屏幕提示：“下行引导总锁，请按口令369”，然后依次点压数字按钮369，屏幕提示“OK”，同时有红色闪光的“引导总锁”汉字提示，接着再点压进站信号的“引导”按钮，引导信号开放。

取消引导总锁的办理方法是：先点压“总人解”按钮，再点压“引导总锁”按钮，并输入口令123。

技能训练二 运用城市轨道交通计算机联锁系统SICAS进行接发列车

我国城市轨道交通一般采用计算机联锁并装备列车自动控制ATC系统。正常情况下，列车进路由ATC系统中的子系统——列车自动监控ATS系统根据列车运行图中的列车车次包含的目的地码等信息自动排列列车进路。只有当中央ATS故障时，才由联锁站实行站级控制。本书主要介绍德国西门子的SICAS计算机联锁信号系统的运用，以广州、深圳、上海地铁正线普遍采用的SICAS区域联锁工作站为例进行讲解。

在联锁站上办理进路和解锁进路主要是对信号机进行操作，在LOW站上对信号机进行具体操作时，先用鼠标左键点击信号机元件或信号机元件编号，选中信号机元件，此时所选元件被打上灰色底色，然后鼠标左键点击相关命令，最后左键点击“执行”按钮。

1.在联锁站排列一条基本进路

左键点击进路的始端信号机，再右键点击进路的终端信号机，此时所选始端信号机和终端信号机都会被打上灰色底色，然后左键点击命令按钮栏中的“排列进路”命令，最后左键点击“执行”按钮。

（备注：此时，联锁计算机会自动检查该进路的进路建立条件，如果满足进路的建立条件，则自动建立所排列的进路，并进入相应的监控层。如果达到了主信号层，且始端信号机正常，始端信号机就会自动开放；如果只达到了引导层，始端信号机不会开放，只能在满足开放引导信号的条件下人工开放引导信号。）

2.在联锁站取消进路

鼠标左键点击进路始端信号机，再用鼠标右键点击该进路的终端信号机，所选始端和终端信号机都会被打上灰色底色，鼠标的左键点击“取消进路”命令，最后用鼠标左键点击“执行”命令。

操作提示：在对联锁工作站进行操作过程中，只有在排列进路及取消进路时，才会用到鼠标的右键，其他的操作都只用鼠标的左键。

3.在联锁站上单操单锁道岔和设置道岔限速

（1）单独转换道岔

用鼠标的左键点击道岔元件或道岔元件编号，此时所选元件被打上灰色底色，然后鼠标的左键点击“转换道岔”，用鼠标的左键点击“执行”按钮即可锁定转换该道岔。

（2）单独锁定道岔

用鼠标的左键点击道岔元件或道岔元件编号，此时所选元件被打上灰色底色，然后鼠标的左键点击“单独锁定”命令，最后用鼠标的左键点击“执行”按钮即可锁定该副道岔。本操作可以锁定该道岔（电子锁定），阻止该道岔通过电操作转换。

（3）对道岔区段设置限速45 km/h

同样地，用鼠标的左键点击道岔元件或道岔元件编号，此时所选元件被打上灰色底色，然后鼠标的左键点击“岔区设限”命令，选择限制速度为45 km/h，最后用鼠标的左键点击“执行”按钮即可。

道岔区段设置了限速，限速的列车最高速度会以红色的60、45、30、25、20、10字体在相应的区段下方显示出来。此时，列车通过该道岔区段的最高速度不能大于此限制速度，一般的可设置的速度分别为：60 km/h、45 km/h、30 km/h、25 km/h、20 km/h、10 km/h四种。

检查与评价

任务评价见表 3-10。

表 3-10　任务评价

<table>
<tr><td colspan="5">项目三任务 3　车站联锁设备的运用</td><td rowspan="4">综合得分</td></tr>
<tr><td>姓　名</td><td></td><td rowspan="3">自我评价</td><td rowspan="3">小组评价</td><td rowspan="3">教师评价</td></tr>
<tr><td>组　别</td><td></td></tr>
<tr><td>组员姓名</td><td></td></tr>
<tr><td>知识
技能评价</td><td>1.画图说清楚轨道电路工作原理；
2.能就一条进路清楚表达联锁的含义；
3.能举例说明接车进路、发车进路、通过进路的起始点；
4.能按规定办理接车进路、发车进路和通过列车进路；
5.能按规定办理引导接车进路；
6.能正确解锁进路</td><td></td><td></td><td></td><td rowspan="3"></td></tr>
<tr><td>方法
能力评价</td><td>1.具备根据资讯进行分析推理、归纳总结、建构联锁知识架构的自学能力；
2.办理进路时具备严格按照接发列车作业流程进行标准化作业的能力</td><td></td><td></td><td></td></tr>
<tr><td>思政评价</td><td>1.具备联锁设备安全操作、安全重于一切的岗位责任心；
2.具备联锁设备故障情况下应急办理进路等的接发列车岗位职业素养</td><td></td><td></td><td></td></tr>
</table>

反馈与改进

通过检查与评价得到反馈，进行反思，并撰写实训指导手册的任务总结报告。

<table>
<tr><td>记录人</td><td></td><td>时间</td><td></td></tr>
<tr><td>总结报告</td><td colspan="3">请阐述任务评价反馈后，对不同联锁设备办理接车进路、发车进路、通过列车和引导接车进路等操作的认知、理解与使用的反思，并谈谈对任务实施过程的体会</td></tr>
</table>

完善与拓展

（1）读者可通过图 3-57 所示的“视野拓展”模块学习拓展内容。

（2）拓展了解智慧城轨的联锁设备技术发展趋势。

（3）拓展了解城际铁路、高速铁路的联锁设备技术发展趋势

巩固与提高

一、赛中学

（1）请完成中国铁路广州局集团有限公司车务系统大学生技能比武竞赛实操题：如图 3-78 所示为线路布置示意图，K3115 次本站办理客运业务，请办理 K3115 次的接车进路和发车进路。

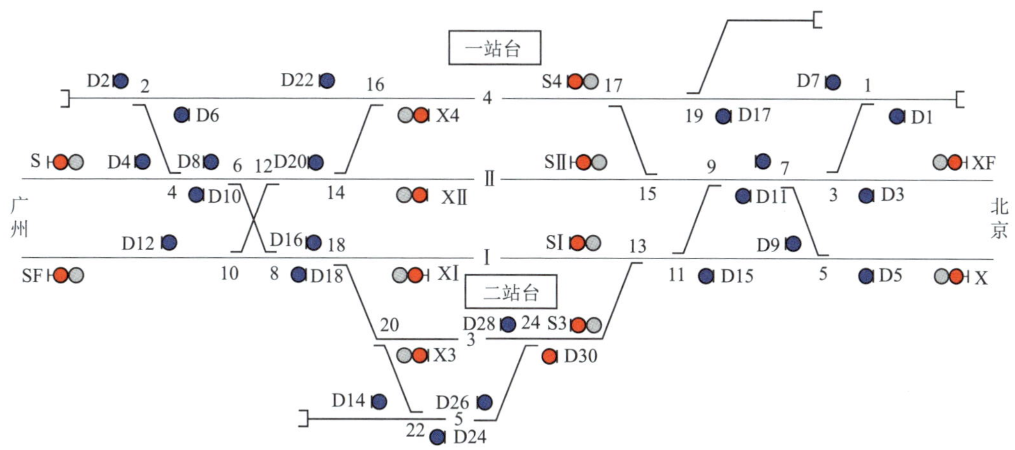

图 3-78　铁路接发列车技能竞赛线路布置示意图

(2)可利用全国职业院校技能大赛高职组“城轨智能运输(赛项编号:GZ071)”竞赛平台的ATS信号系统操作及故障处理项目内容,进行表3-11中7个车站联锁设备操作。

表 3-11　7个车站联锁设备操作

ATS信号系统操作及故障处理	1.道岔单锁/道岔单解
	2.计轴故障应急处置
	3.信号重开处置
	4.区段故障锁闭应急处置
	5.扣车和取消扣车操作
	6.设置和取消轨道临时限速
	7.道岔单独操作

二、思考与提高

(1)简述城市轨道交通信号系统的组成,如何分布。

(2)转辙机有哪些作用。

(3)轨道电路有哪些作用。

(4)简述50 Hz相敏轨道电路的组成和工作原理。

(5)简述音频轨道电路的组成和工作原理。

(6)简述计轴器的组成和工作原理,计轴点如何设置。

(7)简述计算机联锁系统的结构。

(8)什么是进路?

(9)什么是敌对进路?

(10)什么是联锁?联锁的基本内容是什么?联锁最基本的三个技术条件是什么?

(11)联锁的基础设备有哪些?

(12)什么是联锁图表?

(13)进路有哪两种状态?

(14)什么是进路的锁闭?进路锁闭和接近锁闭有何不同?什么是进路的接近区段?

(15)什么是进路的解锁?进路的解锁可分为哪几种情况?

(16)什么是进路的正常解锁？正常解锁必须符合什么条件？

(17)什么是三点检查法？举例说明。

(18)什么是进路的取消？取消解锁必须符合什么条件？

(19)什么情况下采用人工延时解锁解锁一条进路？人工解锁必须符合什么条件？

任务4 区间闭塞设备的运用

情境导入

某地铁公司电话闭塞演练

为了提高地铁在信号故障降级模式下组织行车的业务能力，某城市地铁三号线模拟厦滘至番禺广场站信号系统死机，控制中心发布调度命令组织电话闭塞法行车。

演练地点选在沥滘站的另一条线(未开通)预留站台内，按照真实电话闭塞法组织时的配置进行人员安排。下早班的全体调度员，番禺广场至厦滘各站的值班站长、行车值班员、站务员和部分司机均参加。

为提高模拟现场的效果，演练使用了红色胶带在站厅地面铺画出“厦滘站—番禺广场站”的线路图，用于模拟正线行车运营组织。演练要求全程使用对讲机(用于车控室与站台联系)、手机(用于车站间相互联系)、行调电台(用于调度与司机间联系)作为通信设备进行演练。其间为了增加演练的真实性，行调、司机、车站的扮演人员必须在不同区域相互隔离，最大限度模拟真实情况的场景。

高仿真电话闭塞法演练是在传统的桌面演练基础上改进而成。它的真实性更强，且能随时开展，不用等到晚上运营结束才安排演练，时间灵活可控。同时，模拟场景丰富，全体员工可参与，能够更好地起到实践效果。同时演练现场区域划分明确，现场观摩人员能很方便地了解到行调、车站、司机三个岗位的运作情况，直观且较快地掌握电话闭塞法的操作程序。

因为降级行车组织“理论”和“实作”之间会有区别，此类高仿真的演练，能更好地开展降级模式情况下行车法实操培训，并积累经验，切实提高各岗位员工降级行车组织能力，确保降级行车安全、有序。

学习目标

技能目标

(1)能运用半自动闭塞设备正常办理闭塞、取消闭塞。

(2)能按标准完成自动闭塞条件下正常情况接车(通过)作业。

(3)能按标准完成自动闭塞条件下正常情况发车作业。

(4)会填写电话闭塞行车凭证——路票。

(5)根据相关资讯进行分析归纳，并建构轨道交通闭塞设备的知识架构。

知识目标

(1)理解车站和区间的划分。

(2)辨析行车闭塞法含义和种类。

(3)掌握半自动闭塞与联锁的关系。

(4)掌握半自动闭塞操作和表示设备的认知。

(5)掌握自动闭塞的分类、工作原理。

(6)掌握自动闭塞接发列车程序。

(7)了解基于通信的移动闭塞 CBTC。

(8)电话闭塞办理的条件和注意事项。

(9)电话闭塞行车凭证——路票的填写方法。

素质目标

(1)具备列车在区间运行的安全生产意识。

(2)接发列车作业时,能遵守“统一指挥、逐级负责”行车组织原则,岗位协作顺畅。

(3)具备严格遵循《接发列车作业标准》《车机联控标准》进行接发列车的标准化作业意识。

任务作业单

为完成以上技能、知识和素质培养,任务作业单见表 3-12。

表 3-12　任务作业单

序号	任　　务
1	分析闭塞的含义,划分区间、闭塞分区和车站
2	运用半自动闭塞设备办理闭塞
3	按标准完成自动闭塞条件下正常情况接发列车作业
4	填写电话闭塞行车凭证-路票

学习地图

读者自主学习参考智慧职教 MOOC 学院平台国家级精品在线开放课程“轨道交通运输设备运用”项目三任务 4 区间闭塞设备的运用,课程学习地图如图 3-79 所示。

图 3-79　课程学习地图

自学资讯

1. 本任务的两种自学方式

(1)在图3-79中的“新知学习”模块学习。

(2)扫描二维码学习。

行车闭塞的概念

如何办理半自动闭塞

什么是自动闭塞

电话闭塞办理的条件及路票填写

2. 重要知识点

(1)行车闭塞的概念。

(2)半自动闭塞。

(3)自动闭塞。

(4)电话闭塞。

(5)运用半自动闭塞设备办理闭塞。

(6)自动闭塞条件下正常情况接发列车作业。

(7)填写电话闭塞行车凭证。

计划与决策

(1)根据不同的闭塞设备,依据城市轨道交通或城际轨道交通接发列车作业情境和作业流程,进行车站值班员、助理值班员(或站务员)等岗位分工,明确各岗位工作职责,完成任务实施计划。

(2)根据指导老师提供的资讯(例如闭塞设备类型等),形成决策意见,完成接发列车作业中闭塞设备的使用。

任务实施

以小组为单位,在本书配套实训指导手册完成以下训练。

(1)分析闭塞的含义,划分区间、闭塞分区和车站。

(2)运用半自动闭塞设备办理闭塞,见“技能训练一”。

(3)按标准完成自动闭塞条件下正常情况接发列车作业,见“技能训练二”。

(4)填写电话闭塞行车凭证,见“技能训练三”。

相关知识

一、行车闭塞的概念

闭塞设备是用来保证列车在区间运行的安全并提高区间通过能力的区间信号设备。

1. 区间的划分

为了保证行车安全和必要的线路通过能力,轨道交通线路上每隔一定距离设置一个车站,车站把每一条线路划分成若干个长度不同的段落,每一段落称为区间,如图3-80所示,而车站就成为相邻区间之间的分界点，因此，区间和分界点是组成线路的两个基本环节。

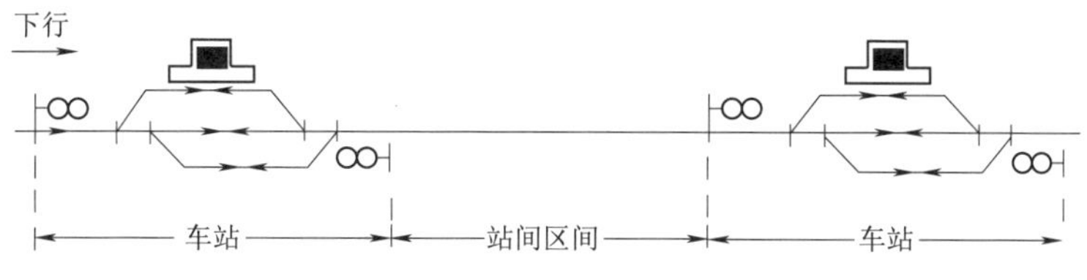

图 3-80 单线铁路站间区间

从上述可知，区间也有不同的分类。车站与车站之间的区间称为站间区间，车站与线路所之间的区间称为所间区间，如图 3-81 所示；自动闭塞区间，同方向相邻两架通过色灯信号机柱中心线之间或进站（出站）信号机柱与通过色灯信号机柱中心线之间的一段线路空间，称为闭塞分区，如图 3-82 所示。

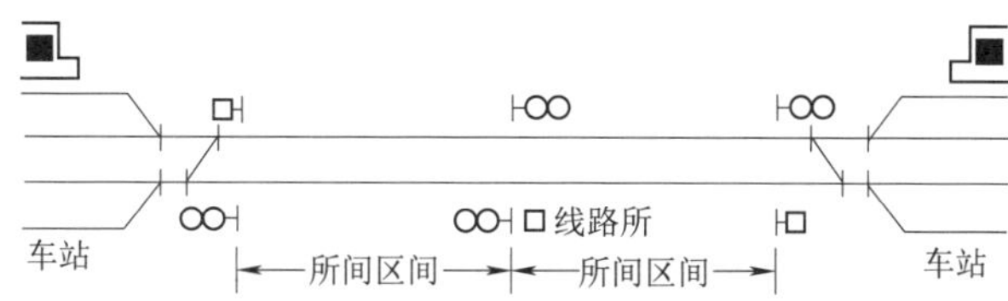

图 3-81 双线铁路所间区间

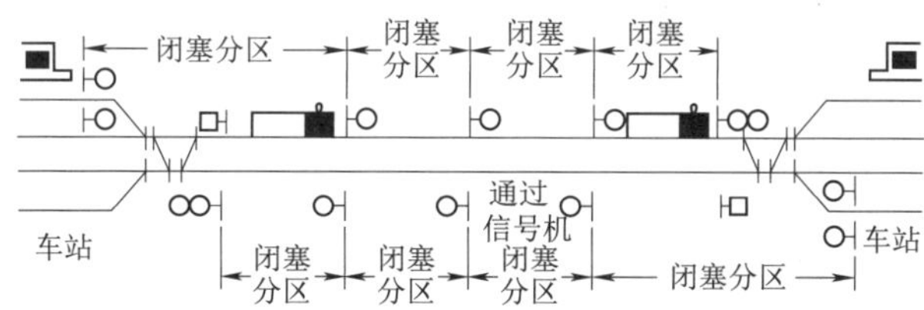

图 3-82 双线铁路自动闭塞分区

《铁路技术管理规程》(普速铁路部分)规定：列车运行是以车站、线路所所划分的区间及自动闭塞区间的通过信号机所划分的闭塞分区作间隔。具体内容如下：

(1)站间区间

①单线站间区间，以进站信号机柱中心线为车站与区间的分界点，图 3-80 是单线站间区间界限示意图。

②双线或多线站间区间，以各线的进站信号机柱或站界标的中心线为车站与区间的分界线，图 3-82 是双线站间区间示意图。在双线或多线站间区间，站界是按上下行正线分别确定的；即一端以进站信号机柱中心线为界，另一端以反方向进站信号机柱或站界标的中心线为界。

(2)所间区间

线路所是为提高区间通过能力或管理区间分歧道岔而设置的。

(3)闭塞分区

闭塞分区指自动闭塞区段设置的同方向相邻两架通过色灯信号机间或进站信号机与通过色灯信号机间的线路。

2. 行车闭塞

为防止同向列车追尾，或对向列车在单线区间内对撞，区间两端车站值班员在向区间发车前，必须办理行车联络手续，即行车闭塞。用来办理行车闭塞的设备叫作闭塞设备。闭塞设备必须保证一个区间内同一时间只能有一个列车占用这一基本原则的实现。对于区间正线上运行的某一列列车来说，当其运行在一个固定的或虚拟的封闭线路空间里（站间区间、所间区间或闭塞分区），是不允许其他列车进入的。

我国《铁路技术管理规程》规定，行车基本闭塞法采用半自动闭塞、自动站间闭塞和自动闭塞三种。在实行上述闭塞方法时，需装设相应的闭塞设备。当基本闭塞法不能使用时，应根据调度命令用电话闭塞作为代用闭塞方法行车。

车站均须装设基本闭塞设备。本书重点介绍半自动闭塞和自动闭塞。

二、半自动闭塞

1. 半自动闭塞的主要特征

半自动闭塞法是指人工办理闭塞手续，列车凭信号机信号的允许显示发车后，发出允许显示的信号机自动关闭信号、区间自动转为闭塞状态的闭塞方法。由于其在区间内没有轨道电路等列车占用检查设备，因此半自动闭塞主要特征有：一个闭塞区间同一时间只允许一列车运行；人工办理闭塞手续；人工确认列车完整到达和人工解除闭塞。

采用半自动闭塞时，列车进入区间的行车凭证是出站信号机（线路所是通过信号机）显示的允许运行信号，出站信号机不能任意开放，它受半自动闭塞机的控制，经两端车站值班员按规定程序方能为列车办理闭塞。

2. 半自动闭塞设备

（1）轨道电路

轨道电路应设在车站进站信号机内方适当地点，用以监督列车的出发和到达，并使双方闭塞机的接发车表示灯有相应的表示。

（2）出站信号机

出站信号机是指示列车能否由车站开往区间的信号机。只有当区间空闲，经过办理闭塞手续，发车控制台上的发车表示灯显示绿灯时，出站信号机才能开放。还应注意，出站信号机既要防护列车区间运行的安全，又要防护出发列车在站内运行安全。因此它要受闭塞机和车站联锁设备的双重控制。

（3）闭塞机和外线

采用半自动闭塞的区间两端车站上各设一台闭塞机、一段轨道电路和出站信号机，它们之间用通信线路相连接，用来控制出站信号机并实现相邻车站之间办理闭塞。

外线用来连接和联络两端车站，其结构示意图如图 3-83 所示。

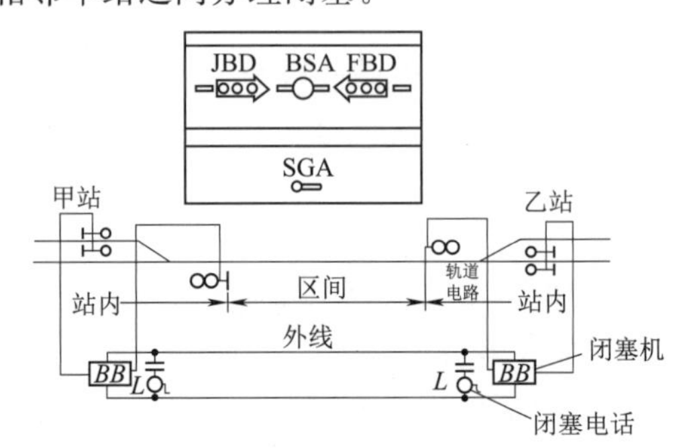

图 3-83　闭塞机和外线示意图

（4）操纵和表示设备

操纵和表示设备主要有按钮、表示灯、电铃和计数器。

①按钮。

按钮主要有闭塞按钮（图 3-84 中 BSA）、复原按钮和事故按钮（图 3-84 中 SGA）。闭塞按钮用来请求发车、同意接车；复原按钮用来取消闭塞复原、列车到达复原；事故按钮则用作事故复原。闭塞按钮、复原按钮和事故按钮都是二位自复式按钮。

②表示灯。

接车表示灯（JBD）和发车表示灯（FBD）分别都由红、黄、绿三个表示灯组成。

发车表示灯（FBD）平时保持熄灭状态，着黄灯表示请求发车，着绿灯表示同意发车，亮红灯表示发车闭塞。

同发车表示灯类似，接车表示灯（JBD）平时也保持熄灭状态，着黄灯表示请求接车，着绿灯表示同意接车，亮红灯表示接车闭塞。

③电铃。

电铃是一种听觉信号，用来提醒工作人员注意，装在控制台内，主要用在对方站办理请求发车、发出自动回执信号、同意接车、列车从对方站出发、对方站办理到达复原或取消复原以及车站轨道电路出现故障时。为区别不同的运行方向，车站两端调成不同铃声。

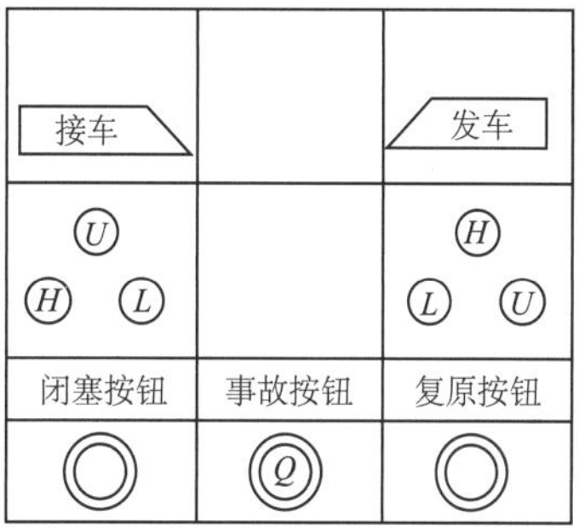

④计数器。

用来记录车站值班员办理事故复原的次数。

接车		发车
U H L		H L U
闭塞按钮	事故按钮	复原按钮
◎	Q	◎

图 3-84　按钮、表示灯位置示意图

3.接发列车的有关规定

①接发列车时，接发列车人员应穿着规定服装，衣帽整齐，佩戴臂（胸）章，携带列车无线调度电话，持规定信号旗（灯），立正姿势，站在规定地点，面向列车，注意列车运行状态。

②办理接发列车用语应使用普通话。遇“0”、“1”、“2”、“7”可发“dong（洞）”、“yao（幺）”、“liang（两）”、“guai（拐）”音。

③填写《行车日志》、调度命令及各种行车凭证，要做到正确齐全、字迹清晰。

④开放信号时，执行“一看、二按、三确认、四呼唤”及“眼看、手指、口呼”制度。眼看：看准应操纵的按钮。手指：中、食指并拢成“剑指”，指向应确认的按钮。口呼：规定用语，吐字清晰。

⑤车站两端列车同时到发，值班员不能兼顾时，应先办理发车。

三、自动闭塞

1.自动闭塞的含义和基本技术要求

（1）自动闭塞的含义

自动闭塞是根据列车运行及有关闭塞分区的状态自动变换通过信号机显示，而司机凭信号行车的闭塞方式。采用自动闭塞的区段，需要将站间区间划分为若干个小区间，即闭塞分区。

在自动闭塞区段，各闭塞分区都设有轨道电路（或计轴器），通过轨道电路（或计轴器）将列车运行与通过信号机的显示联系起来。根据列车占用不同轨道电路从而导致通过信号机显示的自动变化，在列车运行过程中自动完成闭塞作用。

（2）自动闭塞设备的基本技术要求

①通过信号机应不间断地检查所防护闭塞分区的空闲和占用情况；

②轨道电路应不间断地检测列车运行位置或传递运行信息；

③双向运行的自动闭塞设备，必须保证在任何情况下不得同时开通两个相对的运行方向；当闭塞分区被占用或轨道电路失效时，不得改变运行方向。

2.自动闭塞的基本原理

(1)三显示自动闭塞原理

三显示自动闭塞用红、黄、绿三种颜色的灯光来指示列车运行的不同条件。图 3-85 所示是双线三显示自动闭塞基本原理。图中 1G 指第一个轨道电路区段，1GJ 指 1 号轨道电路继电器，3G(3GJ)、5G(5GJ)等以此类推。

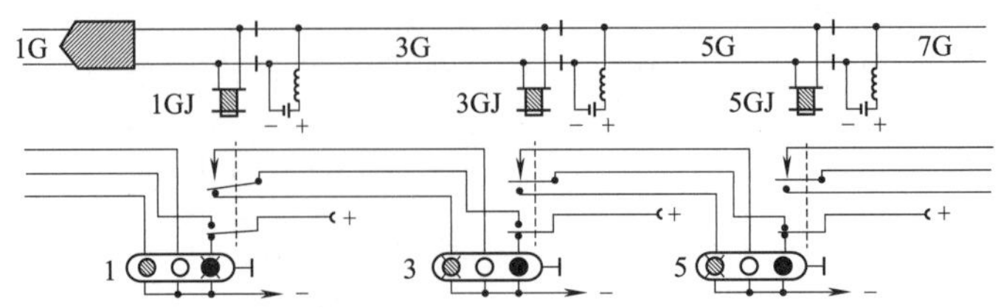

图 3-85　双线三显示自动闭塞基本原理

由图可见，每一个闭塞分区构成一个独立的轨道电路。当闭塞分区内无列车占用时，轨道继电器有电吸起。当列车在闭塞分区 1G 内运行时，由于轨道继电器 1GJ 被列车的轮对分路，它的前接点断开，继电器接通后接点，使 1 号信号机显示红灯，表示该闭塞分区有车占用。3G 内无车，使轨道继电器 3GJ 有电吸起，又因 1GJ 接点落下，使 3GJ 前接点闭合而接通 3 号信号机的黄灯电路，使 3 号信号机亮黄灯，表示它所防护的闭塞分区空闲，要求后行列车注意运行，前方有且只有一个闭塞分区空闲。5 号通过信号机由于轨道继电器 5GJ、3GJ 都在吸起状态，通过 5GJ 和 3GJ 的前接点闭合绿灯电路而亮绿灯，准许后行列车按规定速度运行，前方至少有两个闭塞分区空闲，其余的依此类推。

当线路上的钢轨有断裂时，轨道电路断路断电，继电器失磁释放衔铁，使信号机显示红灯，能保证行车安全，符合“故障—安全”原则。

(2)四显示自动闭塞

列车在区间最好能一直在绿灯下运行，避免遇到黄灯而影响速度。列车在三显示自动闭塞区段运行，越过黄色信号机必须减速，以保证在红色信号机前能停车，因此每个闭塞分区的长度不能小于列车制动距离。随着列车速度的提高，各种列车的速度和制动距离差距拉大，三显示自动闭塞逐渐不能解决这一矛盾，须引入四显示自动闭塞，即在三显示自动闭塞红、黄、绿三种灯光的基础上再增加一种黄绿显示，如图 3-86 所示(三显示图:左起列车前第一、二架信号机显示绿灯，第三架信号机显示黄灯，第四架信号机显示红灯；四显示图:左起列车前第一、二架信号机显示绿灯，第三架信号机显示黄灯加绿灯，第四架信号机显示黄灯，第五架信号机显示红灯)。

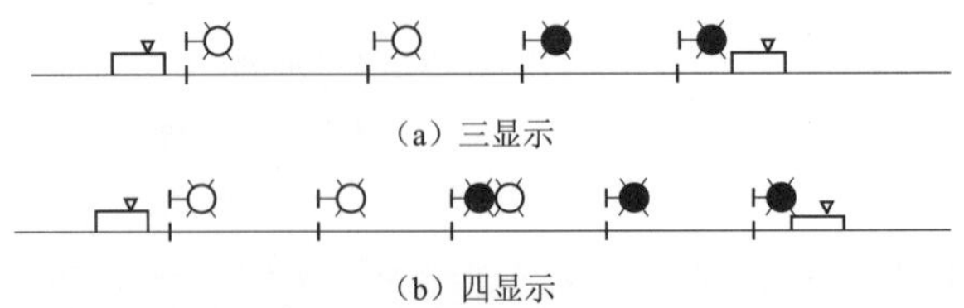

(a) 三显示

(b) 四显示

图 3-86　自动闭塞显示数目与追踪间隔

四显示自动闭塞能预告列车前方三个闭塞分区的状态。要求高速列车按规定速度越过黄绿显示的通过信号机后必须减速，以便使列车在黄灯显示下运行时不大于黄灯所要求的允许速度，保证能在显示红灯的信号机前停车。而对于低速运行的列车来说，越过黄绿显示的通过信号机时，则不必减速。实际上对于低速列车来说黄绿显示的意义相当于绿灯显示，而对于高速列车来说是将两个闭塞分区作为一个制动距离来对待，将黄绿显示视为注意信号，在越过黄绿灯后准备在红灯前停车。这样可以解决线路上以不同速度运行的列车的行车要求。

3.城市轨道交通闭塞系统

城市轨道交通由于采用了ATC系统，各个轨道电路区段，即闭塞分区可不设通过信号机，而由车载ATP系统予以显示。按照闭塞实现的方式，可分为固定闭塞、准移动闭塞、移动闭塞。

(1)固定闭塞

固定闭塞将线路划分为固定的区段，不论前、后列车的位置，还是前、后列车的间距都是用固定的地面设备(如轨道电路等)检测和表示的。线路条件和列车参数等均需在闭塞设计过程中加以考虑，并体现在地面固定区段的划分中。

由于列车定位是以固定区段为单位的(系统只知道列车在哪个区段中，而不知道在区段中的具体位置)，所以固定闭塞的速度控制模式必然是分级的，即台阶式的。在这种制式中，需要向被控列车“安全”传送的只是代表少数几个速度级的速度码。

固定闭塞方式，通过轨道电路判别闭塞分区占用情况并传输信息码，需要大量的轨旁设备，维护工作量较大，存在较多缺点，并无法满足提高系统能力、安全性和互用性的要求。

(2)准移动闭塞

准移动闭塞是介于固定闭塞和移动闭塞之间的一种闭塞方式。它对前、后列车的定位方式是不同的。前行列车的定位仍沿用固定闭塞的方式，而后续列车的定位则采用连续的或称为移动的方式。准移动闭塞可解释为“预先设定列车的安全追踪间隔距离，根据前方目标状态设定列车的可行车距离和运行速度、介于固定闭塞和移动闭塞之间的一种闭塞方式”。

由于准移动闭塞同时采用移动和固定两种定位方式，所以它的速度控制模式必然既具有无级(连续)的特点，又具有分级(台阶)的性质。若前行列车不动而后续列车前进时，其最大允许速度是连续变化的；而当前行列车前进，其尾部驶过固定区段的分界点时，后续列车的最大速度将按“台阶”跳跃上升。

准移动闭塞在控制列车的安全间隔上比固定闭塞进了一步。它通过采用报文式轨道电路辅之环线或应答器来判断分区占用并传输信息；可以告知后续列车继续前行的距离，后续列车可根据这一距离合理地采取减速或制动，列车制动的起点可延伸至保证其安全制动的地点，从而可改善列车速度控制，缩小列车安全间隔，提高线路利用效率。但准移动闭塞中后续列车的最大目标制动点仍必须在先行列车占用分区的外方，因此它并没有完全突破轨道电路的限制。

(3)移动闭塞

移动闭塞克服了固定闭塞的缺点。它不设固定闭塞区段，前、后两列车都采用移动式的定位方式。移动闭塞可解释为“列车安全追踪间隔距离不预先设定，而随列车的移动不断移动并变化的闭塞方式”。

移动闭塞可借助感应环线或无线通信的方式实现。早期的移动闭塞系统采用基于感应环线的技术，即通过在轨间布置感应环线来定位列车和实现车载计算机与控制中心之间的连续通信。如今，移动闭塞系统均采用无线通信系统实现各子系统间的通信，构成基于无线通信技术的移动闭塞。

4.基于通信技术的列车控制系统

采用轨间电缆感应通信和无线通信的列车控制系统称为基于通信技术的列车控制系统（CBTC），该系统的使用代表着目前世界上列车运行控制系统的发展趋势，是城市轨道交通领域积极采用的一种移动闭塞方式。CBTC是一种采用先进的通信、计算机技术，连续控制、监测列车运行的移动闭塞方式的列车控制系统。它摆脱了用轨道电路判别列车对闭塞分区占用与否，突破了固定（或准移动）闭塞的局限性。较以往系统具有更大的优越性，具体体现如下：

①实现列车与轨旁设备实时双向通信且信息量大。

②可减少轨旁设备，便于安装维修，有利于降低系统全寿命周期内的运营成本。

③使列车与地面（轨旁）紧密结合、整体处理，改变以往车地相互隔离、以车为主的状态。这意味着车地通信采用统一标准协议后，就有可能实现不同线路间不同类型列车的联通联运。

四、电话闭塞

电话闭塞是当基本闭塞不能使用时，所采用的代用闭塞法。

1.电话闭塞办理的条件

电话闭塞法是在信号系统故障，不能使用ATP组织正常行车时，由相邻两站车站值班员利用站间行车电话，以电话记录的方式办理闭塞的方法。电话闭塞均按站间区间办理。由于电话闭塞没有机械或电气设备的控制，全凭规章制度和人工操作，因此办理闭塞手续时必须严格检查区间空闲。

为保证同一区间、同一线路在同一时间内不错误使用两种闭塞法；在停用基本闭塞改用电话闭塞或恢复基本闭塞时，均需根据调度命令办理。

2.办理电话闭塞的注意事项

①由同一站间区间两端车站按调度命令组织列车运行，司机凭路票人工驾驶进入站间区间，保证同一站间区间同一时间内只允许一列列车运行。

②城市轨道交通正线电话闭塞只允许列车在规定时间内凭路票从发车站驶往接车站，一般不允许列车在区间停车作业和折返。

③不论城市轨道交通列车调度电话是否通畅，列车均只能凭路票行车，在接车站未收回路票时，任何人不允许变更和改变电话闭塞命令。

④电话闭塞法占用区段的行车凭证为路票，区段内的信号机显示视为无效。

3.电话闭塞的接发列车作业

改用电话闭塞法或恢复基本闭塞法行车，必须要有调度命令。在停止使用基本闭塞法改用电话闭塞法行车时，调控权下放，实行车站控制。即由车站行车值班员办理接发列车作业。

车站原则上不办理手信号接发列车作业。在电话闭塞组织行车时须采用手信号接发列车，车站接发列车人员应严格执行接发列车作业程序，手信号的显示地点应便于司机瞭望与确认。

当列车进站时，站台岗人员应站在楼梯口，靠近紧急停车按钮附近立岗，随时注意站台乘客动态，发现危及行车安全时及时按压紧急停车按钮或显示停车信号。终点站站台人员清客完毕后应及时显示“好了”信号通知司机。

电话闭塞组织行车时手信号接发列车的规定有：

①按照《列车运行图》及行调命令，做好接车工作。

②接发列车时显示手信号的时机主要有：

a.接车时，在看见列车头部灯开始显示。

b. 通过列车，应待列车头部越过信号显示地点后方可收回。

c. 停站列车，应待列车停车后方可收回。

d. 发车信号，必须在司机动车或鸣笛回示后方可收回。

e. 引导信号，待列车头部越过信号显示地点后方可收回。

技能训练

技能训练一 运用半自动闭塞设备办理闭塞

半自动闭塞区间车站由于区间没有检测线路是否被占用设备，需要由两端车站值班员人工办理闭塞，获得列车或调车车列占用区间的许可权。半自动闭塞区间车站值班员办理闭塞操作见表3-13。

表3-13 半自动闭塞区间车站值班员办理闭塞流程表

甲站(发车站)	乙站(接车站)
1. 车站值班员用闭塞电话向乙站请求发车	
	2. 车站值班员接受请求，同意接车
3. 按闭塞按钮，发车表示灯亮黄灯，电铃鸣响	
	4. 接车表示灯亮黄灯，电铃鸣响
	5. 按下闭塞按钮，接车表示灯变为亮绿灯
6. 发车表示灯变为亮绿灯，电铃鸣响。车站值班员在发车进路准备好后，开放出站信号机	
7. 列车发出进入发车轨道电路区段，出站信号机自动关闭，发车表示灯变为亮红灯	
	8. 接车表示灯变为亮红灯，电铃鸣响。在接车进路准备好后，开放进站信号机
	9. 列车进入接车轨道电路区段，接车表示灯和发车表示灯均亮红灯
	10. 确认列车整列到达后，关闭进站信号机，拉出闭塞按钮，接车表示灯和发车表示灯均熄灭
11. 发车表示灯红灯熄灭，电铃鸣响	
	12. 通知邻站列车到达时刻

技能训练二 自动闭塞接发列车

目前我国没有统一的城市轨道交通接发列车作业标准，城际轨道交通参考国家铁路的TB/T 30001—2020接发列车作业标准，城市轨道交通接发列车作业标准可参考国家铁路的自动闭塞集中联锁(未设信号员)的接发列车作业标准。

1. 接发列车作业程序图

①接车(含通过)作业程序图(见图3-87)。

②发车作业程序图(见图3-88)。

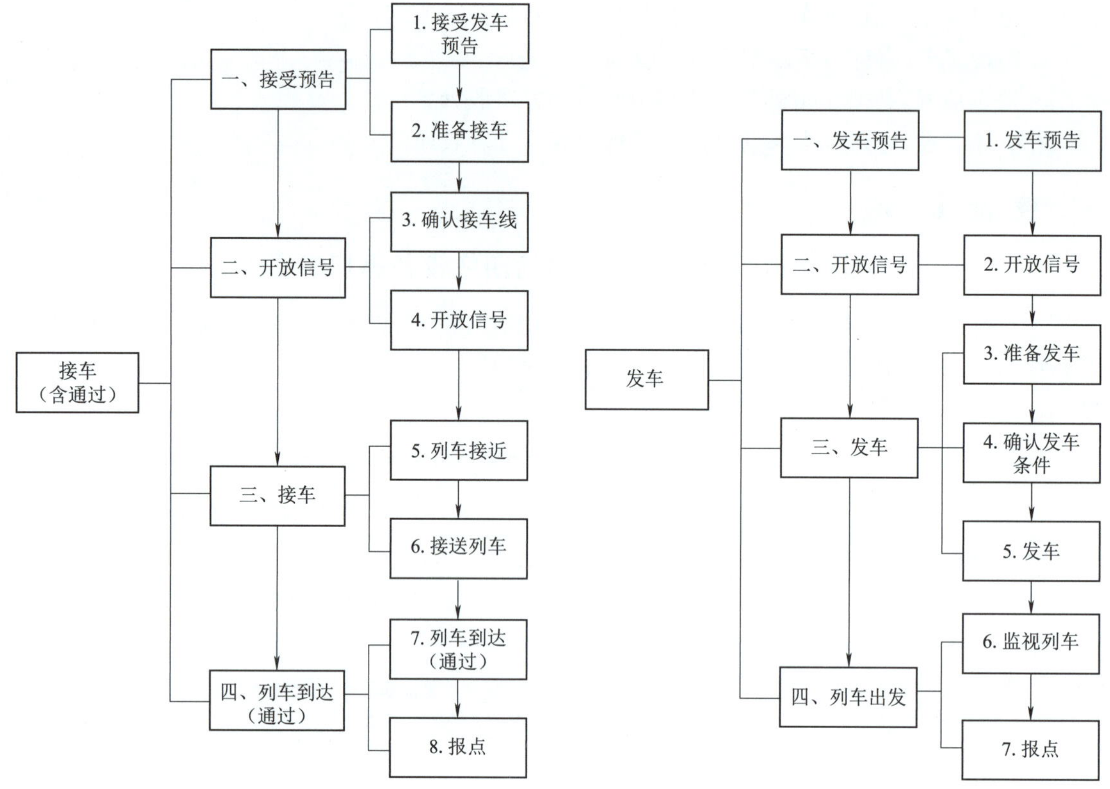

图 3-87　接车（含通过）作业程序图

图 3-88　发车作业程序图

2. 接发列车作业程序及技术要求

(1)接车（含通过）作业

接车（含通过）作业程序和岗位作业技术要求见表 3-14。

表 3-14　接车（含通过）作业程序和岗位作业技术要求表

作业程序		岗位作业技术要求		事项要求
程序	项目	车站值班员	助理值班员	
一、接受预告	1. 接受发车预告	(1)听取发车站预告，按列车运行计划核对车次、时刻、命令、指示（必要时与列车调度员联系），同意发车站预告：“同意×（次）预告”	—	同意列车预告后，按企业规定通知有关人员
		(2)填记或确认电子行车日志	—	不能使用电子行车日志时，填写纸质行车日志
	2. 准备接车	(3)确定接车线	—	—
二、开放信号	3. 确认接车线	(4)复诵发车站开车通知：“×（次）、（×点）×（分）开[通过]”	—	—
		(5)填记或确认电子行车日志中的发车站发车时间和本站接车线	—	不能使用电子行车日志时，填写纸质行车日志

续上表

作业程序		岗位作业技术要求		事项要求
程序	项目	车站值班员	助理值班员	
二、开放信号	3.确认接车线	(6)通知助理值班员:"×(次)开过来(了),×道停车[通过][到开]",并听取复诵	(1)复诵:"×(次)开过来(了),×道停车[通过][到开]",并填写占线板(簿)	助理值班员在室外作业期间接到的通知,返回后,除按规定应擦(划)掉的外,应补填占线板(簿),必要时与车站值班员联系
		(7)按企业规定通知有关人员	—	—
		(8)确认接车线路空闲	—	—
		(9)停止影响进路的调车作业	—	停止调车作业的时机,由企业规定。无影响进路的调车作业时,此项作业省略
	4.开放信号	(10)确认列车运行计划后,开放进站信号,口呼:"进站",点击(按下)始端按钮;需办理变通进路时,口呼:"变通××",点击(按下)相应变通按钮;口呼:"×道"(正线通过时,口呼:"出站"),点击(按下)终端按钮;设有延续进路时,口呼:"延续××",点击(按下)延续进路相应按钮。确认光带、信号显示正确,口呼:"信号好(了)"	(2)通过信号操作终端确认信号正确,应答:"×道进站信号好(了)"[通过时,应答:"×道进、出站信号好(了)"]	列车通过时,应办理有关发车作业程序 "变通××"中的"××"为按钮名称。"延续××"中的"××"为延续的按钮或线路名称 助理值班员在室外作业时,(2)项作业省略
三、接车	5.列车接近	(11)通过信号操作终端监视信号及进路表示	—	—
		(12)第二(三)接近语音提示(接近铃响)、光带变红,再次确认信号开放正确,通知助理值班员:"×(次)接近,×道接车",并听取复诵	(3)通过信号操作终端再次确认信号正确,复诵:"×(次)接近,×道接车"	
	6.接送列车	—	(4)到企业规定地点接车	—
四、列车到达(通过)	7.列车到达(通过)	(13)通过信号操作终端监视进路、信号及列车进(出)站	(5)监视列车进站,于列车停妥后返回。通过列车,于列车尾部越过接车地点,确认尾部标志后返回	—
		(14)通过信号操作终端确认列车整列进入(通过)接车线	—	—
		(15)对通过列车通知接车站:"×(次)、(×点)×(分)通过",并听取复诵	—	—
		(16)填记或确认电子行车日志	(6)对通过列车擦(划)掉占线板(簿)记载	不能使用电子行车日志时,填写纸质行车日志
	8.报点	(17)计算机报点系统自动向列车调度员报点	—	不能自动报点时,向列车调度员报点:"×(站)报点,×(次)、(×点)×(分)到[通过]"

(2)发车作业

发车作业程序和岗位作业技术要求见表3-15。

表3-15　发车作业程序和岗位作业技术要求表

作业程序		岗位作业技术要求		事项要求
程序	项目	车站值班员	助理值班员	
一、发车预告	1.发车预告	(1)根据列车运行计划，向接车站发出："×(次)预告"，并听取同意的通知	—	—
		(2)填记或确认电子行车日志	—	不能使用电子行车日志时，填写纸质行车日志
二、开放信号	2.开放信号	(3)停止影响进路的调车作业	—	停止调车作业时机，由企业规定。无影响进路的调车作业时，此项作业省略
		(4)确认列车运行计划后，开放出站信号，口呼："×道"，点击(按下)始端按钮；需办理变通进路时，口呼："变通××"，点击(按下)相应变通按钮；口呼："出站"，点击(按下)终端按钮。确认光带、信号显示正确，口呼："信号好(了)"	(1)通过信号操作终端确认信号正确，应答："×道出站信号好(了)"	"变通××"中的"××"为按钮名称 助理值班员在室外作业时，(1)项作业省略
三、发车	3.准备发车	(5)通知助理值班员："发×道×(次)"，并听取复诵	(2)复诵："发×道×(次)"	助理值班员在室外作业时，可提前告知发车计划。 使用列车无线调度通信设备通知时，应在用语前增加姓名或代号。 动车组列车无此项作业
	4.确认发车条件	(6)通过信号操作终端监视信号及进路表示	—	—
		—	(3)确认旅客上下、上水等作业等完了(或得到通知)	动车组列车无此项作业
	5.发车	—	(4)按规定站在适当地点，显示发车信号或使用列车无线调度通信设备(发车表示器)发车	车站值班员使用列车无线调度通信设备发车时，应确认发车条件具备(或得到报告)。动车组列车无此项作业
四、列车出发	6.监视列车	(7)列车起动后，及时通知接车站："×(次)、(×点)×(分)开"，并听取复诵	—	—
		(8)填记或确认电子行车日志	—	不能使用电子行车日志时，填写纸质行车日志
		(9)通过信号操作终端确认列车整列出站	(5)监视列车，于列车尾部越过发车地点，确认列车尾部标志后返回	—
		—	(6)擦(划)掉占线板(簿)记载	—
	7.报点	(10)计算机报点系统自动向列车调度员报点	—	不能自动报点时，向列车调度员报点："×(站)报点，×(次)、(×点)×(分)开"

技能训练三　电话闭塞行车凭证——路票的填写

采用电话闭塞时，路票是列车进入区间的唯一凭证，应由车站值班员或指定的车站胜任人员填写。如图 3-89 所示为某线路某区间的路票样本，在填写路票时要注意路票七要素。

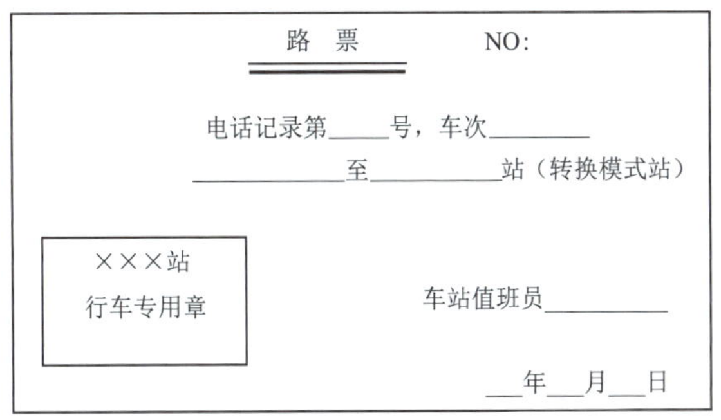
路　票　　　NO:

电话记录第____号，车次________

__________至__________站（转换模式站）

×××站
行车专用章

车站值班员________

__年__月__日

图 3-89　某线路某区间的路票样本

路票七要素包括电话记录号码、车次、列车运行区间、日期、值班员姓名、行车专用章、区间运行速度。

需要特别注意的是，当采用电话闭塞时，列车区间运行速度有限制规定，例如，第一趟列车限速 25 km/h（包括出、入车辆段列车），后续列车限速 45 km/h 等限速规定，不同地铁公司规定略有不同。

检查与评价

任务评价见表 3-16。

表 3-16　任务评价

<table>
<tr><td colspan="5">项目三任务 4　区间闭塞设备的运用</td><td rowspan="4">综合得分</td></tr>
<tr><td>姓　名</td><td></td><td rowspan="3">自我评价</td><td rowspan="3">小组评价</td><td rowspan="3">教师评价</td></tr>
<tr><td>组　别</td><td></td></tr>
<tr><td>组员姓名</td><td></td></tr>
<tr><td>知识技能评价</td><td>1. 能正确划分区间、闭塞分区和车站，说明闭塞含义；
2. 半自动闭塞设备办理闭塞和取消闭塞准确无误；
3. 自动闭塞正常情况接车（通过）作业各岗位用语准确、操作规范、行车日志等填写无误；
4. 自动闭塞正常情况发车作业各岗位用语准确、操作规范、行车日志等填写无误；
5. 路票各要素填写正确</td><td></td><td></td><td></td><td rowspan="3"></td></tr>
<tr><td>方法能力评价</td><td>1. 具备根据资讯进行分析推理、归纳总结、建构闭塞设备知识架构的自学能力；
2. 具备接发列车时的团队协作和标准化作业的能力</td><td></td><td></td><td></td></tr>
<tr><td>思政评价</td><td>1. 具备接发列车运输生产安全意识；
2. 具备安全操作、安全重于一切的岗位责任心；
3. 具备闭塞设备故障情况下应急处置的岗位职业素养</td><td></td><td></td><td></td></tr>
</table>

反馈与改进

通过检查与评价得到反馈，进行反思，并撰写实训指导手册的任务总结报告。

记录人		时间	
总结报告	请阐述任务评价反馈后，半自动闭塞设备办理闭塞、自动闭塞正常情况接发列车和电话闭塞法行车凭证填写的经验和体会		

完善与拓展

（1）进行轨道交通闭塞设备和通信信号设备相关前沿技术探索。

（2）拓展了解轨道交通闭塞设备的技术发展历程，并向小组同学展示。

巩固与提高

一、赛中学

可利用全国职业院校技能大赛高职组“城轨智能运输（赛项编号：GZ071）”竞赛平台的电话闭塞法接发列车项目内容，进行某一联锁区联锁站电话闭塞法下完成首列车接发车工作。

二、思考与提高

（1）轨道交通区间如何划分？

（2）什么是行车闭塞法？行车闭塞法的种类有哪些？

（3）固定闭塞、准移动闭塞、移动闭塞有哪些区别？

（4）半自动闭塞如何正常办理？

（5）自动闭塞的工作原理是什么？

（6）自动闭塞分为哪几类？

（7）什么是 CBTC？有何优点？

（8）电话闭塞办理的条件是什么？

（9）电话闭塞办理的注意事项有哪些？

（10）电话闭塞行车凭证——路票有哪些要素？

任务5 列车自动控制系统 ATC 的认知和运用

情境导入

西班牙快速列车超速事故

当地时间2013年7月24日，西班牙一列从马德里开往北部城市费罗尔的客运列车发生事故，列车13节车厢全部出轨，其中4节车厢相互挤压。事故原因是列车超速，那么有没有办法控制列车超速行驶呢？答案是肯定的。这就是安装在列车上，属于列车自动控制 ATC 系统的子系统 ATP。本任务学习我国先进的城市轨道交通 ATP 系统，只要列车超过系统规定速度一定值就会触发紧急制动。

学习目标

技能目标

(1)能画图说明列车自动控制系统 ATC 的组成。

(2)会分析说明 ATP 系统目标距离制动模式曲线工作原理。

(3)能看图说明 ATP 车载设备的组成及其功能。

(4)根据相关资讯进行分析归纳，并建构列车自动控制系统 ATC 的知识架构。

知识目标

(1)理解 ATC 系统的概念。

(2)熟悉 ATC 系统的组成。

(3)了解 ATC 系统的功能。

(4)了解 ATP 系统的信息传输方式。

(5)掌握 ATP 车载系统的功能。

(6)掌握 ATP 车载系统的工作原理。

素质目标

(1)具备列车运行安全生产意识。

(2)培养采用先进技术保证列车运行安全的工程思维。

任务作业单

为完成以上技能、知识和素质目标，任务作业单见表 3-17。

表 3-17 任务作业单

序号	任　　务
1	画图说明列车自动控制系统 ATC 的组成
2	看图说明 ATP 车载设备的组成及其功能
3	分析说明 ATP 系统目标距离制动模式曲线工作原理
4	分析比较 ATC 三个子系统的功能差异

学习地图

本任务自主学习参考智慧职教 MOOC 学院平台国家级精品在线开放课程“轨道交通运输设备运用”项目三任务 5 列车自动控制系统 ATC 的认知和运用，课程学习地图如图 3-90 所示。

图 3-90 课程学习地图

自学资讯

1. 本任务的两种自学方式

(1)在图 3-90 中的“新知学习”模块学习。

(2)扫描二维码学习。

列车自动控制系统ATC的组成和功能

ATP车载系统的组成与工作原理

2. 重要知识点

(1)ATC 系统概述。

(2)ATP 子系统。

(3)ATO 子系统。

(4)ATS 子系统。

(5)分析比较 ATC 三个子系统的功能差异。

计划与决策

(1)针对列车自动控制系统 ATC 不同的子系统，进行各子系统功能探索，明确各人任务职责，完成任务实施计划。

(2)形成决策意见，包括相关示意图(列车自动控制系统 ATC 的组成示意图、ATP 系统目标距离制动模式曲线工作原理图和 ATP 车载设备的工作原理图)的绘制。

(3)小组讨论和组间交流，ATC 三个子系统的功能差异。

任务实施

以小组为单位，在本书配套实训指导手册完成以下训练。

(1)画图说明列车自动控制系统 ATC 的组成。

(2)分析说明 ATP 系统目标距离制动模式曲线工作原理。

(3)看图说明 ATP 车载设备的组成及其功能。

(4)分析比较 ATC 三个子系统的功能差异，见“技能训练”。

相关知识

一、ATC 系统概述

ATC 是列车自动运行全过程的控制系统，它由三个子系统：列车自动保护系统、列车自动运行系统及列车自动监控系统组成。列车自动保护(automatic train protection，ATP)系统，主要作用是根据故障—安全原则(故障导向安全)，通过列车 ATP 系统和地面 ATP 系统间的信息传输，来实现列车间安全间距的监控、速度控制、列车的超速防护、安全开关门的监督和进路的安全监控等功能，确保列车和乘客的安全。列车自动运行(automatic train operation，ATO)系统，主要通过车载 ATO 系统完成站间自动运行、列车速度调节和进站定点停车，并接受 OCC 的运行调度命令，实现列车的运行自动调整；列车自动监控系统(automatic train supervision，ATS)，主要功能是监督列车状态、产生列车时刻表、自动调整列车运行时刻和保证列车按时刻表正点运行、生成运行报告和统计报告、向旅客向导系统提供信息等，采用软件方法实现联网、通信及列车运行管理自动化，ATP、ATO、ATS 三个子系统既相互独立又相互联系，组成完整的 ATC 系统，确保列车的安全、快速、短间隔时间和有序地运行。ATC 系统设备分布于 OCC，车站、轨旁及车上。

ATC 列车自动控制系统框图如图 3-91 所示。

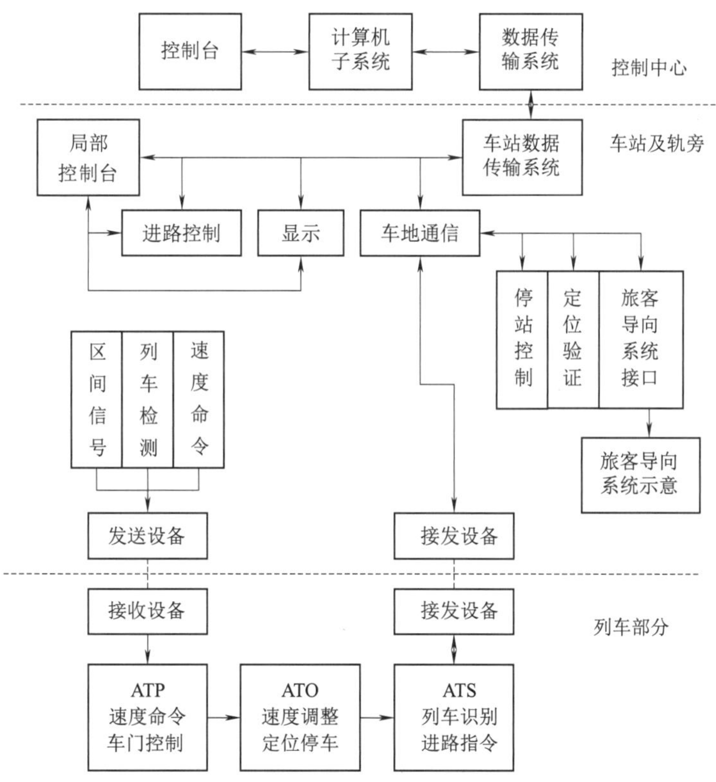

图 3-91　ATC 列车自动控制系统框图

OCC 内的硬件设备主要包括人机界面(MMI)、管理器(ADM)、通信器(COM)、打印服务器和打印机、维护操作控制台、过程耦合单元(PCU)、表示盘接口(PI)、模拟表示盘(MDP)、列车时刻表编辑器(TTE)、局域网(LAN)、不间断电源(UPS)及演示系统(DS)等。车站设备包括列车发车时间表示器(DTI)、旅客信息显示系统(PIIS)以及列车识别系统(PTI)等,联锁车站一般还装有远程终端单元(RTU)。

二、ATP 子系统

ATP 是一种带速度控制的列车自动防护系统,是线路上信号设备的补充,它是由地面信号和车载设备共同组成的闭环高安全系统,是地面联锁向车载设备的延伸而实现的行车方式,以故障导向安全原则作为最重要的技术条件。列车通过 ATP 设备接受运行该区段的最高速度,并保证列车不超过此速度运行,从而保证了后续列车与先行列车之间的安全间隔距离。

1. ATP 子系统工作原理

(1)概述

ATP 系统在城市轨道交通中承担确保列车行车安全的重要职任,它是 ATC 系统中的最重要的一环。

在 ATP 计算机内,存储了必要的线路固定工程数据,如区间的线路布置、坡度、轨道电路长度、限速等。ATP 计算机根据已有的数据和当时的线路运行状况,按照一定的算法计算列车的最大允许曲线,ATP 工作原理如图 3-92 所示。

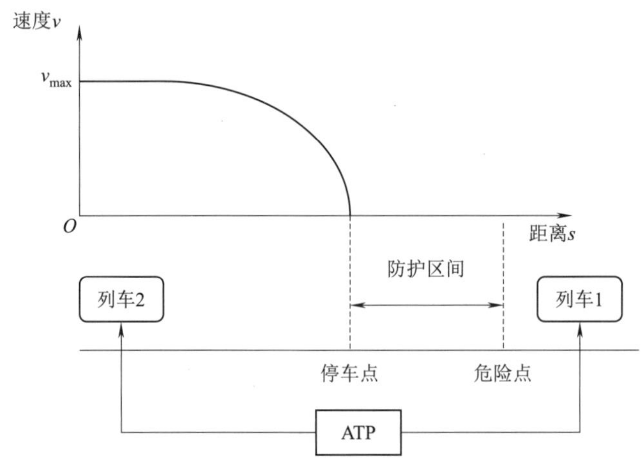

图 3-92　ATP 工作原理

前行列车 1 的位置或危险点经轨道电路传递给运行在线路区间的后续列车 2(图 3-86),对列车 2 而言,列车 1 的位置就是危险点,列车 2 计算出到危险点的最大允许速度。列车 1 向前运动,则列车 2 的安全停车点(车站停车点不属于安全停车点)也随之变化,列车 2 实时计算到停车点的速度——距离曲线,如果列车实际速度高于最大允许速度,那系统就应先报警,若在规定时间内未将速度降到允许速度以下,则实施紧急制动。

(2)闭塞及其实现

在城市轨道交通内,列车间隔控制即闭塞均由列车运行自动完成,故为自动闭塞。由于采用了 ATC 系统,各个轨道电路区段,即闭塞分区可不设通过信号机,而由车载 ATP 系统予以显示。

2. 轨旁 ATP 系统功能

ATP 功能是由车载 ATP 系统和轨旁 ATP 系统共同实现的,轨旁地面 ATP 系统具有以下功能:

(1)安全停车点防护

安全停车点是基于危险点定义的(见图 3-92),危险点是丝毫不能超越的点,如果超越,就可能发生危险,例如列车追尾。因此对危险点有必要定义一个防护区段。该防护区段的长度由区段的运行条件和前后列车性能所决定,必须保证后续列车最迟能够在防护区段的末段(危险点之前)停下来。图中的停车点是防护区段的起始点,由 ATP 负责监督并计算出到安全停车点的速度——距离曲线,以使列车在该点能够停下,在防护区内的停车可以保证前后列车的安全。

(2)速度监督和超速防护

ATP 的速度限制分为两种:一种是固定速度限制,如取决于线路参数的区间最大允许速度、线路设计的停车点以及列车自身性能的最大允许速度;另一种是临时限制速度,如线路施工、维修时的临时限制速度和由运行环境或突发事件所造成的临时限速等。这两种限速值可由设备运行环境实时通过报文发送给车载 ATP,ATP 一直监督列车不得超越这些限制速度。ATP 超速的触发点一般比 ATP 限速值高 3 km/h,例如,某个区间 ATP 限速为 30 km/h,则其超速触发点为 33 km/h,一旦超速,列车会自动发出警告。如果在规定时间内列车未将速度降到限制速度允许的速度以下,ATP 便会实施紧急制动,并加以记录。

(3)测速与测距

为了保证列车能够准确地停在目标停车点处,ATP 系统必须能够计算出从当前位置到目标距离点的最大安全容许速度。此外,通过连续地测定行驶距离,ATP 系统能够随时准确地确定列车的位置。ATP 系统利用装在轮轴上的测距脉冲发生器进行距离和速度测量。ATP 系统根据轨道电路来和同步环线进行距离同步。列车每通过一个轨道电路的分界,距离测量值就被粗略同步,在车站和折返线,通过同步环线,可使列车的停车精度达到±0.5 m。

(4)车门控制

列车的车门控制是 ATP 重要的安全措施之一。车载 ATP 设备能防止列车在站外开门和站内开错门。另外,它还防止列车在开门状态下启动。只有在下列条件同时满足时,车载 ATP 才给出开门命令:

①列车是静止的;

②列车停在车站的停车范围内;

③轨旁 ATP 设备允许开门。只有在 ATP 系统检查了所有安全条件且均已满足时,才允许车门开启并发出指示命令。

(5)紧急制动功能

在特殊紧急情况下,如 TWC 出现异常或通信中断时,按压车站的紧急停车按钮,就可通过轨道电路将停车信息传递给在区间行驶的列车,启动紧急制动,使列车停止运行,一旦启用紧急制动,一定要在列车停稳后才能重新启动,不能中途释放制动,系统同时会将情况记录下来,以备事故分析和查验。

以上是 ATP 系统的主要功能,除此之外,它还具有一些其他功能,例如基本的通信功能,向列车驾驶员显示信息,向 ATO 系统传输数据,无人自动折返,ATP 可以负责监督和操作列车自动折返,并在此过程中保证安全等。

3. 车载 ATP 的功能实现

车载 ATP 子系统是确保列车运行安全的关键设施,它与地面 ATP 设备相配合,主要完成以下功能:命令解码、速度探测、超速下的强制执行、特征显示、车门操作等任务。车载设备包括两套 ATP 模块，两个速度传感器和两个接收线圈、车辆接口、驾驶台上相关表示及控制按钮等。ATP 车载设备基本配置包括驾驶室内的操作和控制单元(MMI)。借助于 MMI，司机可以按照 ATP 系统的指示运行。ATP 车载设备功能如图 3-93 所示。

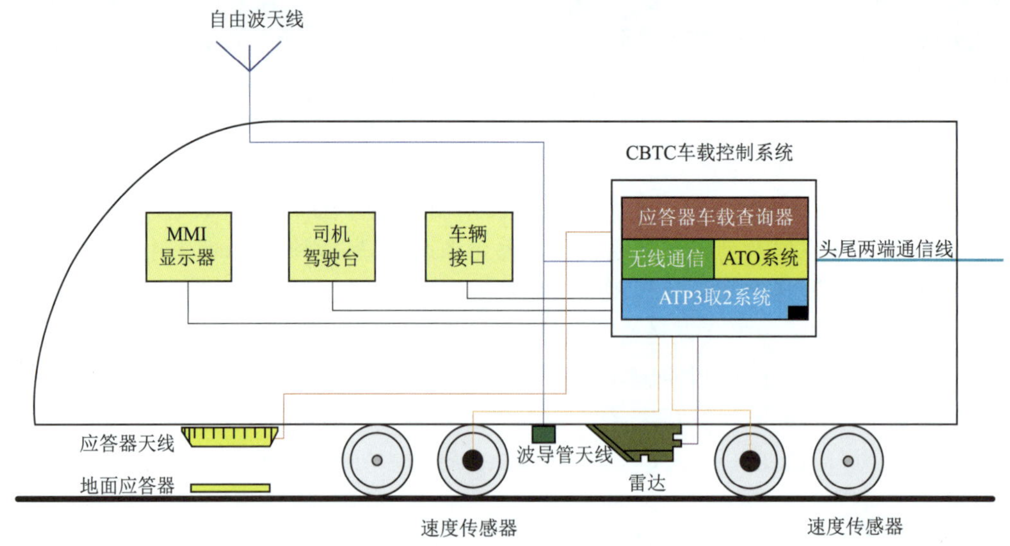

图 3-93　ATP 车载设备功能

(1)速度码或距离码

自动列车运行控制系统有速度码系统和距离码系统两种。不论是速度码系统还是距离码系统，都利用轨道电路作为电路检测码和有关数据电码的双重信息通道。下面以典型的频分制速度码系统——上海地铁一号线为例，简单介绍。

在没有列车经过时，轨道电路用于检测列车占用，用于检测的载频有 4 个，分别为 f1、f2、f3、f4，此外，在轨道电路中传送的幅度调制信号所采用的调制频率有两个，分别是 fs1，fs2，因此，对用于检测列车占用的轨道电路来讲，就有 8 种可能的频率组合。这 8 种频率组合对应 8 种不同的速度信息调制码，其中 6 种为限制速度命令信息，不同的调制频率对应不同的限制速度；其余两种分别用来作为打开左右车门的门控信号。

距离码系统是根据地面 ATP 传送给车载 ATP 的各种信息，例如运行区间及前方区间的最大限速、区间线路的曲线、坡度，以及目标点的距离、目标点的允许速度等，和存储在车载 ATP 里的列车自身的固有数据，例如列车长度、列车常用制动和紧急制动率等，由车载 ATP 实时计算出速度—距离允许曲线，并按此曲线对列车的实际速度进行实时监控。

(2)超速防护

超速防护保证列车不会超过限速命令所规定的速度，超速控制器 CPU 有两个输入，一个是来自系统处理 CPU 的速度限制信息，另一个为速度传感器中测得的实际列车速度信息，实际的列车速度信息来自一个双通道零速有源速度探测器，它的信息通过两个独立的软、硬件通道处理。

由于车轮在列车运行过程中存在着磨耗，列车新、旧车轮的直径不尽相同。而在相同的区间距离范围内，我们采用的速度探测器脉冲的计数跟车轮的直径有直接的关系，因此，我们在计算实际车速时，必须考虑车轮磨耗带来的影响。

对于车轮磨耗，用加强补偿探测信号的方法来解决，一般运行列车的车轮直径在 770～

840 mm 的变化范围之间，若以增量 5 mm 为单位，可以有 15 个设定值对实测速度进行调整。测得的列车速度传送到调速 CPU，完成与限制速度的比较，如果列车实测速度超过 ATP 限速，则出现超速状态，在自动模式时列车自动调整速度，在人工模式时由司机采取措施调整。

(3)制动保证

在列车的司机室配备有主、副制动保证装置(brake assurance unit，BAU)，并与主、副 ATP 设备配套，当 ATP 系统检出列车超速的 3～4 s 内，列车至少以最小的减速率 0.715 m/s^2 减速，若在规定时间里未达到最小制动率，制动保证装置将输出指令，即施加不可逆转的紧急制动，一旦采取紧急制动后，一直要到列车停下，该制动才能缓解。

BAU 包括一个机械摆和位置感知系统，加速和减速的惯性力推动机械摆移动，摆移动由调整好的红外检测器监督，红外检测器允许光通过以产生一个所要求减速率达到的输出信号，并将其传送到 ATP 的系统处理 CPU。在 ATP 的系统处理器 CPU 检测到超速状态时，它就检测 BAU 的输出，以此确定是否已施加全常用制动。若在 3～4 s 内未测到 BAU 的输出，它就会通过紧急制动继电器失磁来施加紧急制动。此外，列车停车时，中央处理器如果收到 BAU 的输出，则会认为 BAU 故障，也会提示 ATP 子系统施加紧急制动。

列车制动停车后施加常用全制动，当未收到速度命令，而列车无意运动并在没有启动制动保证情况下车速超过 3 km/h，那么实施紧急制动予以防护。

(4)零速检测和后退防护

零速检测在所有操作模式中生效，当列车速度小于 3 km/h，ATP 子系统确认为零速度，并由超速控制 CPU 进行零速检测，当列车实际速度小于零速度设定值，将零速度检测信号返送至系统处理 CPU。

后退防护一般用在列车进站时超过停车点若干米，为了接受允许开车门信号，列车必须后退到地面对位天线上方(±0.25 m)才能进行车地双向通信。在自动和人工模式下通过超速防护系统提供后退防护，如果检测出列车向错误的方向运动，则施加紧急制动。

(5)车门控制

当列车到达定位停车点，列车对位天线检测由站台对位环线发送的 13 200 Hz 频率，证明列车已正确地在站台对位。ATO 子系统将指令全常用制动并生成一个列车停稳信号给 ATP 子系统，ATP 子系统接收到列车停稳信号，施行全常用制动，并确认零速度，上述条件全满足时，ATP 生成一个列车对位信号给 ATO 子系统，ATO 子系统生成列车对位信号，通过车辆对位天线发送至地面。站台对位接收线圈接收并译出上述列车对位信号，使车站 ATP 系统发送打开车门的信号，打开左车门或右车门。车载 ATP 接收线圈收到地面发来的打开车门信号以后，使相应的门控继电器励磁，并点亮相应的开门表示灯，这时司机按压相应的门控按钮才可以将左门或右门打开。门控继电器的前接点与车辆门控电路的安全接点相一致，ATP 子系统将指令车辆对位天线停发对位信号而改发打开站台屏蔽门信号。屏蔽门应与车辆门相对应，也即根据车辆编组的不同而发送不同的屏蔽信号。地面站台对位接收器接收并译码，使相应打开屏蔽门继电器励磁，以打开相应数量的站台屏蔽门。

列车车门的控制有自动模式和人工模式两种。

①在自动模式情况下，列车对位和开门均自动完成，当停站时间到点时，车站 ATP 停止发送打开车门的信号，从而使车辆门控继电器失磁，当司机按压相应的车门关闭按钮以后，门控电路启动车门关闭，由于门控继电器的失磁，使车载 ATP 子系统中止发送屏蔽门信号，地面打开屏蔽门继电器失磁，启动车站屏蔽门的关闭。这时地面 ATP 子系统向轨道电路发送

速度命令，车载ATP系统译出速度命令并将此信息与车门关闭信息一起送给ATO子系统，ATO子系统收到上述信息时，使控制台上的ATO启动表示灯以1 Hz频率闪光，通知司机按压ATO启动按钮，司机按压该按钮后列车按ATO方式启动运行。

②在人工模式情况下，司机必须将列车以人控方式停于车站定位点，使列车对位钮表示灯点亮，以证明列车正确对位。这时司机按压对位按钮，以启动车门操作，如果主控制器手柄置于常用全制动位，并检测到零速度，ATP子系统生产列车对位信号，这以后的动作与自动模式相同，而关车门列车的启动由司机人工控制实施。

(6)设备冗余考虑

考虑到系统的可用性和可靠性，系统由两个独立的车载ATP子系统构成。除输入接收线圈和车辆接口的输出继电器外，ATP子系统完全是双套的，分别为主用ATP和备用ATP模块，以下简称ATP1，ATP2。其输入是并联的，输出分别驱动输出继电器，分设DC/DC/转换器、BAU和双信道车轴脉冲发生器与其对应，工作模式以选择开关进行区分。正常情况下，主用ATP和备用ATP平行工作，执行相同的任务，主用/备用ATP之间的转换不需要人工干涉；特殊情况下，系统也可以采用以下两种模式：

①主用ATP模式：仅选择ATP1模块，ATP2模块断电，ATO/ATS接收ATP1来的数据，当电源也由ATP1DC/DC转换器供给。

②备用ATP模式：仅选择ATP2模块，ATP1模块断电不工作，ATO/ATS接ATP2的DC/DC转换器电源和数据。

三、ATO子系统

1. ATO系统结构

ATO作为ATC的一个重要的子系统，利用车载固化信息和地面信息实现对列车牵引、制动的控制，使列车经常处于最佳运行状态，提高乘客的舒适度，提高列车准点率，节约能源。ATO是提高城市轨道交通列车运行水平的重要技术，但它的功能是依靠ATC各子系统协调工作共同完成的。ATO并不是故障一安全系统，它的运行速度始终低于ATP的防护速度，且它的运行任务是由ATS根据需求实时给出的，缺少ATP和ATS子系统，ATO将无法正常工作。ATO系统结构图如图3-94所示。

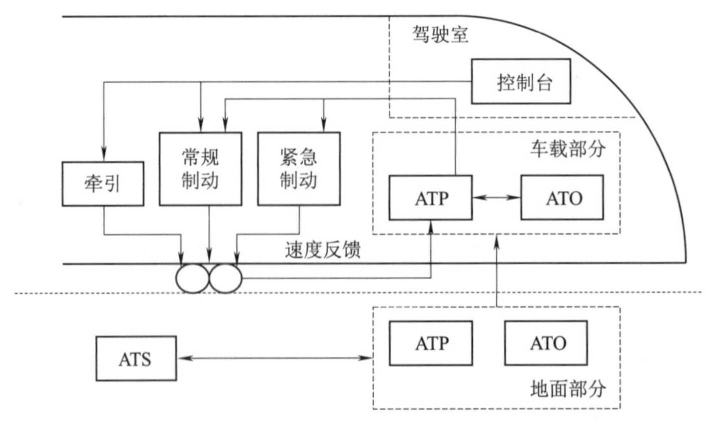

图3-94　ATO系统结构图

如上所述,利用 ATO 可以提高列车运行的性能指标,这些性能指标主要有以下几点:

(1)高效性

ATO 应能提高通过能力,在采用一定的车辆类型、信号设备和行车组织方法条件下,提高轨道交通系统线路的各项固定设备在单位时间内(通常是小时)所能通过的列车数。

(2)准时性

地铁系统是按照一定的时刻表运行的,每一列车都有其运行时分,若误点运行,将会打乱整个地铁系统的运行作业。这就要求 ATO 能自动快速地调整列车的运行时分,使整个系统有序地运行。

(3)停车精度

地铁站台长度固定,停车位置不准确将影响乘客的上下车,尤其是在带有屏蔽门的站台,这一问题更明显。停车精度还有可能影响列车与地面的通信。这要求 ATO 在停车前能快速精确地调整速度。

(4)舒适性

为了提高舒适性,列车加减速度的绝对值不能过大,加减速度的变化不能过分频繁。

(5)节能

要求列车以尽量合理的速度运行,并且尽量减少制动。

2. ATO 系统主要功能

(1)站间运行控制

这是 ATO 系统的最主要的功能。它可生成牵引速度调节功能和制动控制信号,其模块调速器以渐进和恒定的速率加速列车到达由限速设定的运行速度,列车到达限定速度后,ATO 根据站间距离和站间运行时间自动计算出速度—距离曲线,通过连续比较实际速度和限速以控制列车的牵引和制动系统,应用闭环控制技术达到速度调节的目的,它控制列车速度到 ATP 速度命令、ATS 运行等级或车站停车曲线所决定的最低参考速度,列车行驶速度一般被保持在上述参考速度 0～5 km/h 的范围内。在高峰期间,按照最大允许速度驾驶列车,在低峰期间,按照最节能的方式驾驶列车。

(2)列车自动调整

列车运行期间,ATO 列车自动调整,通过对列车实际运行时分与计划时刻表内的运行时分的比较,用报文的形式把相应的信息(运行时分计算值)通过轨道电路传给列车车载 ATO。与此同时,ATS 通过控制运营停车点的释放时间,来控制列车的发车时刻从而调整列车在站内的停留时间,使列车按照时刻表内的时间运行。列车自动调整的原则是列车按时刻表和最大可能的节能原则。

(3)定位停车控制

对运行的列车而言最重要的作业之一便是在车站的定位停车,通常司机在制动时全凭直觉估计到停车点的距离,根据当时的速度来推算减速度,即完全按“记忆模式”来操作制动阀,要做到定位停车是相当困难的,所以必须研究列车自动定位停车,尤其对于设置站台屏蔽门的城市轨道交通尤为重要。

定位停车控制一般采用距离控制方式为多,所谓距离控制方式是根据制动开始点到定位停车点之间的距离以及列车速度、列车重量、天气情况、空走时间、线路条件等计算出制动模式。在定位停车点的附近进行阶段缓解,以不断修正停车位置的误差,来保证定点停车。

为了保证列车能在车站定位停车,一般应在车站内设有地面标志器,如图 3-95 所示,当列车接近车站时，它首先检出离停车点 350 m 的最外方的标志器(110 kHz，140 kHz)，从而启动车站制动曲线并点亮司机操作台上的程序停车表示灯，列车通过离停车点 150 m 中间标志器(120 kHz，150 kHz)和离停车点 25 m 的内方标志器(160 kHz)时分别更新制动曲线，而当列车对位天线检出 8 m 标志(14.4 kHz)时，再次更新制动曲线，一旦车辆对天线直接位于地面对位线圈，控制列车精确定位停车，这时地面向列车发送对位信息(13.2 kHz)，车辆检出此信号时，ATO 将设定常用全制动并启动开门程序，当车门打开，程序停车表示灯将熄灭。如果跳停生效，说明列车在该站不停，所以跳停表示灯点亮，程序停车表示灯不亮而且标志器的输入不起作用，列车根据 ATP/ATS 速度命令下运行。

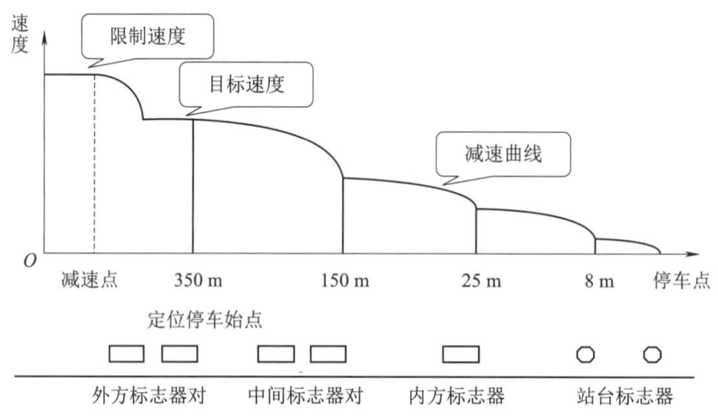

图 3-95　定位停车示意图

在程序停车正在作用时，车站停车功能还可以通过司机按下跳停按钮来取消，即在列车对位信号生成前，在任何时间都可以人工取消一次程序停车，跳停的输入，不论由 ATS 还是由人工输入，只能取消一个车站停车。

(4)车门控制及站台屏蔽门的开启

当列车停于定位停车的允许精度范围内时，列车的定位天线连向站台定位发送器和接收器，站台定位发送器向车辆定位接收器发送列车停站信号，ATO 子系统确认列车到达指定的定位区域后，将该信号传给 ATP 子系统，以保证列车制动。当 ATP 子系统检查完开门条件，允许车辆开门并给出命令后，ATO 自动打开车门。

有了车门打开信号后，车辆定位发送器改发屏蔽门信号，当站台定位接收器收到此信号，通过调节屏蔽门继电器将与列车车门位置与数量都相对的屏蔽门打开，屏蔽门和车门的开门时间应在小于 1 s 时间内同步启动，关闭时间应大致相同。

(5)自动折返

列车自动折返可以由 ATO 控制并受 ATP 的监督。无人驾驶的列车自动地从站台线驶入折返线并停下，在换端之后列车转回车站进入另一站台线。

四、ATS 子系统

现代城市轨道交通系统是一个在高载客量、高密度下运行的自动控制系统，列车之间的运行间隔甚至已经缩短至 2 min 以下。对这样的系统已经完全无法采取人工方式进行调度和管理。列车自动监控(automatic train supervision，ATS)系统正是为了满足这样的需求而开发的一种基于计算机网络的、智能化自动控制系统。

ATS 系统是整个城市轨道交通系统的运营核心，在 ATP、ATO 系统的支持下完成对列车运行的自动监控，它负责监视和控制线路中所有列车的运行状态。ATS 由一个位于 OCC 的远程监控系统以及每个车站的现地设备（现地 ATS）组成。在通常情况下，地铁提供一个列车和地面之间的双向数据交换，供停站、出发、排列进路和中央控制设备监督使用。ATS 系统的数据交换媒介便是车地通信信息交换系统。ATS 系统自动负责运行列车的进路控制、列车跟踪、运行图编制以及列车运行状态的调整，只有在系统或设备故障时才需要监控人员的人工介入，因此可极大地降低工作人员的劳动强度，并提高系统运行效率和自动化程度。

1. ATS 系统主要功能

ATS 系统的核心业务主要包括进路控制、列车移动监督、运行图管理、运行调整、旅客向导、仿真与培训和系统数据库管理等方面。

（1）进路控制

系统可根据列车目的地，由系统自动建立进路，系统也可根据实际运营需求、系统运行状态，以及最大限度地提高系统的运行效率原则采取不同的进路选择方式，一种是由系统根据运行图、列车识别号或者列车接近条件自动设置进路，另一种是通过控制中心（OCC）或车站值班员手动设置。

①自动设置进路：分两种情况加以考虑，对于列车常规运行方向上的紧急渡线道岔入口，由联锁系统根据车辆的通过情况自动排列进路，ATS 系统无须给出进路设置指令；对于终端站、维修场和交叉点的道岔入口，必须由 ATS 系统根据列车识别号中包含的目的地代码生成进路控制指令，交由现地联锁系统执行。

②人工设置进路：当列车需通过常规运行方向的反向渡线时，必须由 ATS 系统通过人工设置进路。对于一个高度自动化的列车自动监控系统来说，当系统中的所有运营列车均依照事先编制好的实施运行图正点运行时，可按照运行图中规定的每辆列车在线路中通过的具体时间和运行方向自动设置道岔位置和信号灯状态。

通常情况下，系统按照列车的接近条件自动设置进路。系统通过由列车跟踪系统获得的列车识别信息和列车所处的轨道区段，自动生成前方道岔区段的进路控制指令。

（2）列车移动监督

列车移动监督实际上是用计算机再现列车的运行，系统通过跟踪列车对轨道区间的占用情况和区间内道岔的实际位置自动完成对控制区段内的列车身份确认，并对由现场传来的列车识别号进行校核。相应列车的识别号将显示在占用轨道旁的识别号显示窗口，以将所有运营列车的实际位置通知监控人员。列车的移动监督主要有以下几个步骤：

①列车初始化：系统在列车投入运营之前需对该列车进行身份确认和登记。处于发车转换轨中的列车通过车地通信系统将该列车的有关数据发往 OCC，OCC 将运行时刻表中下一列列车的车次号赋予该列车。对于脱离正常运营线路进入车辆段或维修厂的列车将停止跟踪，并从运行时刻表中删除该车次号。

②列车号移动：列车在系统中的移动导致轨道电路占用状态的变化。ATS 系统采集轨道显示、道岔、进路、列车运行等数据，通过列车跟踪算法推算出列车的运动状态，列车识别号自动地跟随列车移动而移动。

③正确列车识别：列车识别功能可改善 ATS 系统的列车跟踪算法精度。当列车在车站停靠时，车载信息通过车地通信系统发往 OCC。ATS 系统确认接收数据与系统跟踪的列车号数据的一致性，以确保对列车的正确跟踪。

(3)运行图管理

系统可根据当日的运营需求自动排出每日的运行计划。系统应具有10种以上基本运行图,通过调用这些基本运行图并在进行必要的参数设置以后,监控人员可很方便地获得当天的实施运行图。列车运行后获得的实际运行图由机器实时记录保存,需要时可输出查看。所有基本运行图和实际运行图均可由监控人员进行离线修改和维护。运行图是系统运行的依据与核心。运行图管理主要包括以下子功能:

①基本数据和分部时刻表数据的显示。

基本数据包括列车在区间的运行时分,车站停车时间,列车折返运行时间及折返停站时间的最大值、最小值以及缺省值供调度人员选择。分部时刻表数据包括每天的运营开始车站及开始时间;每个运营间隔的开始、结束时间以及间隔时间;有关折返车站白天、晚上停放的列车数量。

②运行图编辑和修改。

系统提供编辑、修改基本运行图的实用工具,有关工作人员可以根据上述基本数据的输入,对运行图进行编辑,可以十分方便地生成每日的运营计划。对于已经存在的运行图,操作员可以进行复制、修改和存储,并可以增加或删减实际运行图中已经存在的列车。

③运行图记录、显示和打印。

列车在每一车站的到、发时刻均作为数据库的一条记录,并可在此基础上生成列车的实际运行图,计划和实际运行图均可在系统中联机显示并打印。

④运行记录访问。

管理人员可通过检索所有的运营记录数据,对系统的运营状况加以分析、比照,以制定更为合理有效的运行计划。

(4)运行调整

当列车运行偏离运行图时,系统可自动调整列车的停站时间。当偏离误差较大时,可由调度员人工介入,指定列车的停站时间和区间走行时间,或对系统实施运行图进行调整。运行调整可手动或自动完成,具体调整策略包括:改变运行等级;改变停站时间;增减车次;时刻表偏移等。

列车自动运行调整可根据列车偏离时刻表的程度大小自动决定所采用的调整策略。由于车辆性能、线路条件和站停时间等约束,当这种误差较大时,往往不可能一次性调整到位。因此,系统需要采取弹性的调整策略,通过改变前后多辆列车的运行状态,逐步消除当前列车的运行偏差对系统总体的影响。

当调度人员人工介入时,可通过在车站设置扣车命令或设置列车跳停命令,使下一列车不停站通过等方式进行调整,当偏差较大时,调度人员甚至可以关闭列车的自动调整功能,在系统限定的最大值与最小值范围内,人工设置列车的区间运行和停站时分,或者使列车不停站通过任选的一些车站等。

(5)旅客向导

系统可根据现行时刻表设定的信息和运行中的列车交通状况,通过乘客信息系统向乘客提供自动、实时、可视及广播告示,例如在每个车站的旅客信息显示牌中显示相关列车的到发站时间和行驶目标,并能根据需要显示特定的警告信息。

(6)仿真与培训

仿真系统通过提供仿真的列车控制环境,为列车模拟提供各种站场、列车基本数据以及一系列信号状态数据和列车移动数据，并针对操作人员对各种不同情况下的列车运行方式和系统运行状态进行的操作做出响应，也可对所编制的运行计划和控制算法进行测试。该系统可用于培训行车调度人员的正常操作和事故演习，提高运行人员的实际操作技能，积累运行经验，提高运行分析和意外突发事故处理能力。

(7)系统数据库管理

ATS 系统数据库管理将 ATP 终端图形显示、逻辑计算和数据维护有机地结合在一起，形成一个完整的系统。它包含全部的站场数据、时刻表数据、全部车辆的信息和不断变化的列车信息、交通状况信息及信号点状态等数据。数据库管理可提供以下报告或记录：列车信息管理，车辆运行时间和运营里程；正点率统计；交通状态记录；操作人员操作记录；重大、突发事件记录；设备故障等。

2. ATS 系统运行模式

ATS 系统是城市轨道交通系统的指挥中枢，其系统的可靠性和高可用性对保证整个交通系统的运营效率至关重要。当系统中的某些单元出现故障或运营过程中出现异常情况时，系统必须具备相应的应对策略。ATS 系统采用高可靠性的软件和硬件并采取冗余手段来保证系统的可靠性，此外，系统还应具备从高级的自动运行进路设置调整模式到低级的完全人工运营模式降级运行的功能。即使在最恶劣的情况下，ATS 系统也可通过人工来指挥运营。

通常，ATP 系统可在以下几种不同的进路设置模式下运行：

(1)自动进路设置调整模式

这是自动化程度最高的模式，在此模式下，ATS 系统控制、监视列车运行的整个过程，ATS 系统将根据计划时刻表和车站进路表自动设置列车进路，ATS 系统完成所有的自动进路和自动列车调整功能。

(2)降级模式下的进路设置模式

在此模式下，系统仍将自动完成所有的自动进路和调度功能，但不具备自动运行调整能力。运营列车将一直使用预先设置的运行等级和站停时间运行。

(3)人工介入设置进路模式

在此模式下，ATS 系统只负责执行部分自动进路设置功能，由调度人员人工介入设置进路，对列车运行进行调整，由 ATS 车站完成自动进路或根据列车识别号进行自动信号控制，由车站人工进行进路控制，列车投入运行和退出系统都由调度人员人工完成。

(4)完全人工模式

在此模式下，ATS 系统不能执行自动功能，由列车调度员负责进路设置、站停及运行控制等系统功能。系统运行不同模式间的切换由调度人员人工完成。在此模式下，调度人员需保证系统具备适当的运行条件。

在任何情况下，人工控制都具有最高的控制优先级，以保证在系统故障时调度人员可随时进行人工干预。

技能训练

分析比较该线信号系统 ATC 三个子系统的功能差异

(1)选择一条已开通运营的城市轨道交通线路，分析比较该线信号系统 ATC 三个子系统的功能差异。

（2）选择一条已开通运营的城际轨道交通线路，分析比较该线信号系统 ATC 三个子系统的功能差异。

检查与评价

任务评价见表 3-18。

表 3-18　任务评价

项目三任务 5　列车自动控制系统 ATC 的认知和运用					综合得分
姓　名		自我评价	小组评价	教师评价	
组　别					
组员姓名					
知识技能评价	1. 能清晰准确画出并说明列车自动控制系统 ATC 的组成； 2. 能分析说明 ATP 系统目标距离制动模式曲线工作原理； 3. 能看图说明 ATP 车载设备的组成及其功能				
方法能力评价	1. 具备根据资讯进行分析推理、归纳总结、建构列车自动控制系统 ATC 知识架构的自学能力； 2. 具备远程控制和自动控制的前沿技术综合使用能力				
思政评价	1. 具备运用 ATC 系统提高列车运行安全和效率意识； 2. 具备远程控制和自动控制的工程思维意识和职业素质				

反馈与改进

通过检查与评价得到反馈，进行反思，并撰写实训指导手册的任务总结报告。

记录人		时间	
总结报告	请阐述任务评价反馈后，总结对列车自动控制系统 ATC 的认知和运用任务实施过程的体会		

完善与拓展

（1）读者可通过图 3-90 所示的“视野拓展”模块学习拓展内容。

（2）在完成指定任务的基础上，拓展了解列车自动控制系统 ATC 的技术发展历程，并向小组同学展示。

巩固与提高

（1）什么是 ATC 系统？由哪几个子系统组成？

（2）ATC 系统的主要功能是什么？

（3）比较 ATC 三个子系统功能的异同。

（4）ATP 子系统的信息传输方式是怎样的？

（5）说说 ATP 车载系统的功能以及工作原理。

项目四

车站机电设备的运用

项目综述

城市轨道交通车站是旅客客流集散与列车到发的重要节点，车站各类机电设备的运用与列车安全准点运行和乘客舒适便捷的乘坐体验息息相关。车站设备通常包含车站消防系统、电梯与自动扶梯系统、站台门系统、自动售检票系统、车站给排水系统、车站暖通空调系统、车站低压配电与照明系统和车站环境与设备监控系统等。

通过本项目的实施，能完成车站消防设施设备的操作，能进行火灾应急处置；能进行车站电梯与自动扶梯的日常使用、维护和基本检查；能进行站台门的日常运营与故障处理；能进行车站环境与设备监控系统(BAS)等其他机电设备的维护和故障处理。

任务1 车站消防系统运用

情境导入

2003年2月18日，某市中央路地铁站1079次列车内一名乘客纵火。起火后，车站的电力系统立刻自动断电，因此站内一片漆黑，而1079次列车车门因断电无法打开，且车内没有自动灭火装置。此时，对向驶入的1080次列车驾驶员开始因害怕有毒气体进入车厢而没有及时打开车门疏散乘客，等再想打开列车车门时，电已被切断了。因1079次列车的车门是开着的，乘客得以及时逃生，而对向的1080次列车因车门大多数是紧闭的，故伤亡人数反而大多是1080次列车上的乘客。该事故导致198人死亡，147人受伤。

这起事故暴露了地铁火灾的巨大危害，请大家思考以下几个问题：

(1)地铁尤其是地铁车站的火灾危害为什么要普遍高于地上建筑？

(2)平时乘坐地铁时，你在车站看到了哪些消防设施？

(3)如何进行车站内的火灾预警？

学习目标

技能目标

(1)能识别车站消防设备。

(2)能按地铁车站火灾作业流程灭火。

(3)能正确处置车站火灾误报警。

(4)能正确使用车站的灭火器、消火栓等灭火器材和气体灭火系统。

(5)根据资讯进行分析推理、归纳总结、建构轨道交通车站消防系统知识架构。

知识目标

(1)掌握车站消防系统架构。

(2)理解火灾报警系统、灭火器、气体灭火系统等工作原理。

(3)掌握误报警、初起火灾的处置流程。

素质目标

(1)具备生命第一和设备安全的安全生产意识。

(2)具备严格按照消防作业流程进行标准化作业意识。

(3)具有发现火灾隐患、消防设备故障防微杜渐的岗位责任心。

(4)具备设备故障、火灾报警等紧急情况下胸有成竹、临危不乱和沉着冷静的岗位职业素养。

(5)火灾报警和灭火处置中的团队协作、沟通交流能力。

任务作业单

为完成以上技能、知识和素质培养目标，任务作业单见表 4-1。

表 4-1　任务作业单

序号	任　务
1	熟悉车站消防系统架构，并绘制车站消防系统架构图
2	分析灭火系统工作原理，并绘制灭火系统报警车站各个岗位处置流程图： 情境一：车控室收到车站公共区域的火灾报警信号； 情境二：车控室收到设备房火灾报警信号
3	对干粉灭火器、二氧化碳灭火器、消火栓、消防服、气体灭火系统等消防设施设备进行模拟操作或穿戴

学习地图

读者自主学习参考智慧职教 MOOC 学院平台国家级精品在线开放课程“轨道交通运输设备运用”项目四任务 1 车站消防系统运用，课程学习地图如图 4-1 所示。

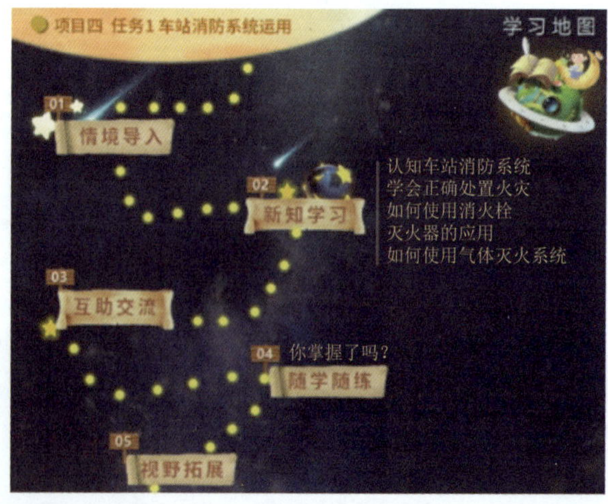

图 4-1　课程学习地图

自学资讯

1. 本任务的两种自学方式

(1)在图 4-1 中的“新知学习”模块学习。

(2)扫描二维码学习。

认知车站消防系统

车站火灾类别与特点

学会正确处置火灾

如何使用消火栓

灭火器的运用

如何使用气体灭火系统

2. 重要知识点

(1)车站消防系统。

(2)火灾处置流程。

(3)消火栓。

(4)灭火器。

(5)气体灭火系统。

(6)消火栓的操作。

(7)ABC 干粉灭火器的操作。

(8)二氧化碳灭火器的操作。

计划与决策

(1)根据作业情境和作业流程,进行岗位分工,明确各岗位工作职责,在本书配套实训指导手册上完成任务实施计划。

(2)形成决策意见并记录,包括所需工具(采用何种方式绘制图,消防设备支持如何实现)和注意事项。

任务实施

以小组为单位,在本书配套实训指导手册完成以下训练。

(1)绘制车站消防系统架构图

①车站消防设备清单见表 4-2。

表 4-2　设备清单

位　　置	设 备 名 称	主 要 功 能

②绘制车站消防系统架构图。

请按照各设备的联锁关系绘制车站消防系统架构图。

(2)绘制火灾报警处置流程图

情境一:车控室收到车站公共区域的火灾报警信号;

情境二：车控室收到设备房火灾报警信号。

（3）消防器材操作演示

请各小组选取1～2种消防器材，现场演示或视频录制消防器材的操作或穿戴，见“技能训练”。

相关知识

一、车站消防系统组成

地铁车站是乘客密集的地方，地铁消防安全隐患主要由人为因素所致，比如工作人员违章操作、用电不慎、乘客违反安全乘车规定携带易燃易爆物品上车、车站设备维护不及时等，这些都容易导致地铁火灾的发生。

车站消防系统由火灾自动报警系统（automatic fire alarm system，FAS）和灭火系统组成。在FAS探测到火灾隐患后，就要启动灭火系统，达到灭火的目的。

1. 火灾自动报警系统

火灾自动报警系统主要由火灾探测器、火灾报警控制器、火灾联动控制装置组成。火灾探测器探测到火情，通过火灾报警传递给火灾联动控制装置，从而启动车站灭火系统进行灭火。

探测器可以探测到温度的升高或者烟雾的出现，并将这个情况上传给火灾报警控制盘，然后联动各类消防设备。如果有人发现火情，通过按压手动报警按钮也能进行火灾报警并联动后续的消防设施。

火灾联动控制装置可以实现对消火栓系统、给水管道电动阀门、气体自动灭火系统、防烟排烟系统、电源、自动检票机闸门等设备的联动控制。FAS的具体功能如下：

①火灾联动控制装置可以控制消防泵的启停；

②车站的FAS不仅能控制消防给水管道电动阀门的开关，也能显示它的工作状态；

③针对气体自动灭火系统，车站的FAS必须显示气体自动灭火系统保护区的报警、放气、风机和风阀状态，还有手动和自动放气开关所处的位置；

④针对防烟排烟系统，FAS确认火灾，发布防烟排烟模式指令后，可以联动控制防烟排烟系统；

⑤针对电源，FAS需根据火灾涉及的区域，按供电配电范围，在配电室或变电所切断相关区域的非消防电源，接通应急照明灯和疏散标志灯的电源，并且还要监视这些灯的工作状态。需要注意的是，火灾模式下，车站仅有消防应急照明；

⑥车站的FAS还可以控制站台门和闸机，火灾模式下，闸机处于全开状态。

2. 灭火系统

灭火系统包括自动喷水灭火系统、气体灭火系统、消火栓系统、灭火器等。

（1）自动喷水灭火系统

自动喷水灭火系统（见图4-2）是按一定的间距和高度安装一定数量喷头的供水灭火系统，安装自动喷水灭火系统的场所发生火灾时，该系统能自动喷水灭火并自动报警，在所有固定式灭火设备中，自动喷水灭火系统具有使用范围最广、价格最便宜的特点，工作性能稳定，灭火效果好，因而广泛应用于可以用水灭火的场所。如广州地铁公园前控制中心大楼、大石控制中心大楼、新造车辆段综合楼公共区域的部分办公区域安装了自动喷水灭火系统。

（2）气体灭火系统

气体灭火系统（见图4-3）是以气体作为灭火介质的灭火系统，气体灭火系统主要用于保护车站内火灾危险性较高的或重要的设备房，如高低压室、整流变电室、环控电控室、信号设备室、通信设备室、屏蔽门控制室等，部分主变电所、集中冷站的重要设备房也设有气体灭火系统。

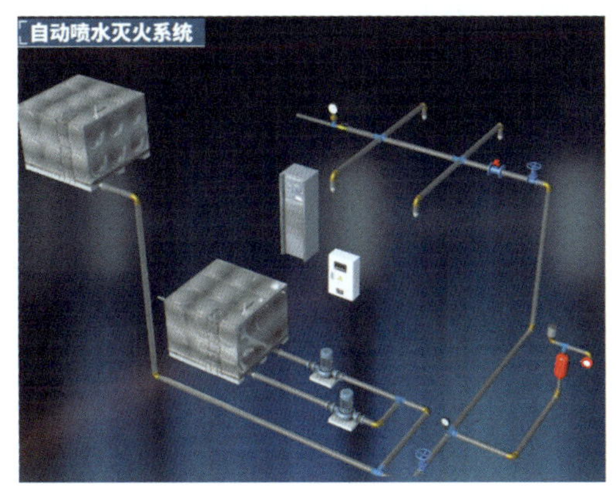

图 4-2　自动喷水灭火系统

气体灭火系统

图 4-3　气体灭火系统

(3)消火栓系统

消火栓系统(见图 4-4)主要由消防水源、消防水管、室内消火栓箱和室外消火栓、消防水泵、消防水泵控制器等组成。

(4)灭火器

灭火器(见图 4-5)是一种轻便的灭火器材，是扑救初起火灾最常用的灭火设备。灭火器种类较多，在地铁车站范围内使用的主要有干粉灭火器、二氧化碳灭火器和推车式灭火器。

图 4-4　消火栓系统

图 4-5　灭火器

二、车站火灾特点及灭火设备选择

城市轨道交通地下车站的火灾与地面建筑发生火灾不同，需根据地下车站火灾特点、火灾类型选择相应的灭火设备。

1. 地下车站火灾主要特点

火灾发生时地下车站会呈现五种主要特点：

(1)氧气含量低

当地铁火灾发生时，由于隧道的相对封闭性，新鲜空气难以迅速补充，会导致空气中的氧气含量急剧下降。

(2)能见度降低

地铁发生火灾时，由于燃烧不充分，导致大量有毒有烟气体产生，影响了可见度。

(3)排烟困难

由于地下车站热交换困难，发生火灾时烟雾聚集在建筑物内无法扩散。

(4)火情探测和扑救困难

当火势过大，不可控时，地铁火灾发生在哪个位置，火情无法直接观察。同时，由于地铁的出入口有限，而且出入口又常是火灾时的冒烟口，消防人员不易接近着火点，扑救难度增加。

(5)人员疏散困难

由于地下车站发生火灾时，电源会被切断，隧道、站台内能见度低，再加上浓烟，使人员疏散极为困难。

2. 火灾类型

一般的，火灾分为六种类型：

(1)A 类火灾

棉、毛、煤、麻、纸张这类易燃固体物质（见图 4-6）燃烧引起的火灾称为 A 类火灾。

图 4-6　易燃固体物质

(2)B 类火灾

汽油、煤油、柴油、苯、丙酮等液体物质燃烧引起的火灾属于典型的 B 类火灾。

(3)C 类火灾

氢气、甲烷、乙烷、天然气、乙烯等这类气体物质燃烧引起的火灾属于 C 类火灾。

(4)D 类火灾

金属钾、钠、锂等遇湿易燃金属引起的火灾属于 D 类火灾。

(5)E 类火灾

除易燃易爆物品，地铁车站内设备的老化引起的电路短路、温度过高也会引燃周围的可燃物质，这种带电物体引起的火灾属于 E 类火灾。

(6)F 类火灾

烹饪器具内烹饪物火灾，即 F 类火灾。

3. 灭火设备的选择

一般在车站的公共区域以消火栓系统为主。在车站的设备用房，由于仪器比较多，设备复杂，采用气体灭火系统。区间隧道里面，需要沿线布置消火栓系统，条件允许的话，还可加装一些可移动的推车式灭火器，如图 4-7 所示。

无论在车站、区间隧道或地铁列车上，都要配备手提式灭火器。车站内使用的手提式灭火器有二氧化碳灭火器和干粉灭火器两种，如图 4-8 和图 4-9 所示。

图 4-7　推车式灭火器

图 4-8　二氧化碳灭火器

图 4-9　干粉灭火器

干粉灭火器可以扑救固体、液体、气体等 A 类、B 类、C 类三种类型的火灾。

二氧化碳灭火器适于扑救 600 V 以下带电电器、贵重设备、精密仪器仪表的 E 类火灾，以及一般可燃液体的 B 类火灾。

三、消火栓

消火栓是一种固定式消防设施，地下线网的消火栓系统是连接区间和车站的环网系统，根据目前相关的地铁设计规范，在地铁车站、地铁地下区间内都需要设置消火栓。

消火栓由如下几部分组成，如图 4-10 所示。

图 4-10　消火栓

1. 消防软管卷盘

人员密集的公共建筑一般要设置消防软管，其数量与间距应确保有一股水流能到达室内地面任何部位。一般来说，消防软管卷盘[见图 4-11(a)]用于火灾发生初期，使用时，打开卷盘的出水阀，对准起火部位喷射即可。

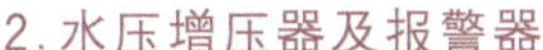

2. 水压增压器及报警器

水压增压器如图 4-11(b)所示。

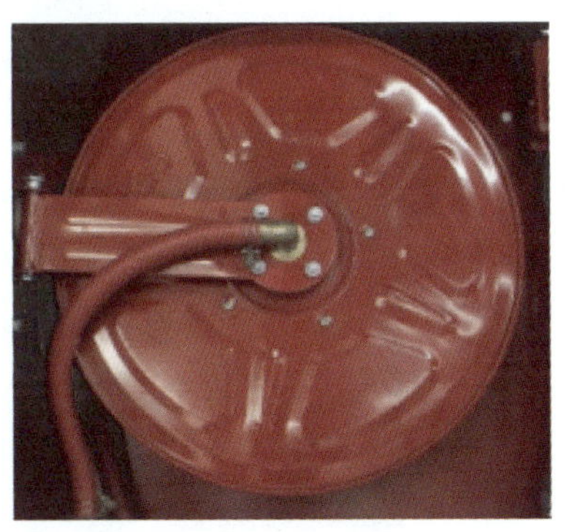

(a) 消防软管卷盘

(b) 消防软管水压增压器

图 4-11　消防软管卷盘及水压增压器

3. 消防水阀

消防水阀包括消防软管的水阀和消防水带的水阀。

4. 消防水带

消防水带相比于消防软管，消防水带的水流量更大，一般需要两人操作。

5. 直流水枪

一般用消防水枪与消防水带连接，如图 4-12 所示，可喷射密集充实的水流，具有射程远、水量大的优点。

（a）消防水枪　　（a）消防水带

图 4-12　消防水枪与消防水带

四、灭火器

灭火器普遍存在于商场、汽车站、地铁站、学校、医院、办公楼等公共场所。地铁中最常用的是手提式灭火器，常见的有 4 千克装的 ABC 干粉灭火器、3 千克装的二氧化碳灭火器。

1. ABC 干粉灭火器

（1）ABC 干粉灭火器的组成

ABC 干粉灭火器主要由压把、提把、筒体、压力表、软管、喷嘴、铅封、保险销构成，如图 4-13所示。

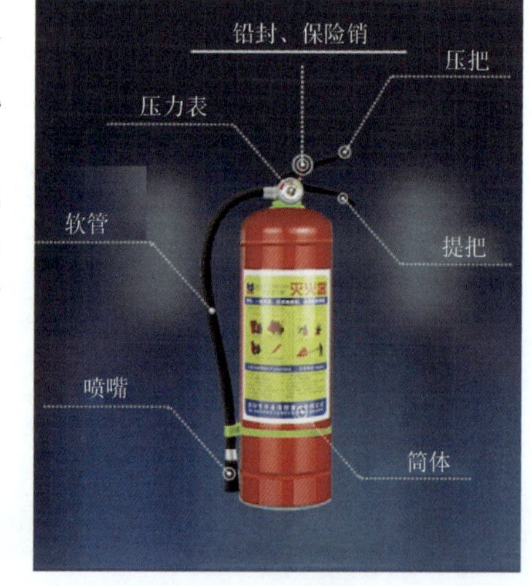

图 4-13　ABC 干粉灭火器

ABC 干粉灭火器瓶内充装的是干粉灭火剂，它的形态是一种干燥的易于流动的细纹粉末，以液态二氧化碳或氮气作为驱动气体将灭火器内的干粉灭火剂喷出来进行灭火。ABC 对应的是 A、B、C 三种类型火灾，代表这种灭火器能扑灭普通固体、可燃液体和可燃气体类火灾。4 千克装的干粉灭火器有效喷射距离不少于 4 m，有效喷射时间不少于 9 s。

干粉灭火器尽量不要用于扑救精密的电气设备，因为它的粉尘会损坏精密设备。

（2）ABC 干粉灭火器的使用注意事项

对于容器内液体火灾，灭火时要注意不要把喷嘴直接对准液面进行喷射，要喷射容器器壁，使干粉覆盖容器开口表面，防止可燃液体溅出容器，引起火势扩大，造成灭火困难；对于地面油火的扑救，不要把喷嘴直接对准液面喷射，要平射，左右摆动，使干粉覆盖火势面积，根据火势情况，慢慢向火势靠近直至扑灭。

使用干粉灭火器要注意灭火过程中始终保持直立状态，不要横卧或颠倒使用灭火器，否则不能喷粉；同时注意干粉灭火器几乎没有冷却作用，灭火后要防止复燃。

2. 二氧化碳灭火器

(1)二氧化碳灭火器的组成

二氧化碳灭火器主要由筒体、握柄、喇叭喷筒、铅封、保险销、压把、提把构成，如图 4-14 所示。

二氧化碳灭火器是利用其内部的液态二氧化碳的蒸气压将二氧化碳喷出进行灭火。由于二氧化碳灭火剂具有灭火不留痕迹，并有一定的电绝缘性等特点，因此它适宜扑救 600 V 以下的带电电器、贵重设备、图书资料等初起火灾，以及一般可燃液体的火灾。3 千克装的二氧化碳灭火器有效喷射距离不少于 1.5 m，有效喷射时间不少于 8 s。

(2)二氧化碳灭火器的使用注意事项

使用二氧化碳灭火器时必须戴上手套，二氧化碳温度较低，不能直接用手抓住喇叭筒的外壁或金属连接管，避免手被冻伤。在室内或狭小空间使用二氧化碳灭火器后要及时离开，或流通空气，防止窒息。

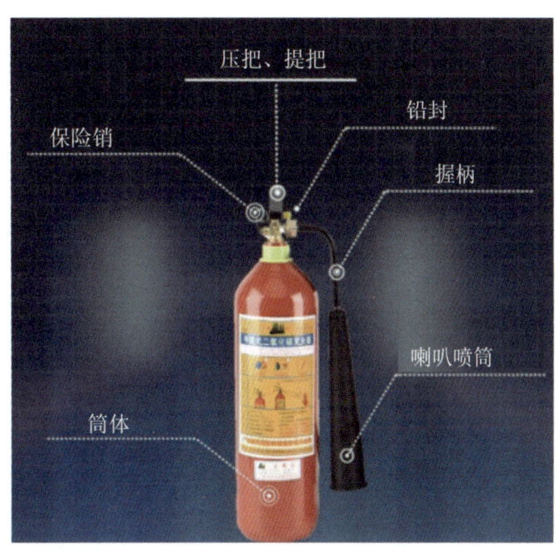

图 4-14　二氧化碳灭火器

五、气体灭火系统

气体灭火系统是指灭火剂以液体、液化气体或气体状态存贮于压力容器内，灭火时以气体喷射作为灭火介质的灭火系统。它能够在防护区空间内形成各方向均一的气体浓度，而且至少能保持该气体浓度达到规定的浸渍时间，扑灭该防护区的火灾。地铁通信信号等机电设备用房，灭火时不能用水扑灭，必须采用气体灭火系统。

1. 气体灭火系统的组成

气体灭火系统主要由管网子系统和控制子系统组成。管网子系统包括电磁阀启动器、驱动气体瓶组(见图 4-15)、贮存容器、容器阀、选择阀、单向阀、喷嘴等装置。电磁阀启动器用来启动驱动气体瓶组，该启动器额外配备有机械应急启动手柄以备手动应急启动。贮存容器起到储存灭火气体的作用。容器阀是控制容器内气体的开关。选择阀是气体灭火器中的关键，如图 4-16 所示。它在系统中的作用是：当系统保护两个及以上防护区时，可以通过选择阀来定向精准地朝向着火的防护区喷放灭火剂。

控制子系统包括被保护区内的感烟和感温探测器，保护区外的灭火控制器、气体释放指示灯、手动/自动转换开关、紧急释放按钮、警铃等。

图 4-15　气体灭火系统驱动气体瓶组

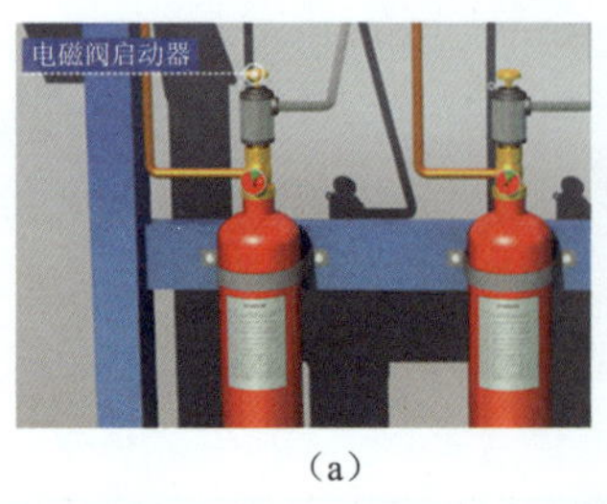

(a)

(b)

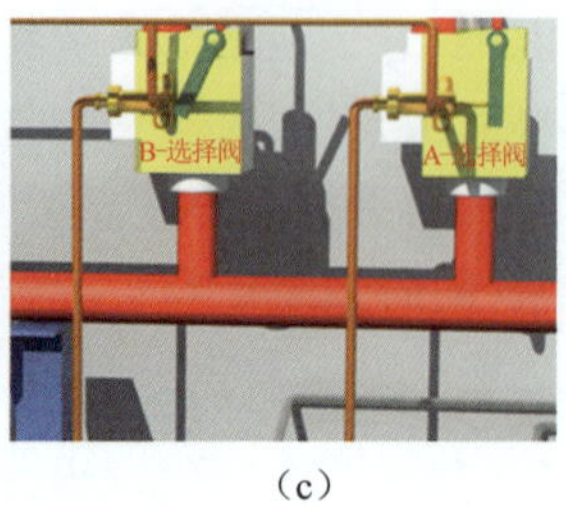

(c)

图 4-16　气体灭火系统

2. 气体灭火系统的操作

气体灭火系统的操作方式有三种：自动操作、手动操作和机械应急手动操作。

(1)自动操作

当防护区发生火灾时，会伴随产生高温和大量的烟雾，感温探测器或者感烟探测器探索到火灾信号，将火灾信号转变为电信号传送到灭火报警控制器，灭火报警控制器在发出声光报警信号的同时，经过逻辑判断后启动联动装置。经过一段时间的延时后，发出系统启动的信号，驱动气体屏幕上的电磁阀释放驱动气体。从而使驱动气体打开通向发生火灾的防护区的选择阀，并且打开灭火器瓶组的容器阀，各品种的灭火剂经连接管汇集到急流管，并且通过选择阀到达安装在防护区内的喷头进行喷放灭火，同时安装在管道上的信号反馈装置将信号传送到灭火报警控制器，由控制器启动防护区外的气体释放警示灯和警铃。气体灭火剂喷射，沿输送管道和喷嘴释放到防护区，实施灭火。气体灭火主机如图 4-17 所示。

上面的情境适用于气体灭火防护区灭火控制方式处于全自动状态，并且系统能够自动检测到火灾并触发气体灭火系统。

(2)手动操作

手动操作时，气体灭火转换开关是处于“手动”位，火灾报警控制器联动信号失效。工作人员观察到火情，必须直接手动触发灭火控制器，气体灭火控制器如图 4-18 所示。

图 4-17　气体灭火主机

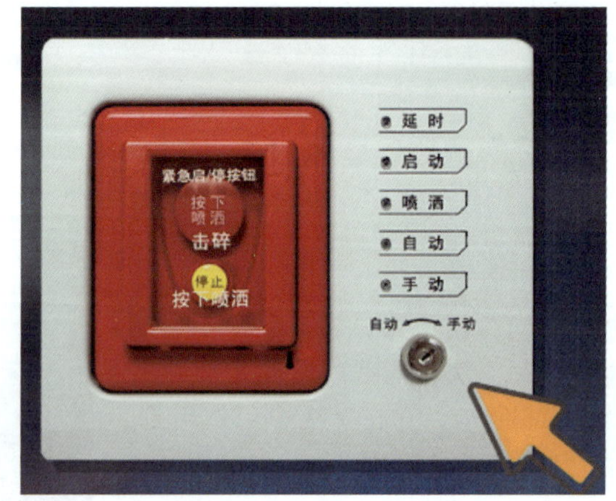

图 4-18　气体灭火控制器

手动处理的步骤是：按下防护区出口处控制器上的手动紧急启动按钮，此时，灭火控制器发出启动指令，控制器启动防护区外的气体释放警示灯和警铃，气体灭火剂喷射实施灭火。

(3)机械应急手动操作

当自动及手动控制方式启动灭火系统失效时，需操作人员采用人工应急机械手动控制方式启动灭火系统。

首先，需要确认发生火灾的防护区名称，并确认防护区内人员撤出并有效防止人员误入。到达该防护区对应的灭火系统气瓶间，按照标牌指引，找到对应该防护区的驱动气体存储装置，拉出存储装置上电磁启动装置机械应急启动手柄下的保险卡环。按下手柄即可释放启动气体，从而启动气体自动灭火系统，喷射灭火剂，实施灭火。

3.气体灭火系统报警处置流程

当气体灭火系统报警时，需要迅速做出反应进行处理，其处置流程如下。

①赴现场：带齐四个备品，包括设备房钥匙、全开门禁卡、气体灭火控制盘钥匙、自救呼吸器，奔赴现场。

②现场三判断。

一判断是否喷气，通过气灭盘喷洒灯指示判断气体灭火系统是否已喷气，见图 4-19，若已喷气无须进入房间确认，若未喷气，进入第二个判断。

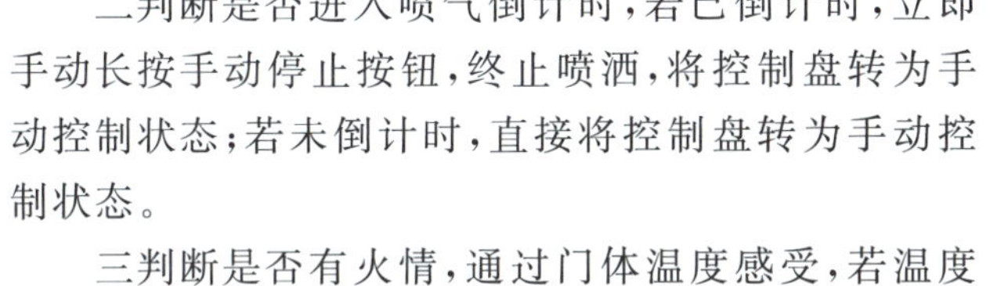

二判断是否进入喷气倒计时，若已倒计时，立即手动长按手动停止按钮，终止喷洒，将控制盘转为手动控制状态；若未倒计时，直接将控制盘转为手动控制状态。

图 4-19　气体灭火主机灯亮

三判断是否有火情，通过门体温度感受，若温度高则无须进入房间确认，按压手动启动按钮启动喷气即可；若温度不高，则做好防护措施进入房间确认火情，若无火情，则上报处理，若有火情且火势可控，立即使用手提式灭火器进行初期灭火，若火势不可控，立即关门，通知行车值班员报火警，按压气体灭火系统手动启动按钮。

技能训练

技能训练一　消火栓的操作

消火栓的使用一般由两个人配合操作。

第一步，一人打开消火栓箱门，按下或敲碎消火栓报警按钮。

第二步，取出水带和水枪，用力甩开水带，接好枪头，快速奔向起火点。

第三步，另一人将水带的另一接口接在消火栓出水口上，协助铺开、理直水带，水带要全部展开，不要出现中间弯折、拐角或拧花打圈等现象。

第四步，前方人员站在火焰上风向或斜上方向 10 m 左右，一只手把持水枪，另一只手握住水枪与水带连接处，并将枪头后面水带用力夹在手臂与腰间，做好射水姿势，同时后脚踩住水带以防冲击力过大，准备就绪后示意后方。

第五步，另一人在接到准备就绪信号后，逆时针旋转出水阀，开到最大位置，如果水压不足及时按压水压增压器。

第六步，出水后，前方人员把牢水枪，对准火焰根部进行左右摆动喷射，由近及远缓缓向前推射灭火。

灭火完毕后，先按顺时针旋动关闭阀门停止供水，再把水带解开，整理好水带，关上消火栓箱门。对于消火栓内设有水泵启动按钮的，在开启供水阀门前，应先按下水泵启动按钮。如果消火栓配有消防软管，也可拉出消防软管，打开闸门奔向起火点，开启软管喷枪灭火。

技能训练二　ABC 干粉灭火器的操作

ABC 干粉灭火器的使用分为五步：

第一步，在使用干粉灭火器灭火前先观察压力表指针位置，绿色区域表示气压正常，可以使用；红色区域表示气压偏低，不能使用；黄色区域表示气压偏高，可以使用，但使用时要注意安全。

第二步，灭火时，手提灭火器跑到距离起火点上风向 3～4 m 处，先上下点摇动灭火器，使瓶内干粉松动。

第三步，除去铅封，拔下保险销，注意拔保险销时不能紧握把手，这样是拔不出的。

第四步，灭火时，一只手握住灭火器橡胶喷嘴，另一只手用力压下压把。

第五步，喷射时，对准火焰左右扫射，尽量让干粉喷洒在燃烧物表面，直至把火扑灭。

技能训练三　二氧化碳灭火器的操作

二氧化碳灭火器的操作共四步：

第一步，灭火时，首先将灭火器提到起火点上风向 3～4 m 处。

第二步，放下灭火器，除去铅封，拔出保险销，同样拔保险销时不能紧握把手。

第三步，一手握住喇叭筒的根部，并与瓶身成 70～90°，另一只手用力压下压把。

第四步，喷射时，对准火焰根部进行左右扫射，喷流对准火焰最猛烈处，上下左右喷射灭火。

检查与评价

任务评价见表 4-3。

表 4-3　任务评价

<table>
<tr><td colspan="5">项目四任务 1　车站消防系统运用</td><td rowspan="4">综合得分</td></tr>
<tr><td>姓　　名</td><td></td><td rowspan="3">自我评价</td><td rowspan="3">小组评价</td><td rowspan="3">教师评价</td></tr>
<tr><td>组　　别</td><td></td></tr>
<tr><td>组员姓名</td><td></td></tr>
<tr><td>知识
技能评价</td><td>1. 能识别车站消防设备；
2. 能按地铁车站火灾作业流程灭火；
3. 能正确处置车站火灾误报警；
4. 能正确使用车站的灭火器、消火栓等灭火器材和气体灭火系统等；
5. 掌握车站消防系统架构；
6. 理解火灾报警系统、灭火器、气体灭火系统等工作原理；
7. 掌握误报警、初起火灾的处置流程</td><td></td><td></td><td></td><td></td></tr>
<tr><td>方法
能力评价</td><td>1. 具备根据资讯进行分析推理、归纳总结、建构知识架构的自学能力；
2. 具备火灾报警流程处置中的团队协作、沟通交流能力；
3. 具备严格按照消防作业流程进行标准化作业的能力</td><td></td><td></td><td></td><td></td></tr>
<tr><td>思政评价</td><td>1. 具备生命第一，设备安全，运输生产安全的消防安全意识；
2. 具有发现火灾隐患、消防设备故障防微杜渐的岗位责任心；
3. 具备设备故障、火灾报警等紧急情况下胸有成竹、临危不乱和沉着冷静的岗位职业素养</td><td></td><td></td><td></td><td></td></tr>
</table>

反馈与改进

通过检查与评价得到反馈，同时进行反思，并撰写实训指导手册任务总结报告。

记录人		时间	
总结报告	请通过评价反馈，反思本人对车站消防系统的认知、理解和使用所存在的不足，并谈谈本任务实施过程中的体验和感悟		

完善与拓展

（1）读者可通过图4-1所示的“视野拓展”模块学习拓展内容。

（2）轨道交通消防系统前沿技术探索。

巩固与提高

一、赛中学

可利用全国职业院校技能大赛高职组“城轨智能运输（赛项编号：GZ071）”竞赛平台的突发事件应急处置项目内容，进行以下车站四个火灾场景的应急处置演练：

（1）车站站厅（商铺）发生火灾事故应急处置。

（2）车站站台（扶梯）发生火灾事故应急处置。

（3）车站站台（垃圾桶）发生火灾事故应急处置。

（4）车站站厅（书报架）发生火灾事故应急处置。

二、思考与提高

（1）讨论气体灭火系统在站厅、站台等公共区域的适用性。

（2）FAS发现火灾后将会产生什么联动？

任务2　车站自动扶梯运用

情境导入

乘坐地铁时，在出入口、站台、站厅之间的乘降方式有多种选择，包括楼梯、自动扶梯和电梯。不论哪种方式，都是为了方便乘客快速、安全进行乘降而设置的。

请大家结合生活经验，思考以下几个问题：

（1）地铁各类乘降系统，都有哪些安全隐患需要特别注意和防范？

（2）如果碰到自动扶梯运行故障，我们应如何应对？

（3）如果碰到电梯运行故障，我们应如何应对？

学习目标

车站乘降系统是客流组织的重要设备之一，通过乘降系统的学习，了解自动扶梯与电梯的结构组成与操作方法，在乘降系统故障情况和乘客使用不当等突发情况下能正确迅速进行应急处置。具体的技能目标、知识目标、素质目标如下：

技能目标

（1）能正确开启与关停电梯。

(2)能正确进行自动扶梯的开启、关闭、换向操作。

(3)能正确进行电梯困人的流程处置。

(4)能正确进行自动扶梯运行故障、乘客受伤等突发情况的处置。

(5)具备根据资讯进行分析推理、归纳总结、建构知识架构的自学能力。

知识目标

(1)掌握电梯与自动扶梯的结构组成。

(2)理解电梯与自动扶梯的运行原理。

(3)掌握自动扶梯和电梯突发事件的处置流程。

素质目标

(1)具备生命第一、设备操作安全的安全生产意识。

(2)具备严格按照乘降设备操作流程进行标准化作业的规范作业意识。

(3)具有发现不当乘降行为、察觉乘降系统运行隐患的岗位责任心。

(4)具备乘降设备故障、乘客乘降过程受伤等紧急情况下胸有成竹、临危不乱和沉着冷静的岗位职业素养。

(5)具备突发事件流程处置中的团队协作、沟通交流能力。

任务作业单

为完成以上技能、知识和素质培养目标，任务作业单见表 4-4。

表 4-4　任务作业单

序号	任　　务
1	熟悉车站内电梯与自动扶梯的结构，绘制电梯与自动扶梯的组成结构简图
2	根据乘客使用乘降系统的场景，分小组编制图文并茂的设备操作说明书： 情境一：乘客在电梯内按下呼救电话； 情境二：某站台自动扶梯需要工作人员手动开启、换向及关闭； 情景三：某位乘客在自动扶梯上不小心摔倒

学习地图

读者自主学习参考智慧职教 MOOC 学院平台国家级精品在线开放课程“轨道交通运输设备运用”项目四任务 2 车站电梯系统运用，课程学习地图如图 4-20 所示。

图 4-20　课程学习地图

自学资讯

1. 本任务的两种自学方式

(1)在图 4-20 中的“新知学习”模块学习。

(2)扫描二维码学习。

认知车站
乘降系统

如何操作
自动扶梯

2. 重要知识点

(1)电梯系统。

(2)自动扶梯系统。

(3)自动扶梯的检查。

(4)自动扶梯的开启操作。

(5)自动扶梯的关闭操作。

(6)自动扶梯的换向操作。

(7)自动扶梯的应急操作。

计划与决策

(1)根据作业情境和作业流程,进行岗位分工,明确各岗位工作职责,在本书配套实训指导手册上完成任务实施计划。

(2)形成决策意见,包括所需工具(采用何种软件进行电梯与自动扶梯的组成结构图绘制,参考资料从哪里获取,用哪种软件可以快速便捷制作操作说明书)以及相关注意事项(记录下小组讨论的需要注意的点)。

任务实施

以小组为单位,根据计划与决策,完成以下内容。

(1)车站乘降系统结构图

①填写车站电梯设备调研表,见表 4-5。

表 4-5　车站电梯设备调研表

车站名称	
所在线路	
电梯位置	
电梯品牌	
额定载重	
提升速度	
井道类型	

②绘制车站电梯的结构简图。

请按照所调研电梯的结构样式,按照相关知识点的介绍,绘制该电梯的结构简图,标明各个结构的名称。

③填写车站自动扶梯设备调研表,见表 4-6。

表 4-6　车站自动扶梯设备调研表

车站名称	
所在线路	
扶梯位置	
扶梯品牌	
扶梯宽度	
扶手类型	
紧停按钮位置	

④绘制车站自动扶梯的结构简图。

请按照所调研自动扶梯的结构样式,按照相关知识点的介绍,绘制该自动扶梯的结构简图,标明各个结构的名称。

(2)乘降系统各个场景操作说明书编制

情境一:乘客在电梯内按下呼救电话。

情境二:某站台扶梯需要工作人员手动开启、换向及关闭。

情景三:某位乘客在电梯上不小心摔倒。

请各小组选取相应情境,进入车站现场拍摄图片,编制简明易懂的使用说明书,将需要注意的要点清晰展现出来。

相关知识

一、电梯系统

车站乘降系统是进行客流组织的重要设备之一,主要包括电梯系统和自动扶梯系统。

地铁车站内的电梯兼顾无障碍设施和大件行李运输功能,以深圳地铁为例,车站电梯(见图 4-21)额定载重量一般规定为 1 000 kg,提升速度为 1 m/s。

图 4-21　车站电梯

电梯由机械装置和电气控制系统组成，其中机械装置包括曳引系统、导向系统、轿厢系统、重力平衡系统、厅轿门和开关系统，以及机械安全保护系统，如图 4-22 所示。

电梯运行时，依靠一个简单的曳引绳系统，在绳一端连接轿厢，另一端连接对重物，通过驱动装置曳引轮槽内摩擦力移动轿厢在井道上下运动。

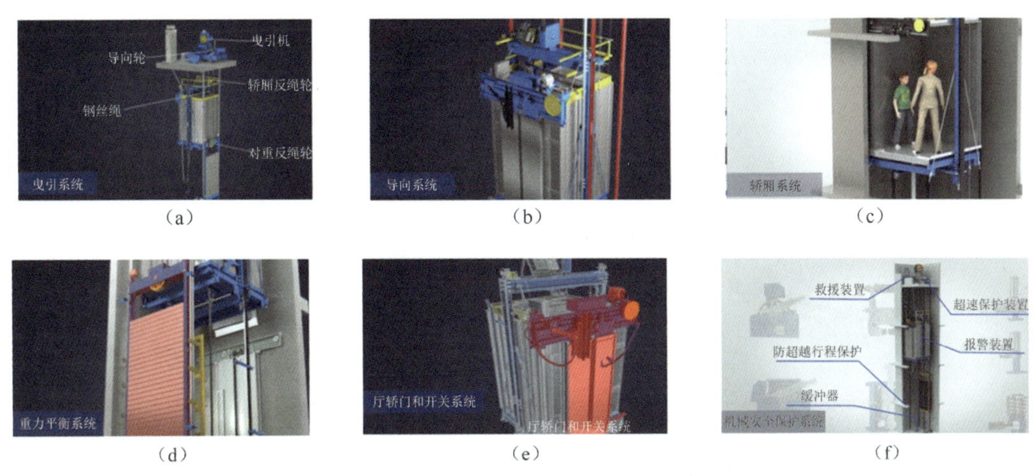

(a)　(b)　(c)　(d)　(e)　(f)

图 4-22　车站电梯系统

二、自动扶梯系统

自动扶梯（见图 4-23）作为地铁车站内疏散乘客的重要工具，对客流的及时疏散起到了至关重要的作用。城市轨道交通系统的车站都设有自动扶梯，通常，自动扶梯的输送能力要大于电梯的输送能力。

图 4-23　车站自动扶梯

1. 自动扶梯的组成

构成自动扶梯的主要部件有：桁架、驱动装置、运载系统、扶手装置、安全保护装置、自动润滑系统等，如图 4-24 所示。

桁架用于安装和支撑自动扶梯的各个部件，承受各种载荷，将不同层高的地面连接起来。驱动装置将动力传递给梯路及扶手系统，是自动扶梯的动力源。以有链式端部驱动方式为例，自动扶梯内电动机的运转，带动传动链轮，经相连的驱动主轴带动牵引链条运动，由此带动梯级沿导轨作往复运动，同时传动链轮带动扶手带驱动轮，通过摩擦轮和夹压驱动扶手带作往复运动，实现扶梯的运动功能。运载系统包括了梯级、牵引构件、梯路导轨系统、梳齿前沿板等结构，主要用来运载乘客，承受载荷。扶手装置是与梯级以相同速度运动，供乘客扶手的装置。安全保护装置用来避免各种潜在危险事故的发生，确保乘用人员和设备的安全，并把事故对设备和建筑物的破坏降到最小程度。安全保护装置主要分布在扶手带、梯级等位置，其中紧急停止按钮是日常用得最多的安全装置，一般位于自动扶梯的上下扶手入口面板处，超长的自动扶梯应在自动扶梯中部位置增加一个或若干个紧急停止按钮，遇到紧急情况时，按下紧急停止按钮，自动扶梯将停止运行。

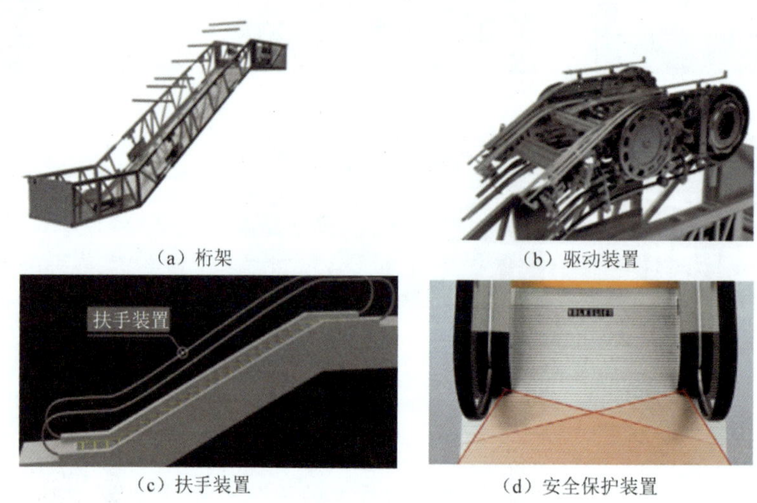

（a）桁架　（b）驱动装置

（c）扶手装置　（d）安全保护装置

图 4-24　自动扶梯构成

2. 自动扶梯的控制

自动扶梯的控制方式有两种，分为就地控制方式和 IBP 盘控制方式。自动扶梯就地控制如图 4-25 所示。

图 4-25　自动扶梯就地控制

正常条件下自动扶梯采用就地控制方式。紧急或灾害情况下，车控室值班工作人员可通过车控室 IBP 盘上紧急停止按钮使相应的自动扶梯停止运行，作为固定楼梯疏散乘客。

自动扶梯的运行状况由车站设备监控系统（EMCS）进行监视并将运行状态信息传输到控制中心，但车站 EMCS 系统不控制自动扶梯的运行。

技能训练

技能训练一　自动扶梯的检查

自动扶梯在开启前需要进行如下检查：

①扶梯梯级踏板、扶手带、梳齿板和裙板及裙板与梯级间的间隙（见图 4-26）中是否有杂物，如有杂物，则需在开启前进行清理。

②自动扶梯周围的安全设施（三角区的护板、防止进入的栅栏、隔板及防护网）有无破损等异状。

③紧急停止按钮是否处于正常状态，如图 4-27 所示，正常状态下，按钮向外膨胀突出，检查时，用手指按压按钮，若按钮由凸起状态转变为塌陷状态，代表按钮状态正常。检查完紧急停止按钮后，需用手指按动红色罩的周围，使按钮恢复为正常状态。在紧急停止按钮旁边，一般设置有报警停止开关和运行开关，工作人员通过钥匙进行操作。

以上检查都确认无误后，可开启自动扶梯。

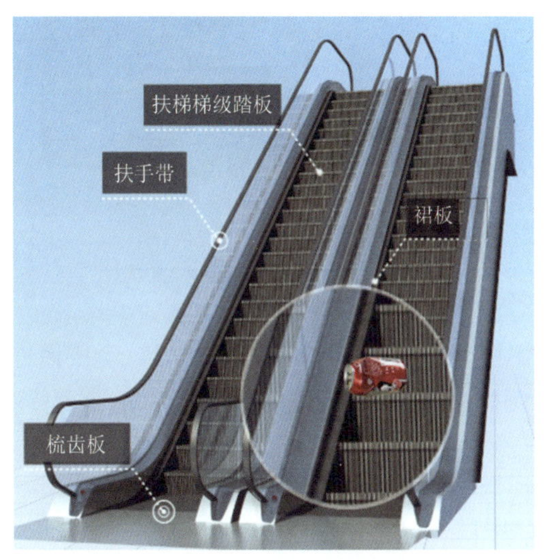

图 4-26　自动扶梯

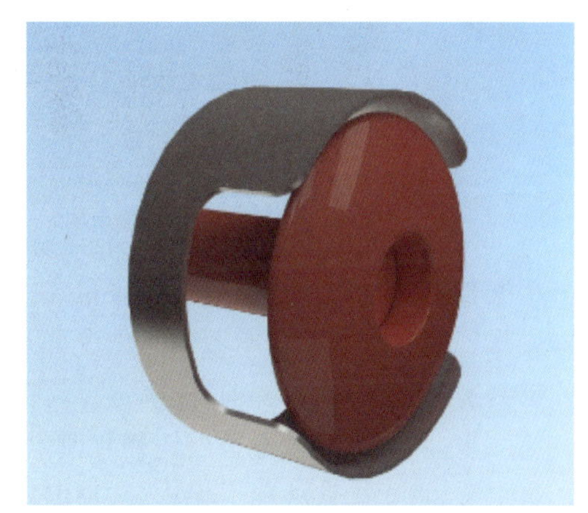

图 4-27　紧急停止按钮

技能训练二　自动扶梯的开启操作

自动扶梯的开启，主要有两个步骤：

第一步，将钥匙插入操作盘上的报警开关，鸣响警笛，告诉周围的人即将启动扶梯，放手后钥匙会回到中央位置，将其拔出。

第二步，在确认自动扶梯上没有人后，将钥匙插入运行开关，一只手旋转钥匙，同时另一只手按在紧急停止按钮上，如果出现异常情况，可以及时按压紧急停止按钮。

将钥匙插入运行开关后，向标志指示的运行方向旋转，自动扶梯开始运作，等电梯稳定运行后放手，钥匙将自动回到中央位置，可将钥匙拔出。扶梯开启后，我们需要观察扶梯运转情况，确认正常运转后才可以离开。

如果扶梯启动后，扶手带有异响或振动，要立即按压紧急停止按钮，停住自动扶梯，通知维修人员。此时，应在扶梯出、入口位置设置指示牌和安全围栏，并向乘客做好宣传解释工作，待问题处理完毕后，再将紧急停止按钮的红色罩复原。

技能训练三　自动扶梯的关闭操作

自动扶梯的关闭有四个步骤：

第一步，确认自动扶梯上无人后，将钥匙插入报警停止开关，鸣响警笛。

第二步，等待片刻，二次确认自动扶梯上无人后，再用钥匙开启停止开关，如图 4-28 所示。

第三步，一天的正常运行结束后，需认真检查并清扫扶梯踏板、扶手带、梳齿板、裙板以及扶梯下部专用房。

第四步，需要在扶梯旁设置停止使用牌，防止乘客将其当作楼梯使用，如图 4-29 所示。

图 4-28　自动扶梯停止操作

图 4-29　自动扶梯防护栏

技能训练四　自动扶梯的换向操作

根据当天的自动扶梯运行操作计划，为应对不同时间段的方向客流，需要对自动扶梯进行换向操作。换向操作的基本原则为先关再开，转换扶梯运行方向的操作有四步：

第一步，关闭自动扶梯前，先确定自动扶梯上没有乘客。

第二步，将钥匙插入报警停止开关，鸣响警笛。

第三步，再次确认扶梯上无人后，用钥匙开启停止开关，自动扶梯停止运行并将钥匙拔出。

第四步，完全停止后，将钥匙插入运行开关，开启需运行方向的开关即可完成换向操作。

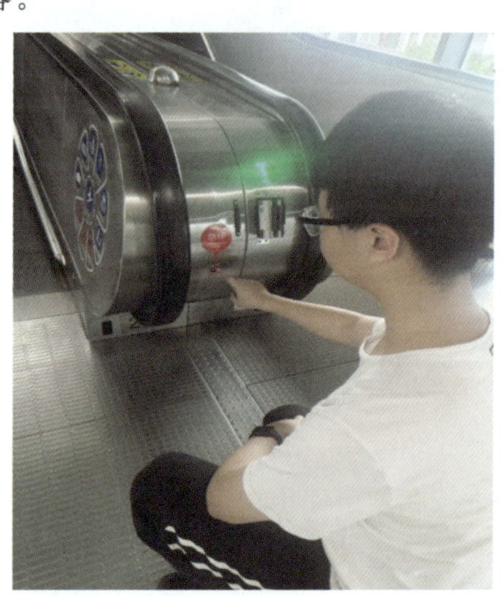

图 4-30　自动扶梯紧急停止按钮

技能训练五　自动扶梯的应急操作

在自动扶梯运行中，如果遇到乘客摔倒等紧急情况，需要使用紧急停止按钮停止自动扶梯运行。自动扶梯紧急停止按钮如图 4-30 所示。

紧急停止按钮操作前，应大声通知乘客“紧急停止，请抓住扶手”，再进行操作。操作时按压紧急停止按钮，按钮由凸起变塌陷，则自动扶梯紧急停止。事故处理完毕后，需要复原紧急停止按钮。

检查与评价

任务评价见表 4-7。

表 4-7 任务评价

<table>
<tr><td colspan="2">项目四任务 2 车站自动扶梯运用</td><td rowspan="4">自我评价</td><td rowspan="4">小组评价</td><td rowspan="4">教师评价</td><td rowspan="4">综合得分</td></tr>
<tr><td>姓 名</td><td></td></tr>
<tr><td>组 别</td><td></td></tr>
<tr><td>组员姓名</td><td></td></tr>
<tr><td>知识
技能评价</td><td>1.能说出电梯与自动扶梯的结构组成；
2.掌握自动扶梯和电梯突发事件的处置流程；
3.能正确开启电梯与关停电梯；
4.能正确进行自动扶梯的开启、关闭、换向操作；
5.能正确进行电梯困人的流程处置；
6.能正确进行自动扶梯运行故障、乘客受伤等突发情况的处置</td><td></td><td></td><td></td><td rowspan="3"></td></tr>
<tr><td>方法
能力评价</td><td>1.具备根据资讯进行分析推理、归纳总结、建构知识架构的自学能力；
2.具备突发事件流程处置中的团队协作、沟通交流能力；
3.具备严格按照乘降设备操作流程进行标准化作业的能力</td><td></td><td></td><td></td></tr>
<tr><td>思政评价</td><td>1.具备生命第一、设备操作安全的安全生产意识；
2.具有发现不当乘降行为、察觉乘降系统运行隐患的岗位责任心；
3.具备乘降设备故障、乘客乘降过程受伤等紧急情况下胸有成竹、临危不乱和沉着冷静的岗位职业素养</td><td></td><td></td><td></td></tr>
</table>

反馈与改进

通过检查与评价得到反馈，进行反思，并撰写实训指导手册的任务总结。

<table>
<tr><td>记录人</td><td></td><td>时间</td><td></td></tr>
<tr><td>反馈与改进</td><td colspan="3">请阐述任务评价反馈后，对车站乘降系统的认知、理解与使用的反思，并对任务实施过程的体会</td></tr>
</table>

完善与拓展

(1)读者可通过图 4-20 所示的“视野拓展”模块学习拓展内容。

(2)乘降系统前沿技术探索。

巩固与提高

一、赛中学

请在模拟车站内进行自动扶梯的开启、关闭以及紧急停止按钮的操作。

二、思考与提高

(1)自动扶梯的动力源是什么？

(2)讨论自动扶梯开启步骤中，不能远程操作的原因。

(3)自动扶梯应急操作时，有哪些注意事项？

任务 3 车站站台门运用

情境导入

站台门系统诞生于 20 世纪 80 年代，是地铁、轻轨等轨道交通系统中的新兴机电设备，它安装在地铁站台边缘，将列车与站台候乘区隔离，通过控制系统开启和关闭。在没有安装地铁站台门的站台边缘，乘客候车时，常有意外掉入轨行区的事故发生。在站台门系统普及之前，这类安全隐患给地铁运营带来了很大的压力。

请大家思考以下两个问题：

(1)站台门除了提高地铁运营的安全性，还可为地铁运营带来哪些好处？

(2)站台门的设计应该考虑哪些方面？

学习目标

技能目标

(1)能识别站台门的机械组成部分。

(2)能识别不同类型的站台门。

(3)能识别出应急门、滑动门、端门等。

(4)能进行站台门站台级、就地级的操作控制。

(5)能对单个站台门和多个站台门故障进行处置。

(6)具备根据资讯进行分析推理、归纳总结、建构知识架构的自学能力。

知识目标

(1)掌握不同类型站台门的特点。

(2)掌握站台门机械部分的功能。

(3)掌握站台门控制系统的主要设备。

(4)掌握单个站台门和多个站台门故障的处置流程。

素质目标

(1)具备生命第一和设备安全的安全生产意识。

(2)具备以人为本、安全行车的意识。

(3)具有处理站台门故障时临危不乱、沉着冷静的岗位职业素养。

(4)具有处理站台门故障时团队协作、沟通交流能力。

任务作业单

为完成以上技能、知识和素质目标，任务作业单见表 4-8。

表 4-8　任务作业单

序号	任　务
1	熟悉车站站台门分布，并绘制某地下车站站台门布局图，并标注就地控制盘 PSL 与就地控制盒 LCB
2	分析站台门故障处理原则与站台门控制原理，分小组进行站台门故障演练： 情境一：列车进站后，发车前单个站台门故障处理； 情境二：列车进站后，发车前多个站台门故障处理

学习地图

读者自主学习参考智慧职教 MOOC 学院平台国家级精品在线开放课程“轨道交通运输设备运用”项目四任务 3 车站站台门运用，课程学习地图如图 4-31 所示。

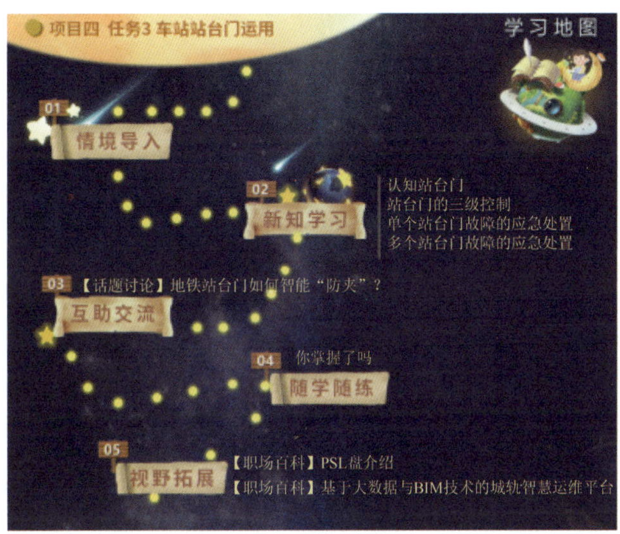

图 4-31　课程学习地图

自学资讯

1. 本任务的两种自学方式

（1）在图 4-31 中的“新知学习”模块学习。

（2）扫描二维码学习。

认知站台门

站台门的三级控制

单个站台门故障的应急处置

多个站台门故障的应急处置

2. 重要知识点

（1）车站站台门概述。

（2）站台门控制系统。

(3)就地控制盘(PSL)的操作。

(4)门道故障隔离操作。

(5)关门障碍时的操作。

(6)滑动门的手动操作。

(7)应急门的手动操作。

(8)端门的手动操作。

计划与决策

(1)根据作业情境和作业流程，进行岗位分工，明确各岗位工作职责，在本书配套实训指导手册上完成任务实施计划。

(2)形成决策意见并记录，包括所需工具(采用何种方式绘制图，站台门故障角色分配)和注意事项。

任务实施

以小组为单位，根据计划与决策，完成以下内容。

(1)绘制车站站台门布局图

①填写车站站台门站台级控制和就地级控制设备清单，见表4-9。

表4-9　设备清单

位置	设备名称	主要功能

②绘制地下车站站台门布局图。请按照滑动门、应急门、端门的布局进行站台门布局图绘制。

③标注就地控制盘PSL与就地控制盒LCB。

(2)小组演练站台门故障应急处置

情境一：列车进站后，发车前单个站台门故障应急处置。

情境二：列车进站后，发车前多个站台门故障应急处置。

相关知识

一、车站站台门概述

1.站台门的分类

站台门从封闭形式上可分为半高敞开式站台门(见图4-32)和全高封闭式站台门。

半高敞开式站台门主要安装于地面或高架车站，总体高度一般为1.2～1.5 m，主要是保障乘客的安全。目前，针对半高敞开式站台门，设置了站台门防攀爬报警装置，在正线及端墙门上设计防攀爬报警装置，能实现实时报警及远程车控室、主控界面报警功能，降低安全风险，有效节约站台岗人员数量。

全高封闭式站台门主要安装于地下车站，是现在比较常见的一种站台门形式，如图4-33所示。

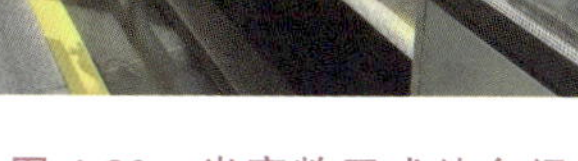

图 4-32　半高敞开式站台门

图 4-33　全高封闭式站台门

2. 站台门的功能

站台门的功能体现在三个方面：

①提高安全性，站台门系统可以提高候车安全，防止乘客因车站客流拥挤或其他原因跌落轨道。另外，避免乘客被列车活塞风吸走的潜在危险，防止无关人员进入隧道。

②改善站台环境，安装站台门后，站台区域更加舒适、美观，隔音隔热效果好。

③节约运营成本，站台门将站台与轨行区隔开，能降低站内空调系统的能耗，同时，减少了站台边缘的站务人员，节约人力成本。

3. 站台门的组成

站台门由滑动门、固定门、应急门和端门组成，如图 4-34 所示。

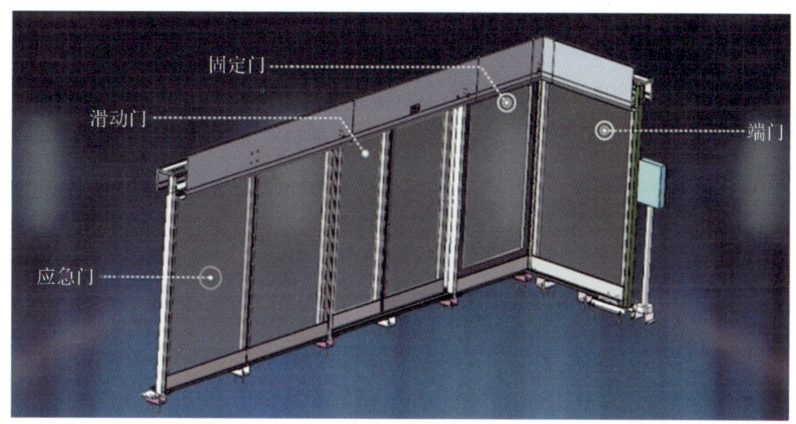

图 4-34　站台门的组成

(1)滑动门

滑动门(automatic sliding door，ASD)是与地铁列车车门一一对应的，每个门有两个门扇，向两侧滑动开启供乘客上下车。

滑动门有障碍物探测功能，当滑动门关门受阻时，探测器检测到有障碍物就会释放关门力，停顿几秒后继续关闭。若障碍物仍存在，门立即全开，然后再次关门，重复关门几次，如果门还是不能关闭，滑动门全开并报警，门状态指示灯闪烁。所以在车门关闭时抢上抢下不仅十分危险，还会影响列车正常运行。

滑动门有锁紧装置，门关闭后可防止外力作用将门打开。滑动门也有解锁机构，当滑动门由于断电或控制系统故障不能打开时，在站台侧可由工作人员用专用钥匙打开，轨道侧可由乘客扳动扳手拉开。

（2）固定门

固定门（fixed door）在滑动门与应急门之间，是不可开启的安全玻璃门体，是站台公共区与隧道区域之间的屏障。

（3）应急门

应急门（emergency escape door，EED），列车进站后，车门如果没有对准滑动门，需要使用应急门。应急门在轨道侧中部装有逃生装置推杆锁，如果需要由应急门紧急疏散时，可由站台侧工作人员用专用钥匙打开，或轨道侧由乘客扳动推压杆推开。

（4）端门

端门（manual secondary door，MSD）布置在站台门两端，正常运营状态下，端门是锁紧的。站台侧由工作人员用钥匙打开，轨道侧可直接打开。

二、车站站台门控制系统

1. 站台门控制系统的组成

站台门控制系统主要由中央接口盘（PSC）、就地控制盘（PSL）、远程监视设备（PSA）、门控单元（DCU）、通信介质及通信接口等设备组成，如图 4-35 所示。

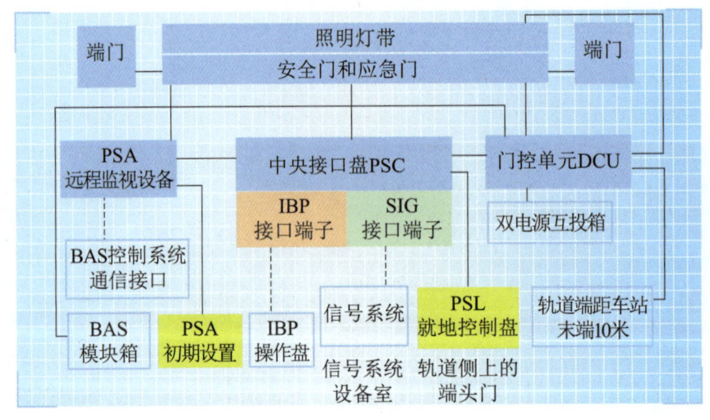

图 4-35　站台门控制系统

中央接口盘在站台门设备室，除两端车站外，每个车站都有一套中央接口盘。PSC 作为整个站台门系统的核心，起着上传下达的作用。系统运行过程中的各种状态通过 PSC 来点亮相应的指示灯，当出现异常情况时，则由 PSC 输出报警信号驱动声光报警装置，同时站台信息输入 PSC 中参与系统联锁控制。

就地控制盘在站台每侧端墙处，由驾驶员或站务人员在异常情况下对站台门进行开/关操作以及互锁解除操作。PSL 盘面上有开/关门钥匙位，可以实现整侧站台门的开/关，盘面上还有互锁解除钥匙位，可以实现互锁解除接发列车。同时，盘面上有相应的指示灯显示状态。

远程监视设备位于设备房，监视屏蔽门的运行。

门控单元位于门体处，全高门的 DCU 位于门体上方顶箱内，半高门的 DCU 位于门体左侧盒下部位置。

站台门状态报警盘(PSAP)一般设置在站台监控亭,站台门操作控制开关(PCS)在车控室内综合后备盘 IBP 上。

另外,每列站台门都由一套独立的逻辑控制子系统组成,确保一侧站台门的故障不影响另一侧站台门的正常运行。每套子系统包括门控单元、就地控制盘、控制回路及就地控制盒等,确保某一道门的故障不影响同侧其他门的正常运行。

2. 站台门的三级控制

站台门系统的控制等级有:系统级,站台级和就地级三级控制,如图 4-36 所示。其中就地级控制优先级最高,系统级控制优先级最低。

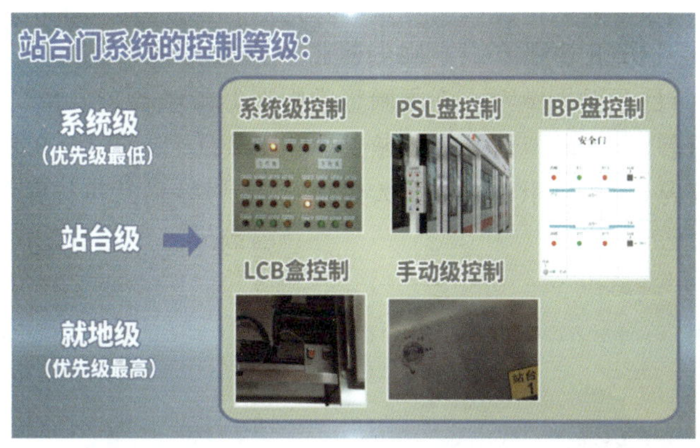

图 4-36　站台门的三级控制

三个控制等级可再细分为五种控制方式:系统级控制,即信号系统自动控制站台门,站台门随车门自动关闭;PSL 盘控制(见图 4-37),即站台级控制,自动控制系统故障时由工作人员在站台两端墙处操作;IBP 盘控制(见图 4-38),当发生火灾等紧急情况下,需要车站疏散时,由行车值班员在车控室内操作;LCB 盒控制(见图 4-39),即单档门就地级控制,由工作人员在站台门处操作;手动级控制,用钥匙开启或关闭站台门。

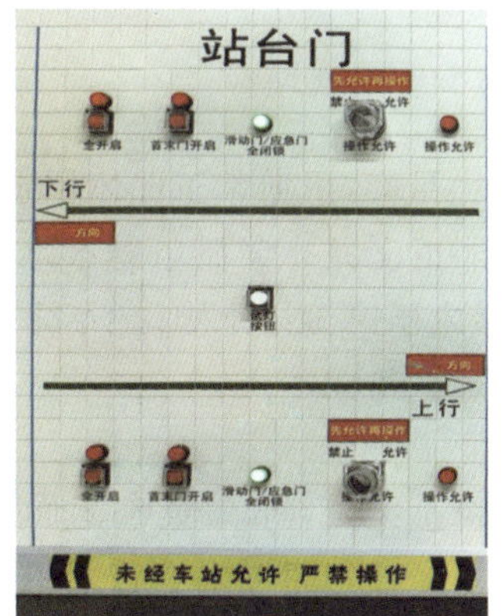

图 4-37　PSL 盘控制　　图 4-38　IBP 盘控制

(1)系统级控制

系统级是自动化程度最高的一级,系统级控制是正常运行模式下由信号系统直接对站台门进行控制的方式,也就是由中央接口盘控制。

列车进站并停在允许的误差范围内，ATC发送开门信号至站台门控制系统中的中央接口盘，中央接口盘再将开门信号发送到各滑动门上方的门控单元，车门与滑动门同步开启。

门控单元将开门信号反馈回信号系统，防止司机误操作而导致的列车启动，乘客上下车结束后，司机确认站台情况正常，在司机室按下关门按钮，发送信号至ATC，ATC将关门信号再发送至中央接口盘，中央接口盘再发送关门信号至门控单元，车门与滑动门同步关闭。当所有滑动门完全关闭并锁紧后，门控单元向中央接口盘反馈“闭锁”信息到信号系统，此时司机可驾驶列车出站。

(2)站台级控制

如果信号系统故障，列车到站自动控制系统因故不能正常工作，此时系统级控制将无法实现，需要在PSL盘上操作(见图4-40)。PSL操作盘，即站台级控制，站台级还可实现ASD/EED与信号系统的互锁解除，强制发出闭锁信息，使列车尽快离站出发。

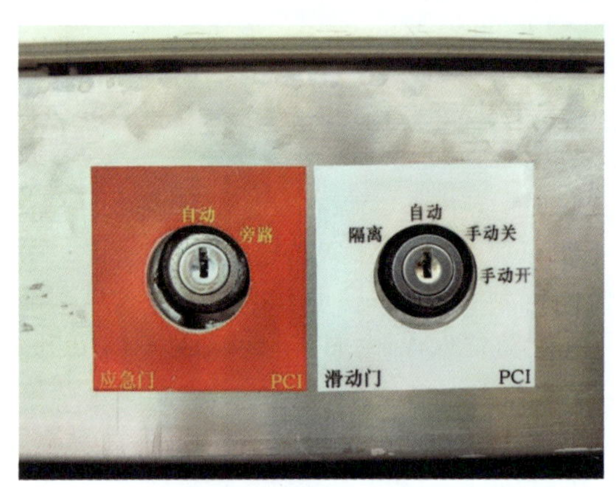

图4-39　LCB盒控制

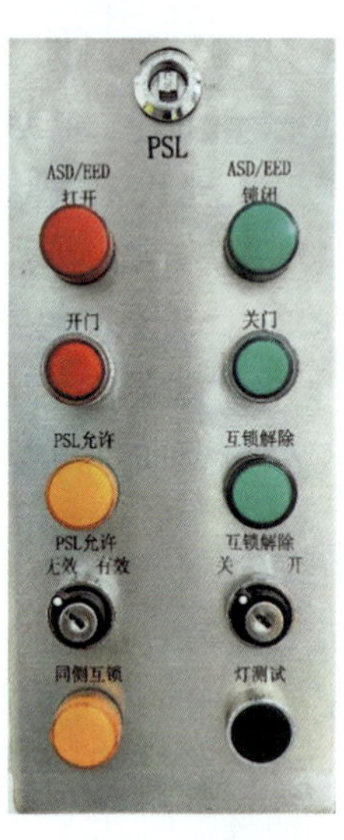

图4-40　PSL盘面控制模块

(3)就地级控制

就地级由站台人员或乘客对站台门进行手动操作。站台人员在站台侧用钥匙手动开启站台门，或乘客在轨道侧操作开门把手打开站台门。

三级控制中优先级最高的为就地级，最低的为系统级。

技能训练

技能训练一　就地控制盘的操作

操作前提：当因信号系统故障失效或站台门系统控制柜对站台门控制单元控制故障时，由司机或被授权操作人员操作就地控制盘控制站台门的开关。

1. 操作就地控制盘打开站台门

第一步：插入钥匙，转动到“门关闭”位，停顿1 s。

第二步：再转动钥匙至“门打开”位，保持5 s，确保整侧站台门打开完毕。

第三步：取出钥匙并带走，操作完毕。

2. 操作就地控制盘关闭站台门

第一步：插入钥匙，转动钥匙到“门关闭”位，保持 5 s，整侧站台门关闭完毕，“ASD/EED 门关闭”绿灯亮后，才可将钥匙回到禁止位。

第二步：取出钥匙并带走，操作完毕。

3. ASD/EED 互锁解除的操作

位于互锁解除位置时，强行给出 ASD/EED 互锁已解除的信号，让列车继续前行或进入车站。

第一步：插入钥匙转动至互锁解除位置并保持。

第二步：确认列车驶出安全距离后或停车到位后，松开钥匙开关。

第三步：取出钥匙并带走，操作完毕。

技能训练二　门道故障隔离操作

第一步：当某个门道出现故障不能关闭时，插入模式开关钥匙切换到隔离位置（转向左边），隔离该档门。

第二步：排除故障后，将该门道的模式钥匙开关切换到自动位置（中间位置），将门恢复到自动控制

第三步：钥匙从开关上取出并带走，操作完毕。

技能训练三　关门障碍时的操作

第一步：门关闭时，如遇障碍物，门会自动弹开一段距离，障碍物清除后，门关闭且锁紧。

第二步：如果障碍物依然存在，循环四次后，门完全打开，门头灯发出声光报警。

第三步：经授权人员操作隔离该门道，并向相关人员报告。

技能训练四　滑动门的手动操作

操作前提：当系统级控制和站台级控制均不能操作屏蔽门时。

站台侧：在站台侧由站台工作人员用钥匙打开滑动门，用力向两边推开，拔出钥匙，门头灯亮。

轨道侧：在轨道侧由司机通过车内广播通知乘客使用滑动门上的手动解锁把手自行开启屏蔽门。

技能训练五　应急门的手动操作

操作前提：当列车无法在规定范围内停车，且偏离量较大，而且乘客无法从滑动门进出时。

站台侧：站台工作人员在站台侧用钥匙打开应急门，用力朝站台方向拉开，拔出钥匙，门头灯亮。

轨道侧：在轨道侧由列车司机通过广播指导乘客压推杆锁打开应急门。

技能训练六　端门的手动操作

操作前提：当隧道内发生火灾、列车出轨等情况，需要在隧道内停车时。

开门方法与应急门相同，端门开启时，门头灯亮。

检查与评价

任务评价见表 4-10。

表 4-10　任务评价

项目四任务 3　车站站台门运用					综合得分
姓　　名		自我评价	小组评价	教师评价	
组　　别					
组员姓名					
知识技能评价	1. 能识别站台门的机械组成部分； 2. 能识别不同类型的站台门； 3. 能识别出应急门、滑动门、端门等； 4. 能进行站台门站台级、就地级的操作控制； 5. 能对单个站台门和多个站台门故障进行处置； 6. 掌握不同类型站台门的特点； 7. 掌握站台门机械部分的功能； 8. 掌握站台门控制系统的主要设备； 9. 掌握单个站台门和多个站台门故障的处置流程				
方法能力评价	1. 具备根据资讯进行分析推理、归纳总结、建构知识架构的自学能力； 2. 具有处理站台门故障时团队协作、沟通交流能力				
思政评价	1. 具备生命第一、站台门设备操作安全的安全生产意识； 2. 具备以人为本、安全行车的意识； 3. 具有处理站台门故障时临危不乱、沉着冷静的岗位职业素养				

反馈与改进

通过检查与评价得到反馈，进行反思，并撰写实训指导手册任务总结。

记录人		时间	
总结报告	请通过评价反馈，反思本人对车站站台门系统的认知、理解和使用所存在的不足，并谈谈本任务实施过程中的体验和感悟		

完善与拓展

读者可通过图 4-31 所示的“视野拓展”模块学习拓展内容。

巩固与提高

一、赛中学

可利用全国职业院校技能大赛高职组“城轨智能运输（赛项编号：GZ071）”竞赛平台的站台门故障处置内容，进行以下车站四个故障场景的应急处置演练：

(1)单门关门故障先期处置。

(2)多门关门故障先期处置。

(3)单门开门故障先期处置。

(4)多门开门故障先期处置。

二、思考与提高

(1)简述站台门故障暂时无法处理时的操作要点。

(2)可以整侧控制站台门开启与关闭的控制方式有哪些?

(3)简述站台门五种控制方式的优先等级。

任务4　车站其他机电设备运用

情境导入

车站控制室,简称车控室,这个看似不起眼的玻璃房间可是车站运作的"指挥中心",是整个地铁车站设施设备联动以及行车组织、客运组织、施工组织最核心的地方,好比人体的大脑。

车控室内还有一种相当于车站"心脏"的重要设备——综合后备盘(integrated backup panel,IBP),在正常状况下不可轻易触碰。在紧急情况下,综合后备盘发挥重要作用。

请大家结合学过的知识思考,IBP盘可以用来做什么呢?

学习目标

技能目标

(1)了解自动售检票系统的技术发展趋势。

(2)了解给排水、暖通空调、环境与设备监控系统(building auctomatic system,BAS)的前沿技术。

(3)能识别并操作IBP盘各功能模块。

(4)能利用IBP盘对突发事件进行处置。

(5)具备根据资讯进行分析推理、归纳总结、建构知识架构的自学能力。

知识目标

(1)掌握自动售检票系统、给排水系统、暖通空调系统、环境与设备监控系统(BAS)的功能。

(2)掌握IBP盘的功能组成。

(3)掌握IBP盘应急处置的流程。

素质目标

(1)具备生命第一和设备安全的安全生产意识。

(2)具备以人为本、安全行车的意识。

(3)具有防微杜渐、细致负责的岗位职业素养。

(4)具有处理紧急情况时团队协作、沟通交流能力。

任务作业单

为完成以上技能、知识和素质目标,任务作业单见表4-11。

表 4-11　任务作业单

序号	任　务
1	搜集至少四种不同线路不同车站车控室的 IBP 盘面布局图，分析四种 IBP 盘面的相同点与不同点
2	分小组演练 IBP 盘面不同模块的应用场景，总结该模块在该场景下的操作要点并录制操作视频

学习地图

读者自主学习参考智慧职教 MOOC 学院平台国家级精品在线开放课程“轨道交通运输设备运用”项目四任务 4 车站其他机电设备运用，课程学习地图如图 4-41 所示。

图 4-41　课程学习地图

自学资讯

1. 本任务的两种自学方式

（1）在图 4-41 中的“新知学习”模块学习。

（2）扫描二维码学习。

车站控制室IBP盘的操作

2. 重要知识点

（1）车站其他机电设备。

（2）车站控制室 IBP 盘。

（3）隧道照明的手动操作。

（4）出入口照明的手动操作。

（5）隧道温度报警处理。

计划与决策

（1）根据作业情境和作业流程，进行岗位分工，明确各岗位工作职责，在本书配套实训指导书上完成任务实施计划。

（2）形成决策意见并记录，包括所需工具（如何获取 IBP 盘面图，采用哪条线路进行分析，

IBP 盘面模块处理角色分配）和注意事项。

任务实施

以小组为单位，根据计划与决策，完成以下训练。

不同类型 IBP 盘面对比分析

①不同类型 IBP 盘面展示。

②不同 IBP 盘面分析，见表 4-12。

表 4-12 IBP 盘面分析

模块名称	IBP 盘面编号	说明分析
信号模块		
站台门模块		
AFC 闸机模块		
……		

相关知识

一、车站其他机电设备

车站其他机电设备包括自动售检票系统、给排水系统、暖通空调系统、环境与设备监控系统（building automatic system，BAS）等，这些系统确保车站保持舒适、安全、美观的环境条件，同时，环境与设备监控系统是可以监控暖通空调系统、低压照明系统、给排水系统、站台门等设备。

1. 自动售检票系统

自动售检票系统（automatic fare collection，AFC），是基于计算机、通信、自动控制等技术，利用 AFC 终端设备，实现轨道交通自动售票、检票、计算、收费、统计、清分等功能的自动化管理系统。通常，将 AFC 系统划分为综合中央计算机系统、线路中央计算机系统、车站计算机系统和车站终端设备。

随着新型互联网技术的发展，互联网＋AFC 的技术创新，给传统 AFC 系统带来了技术、业务、管理等多方面的变革。AFC 的技术架构开始采用新型互联网 IT 架构，利用 AFC 云平台，在终端业务中采用了银联云闪付、手机 NFC、支付宝、微信甚至刷脸支付等各种技术。新的支付技术有效解决了购票效率低、客流高峰期排队购票时间长、车票单次使用成本大等问题，同时也为不常用地铁出行的乘客（包括外地乘客）提供更多便捷的出行体验。

以广州地铁为例，新型 AFC 系统兼容现有的所有支付方式，已成功构筑基于互联网的乘车多元支付格局，全线网开启“云支付”购票功能，广州成为全国首个支持地铁全线网“云支付”购票的城市；广州地铁全线网率先实现金融 IC 卡和 NFC 手机云闪付过闸、全线网支持 Apple Pay 过闸、全线网二维码车票过闸功能。

未来，AFC 系统设备将趋向于智能化、信息化、数字化方向，实现新的变革，主要体现在如下几个方面：

(1)智能客服中心

为了让智慧服务覆盖更多地铁站，惠及更多乘客，为市民带来更高质量的出行体验，以广州地铁为例，智能客服中心(见图 4-42)于 2022 年 9 月在广州地铁线网 50 个车站全面落地上线，取代部分人工处理业务的功能。

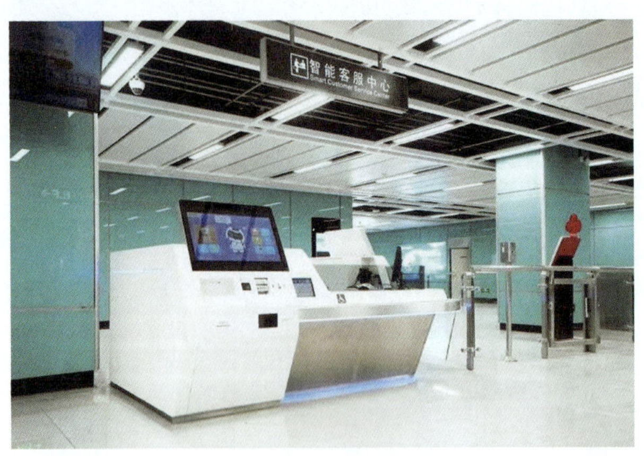

图 4-42　智能客服中心

相较于老式的票亭，智能客服中心不仅在外观上更科技化，功能也更智能，是集票卡处理、电子发票、语音问询、资讯查询为一体的综合智能化设备，将有效实现广大乘客更快速、精准的票务服务响应，为乘客带来更快捷更自助的搭乘地铁出行体验。智能客服中心界面如图 4-43 所示。

图 4-43　智能客服中心界面

票卡类型和支付方式有更多选择。在票卡处理方面，乘客可以自助处理单程票、日票、羊城通、二维码、金融 IC 卡等各类车票。同时支持支付宝、微信等电子支付和现金支付，大大丰富了乘客的自助化和多元化使用需求。

外观设计彰显人性化友好关怀。智能客服中心在外观设计上融入了高低位台，更有利于轮椅乘客、小朋友等特殊群体使用，同时可通过资讯信息直观看到地铁车站布局结构，清晰精准指引乘客，是地铁继智能化设计初衷之外人性化服务的体现。

语音交互随时与客服机器人对话。智能客服中心不仅可以处理票卡，乘客还可以通过语音问询、屏幕点选等不同方式，与智能机器人悠悠互动，自助查询线路、换乘、票价、车站布局等相关出行资讯，有需要时还可直接拨打屏幕人工求助与客服人员联系。

(2)生物特征识别车票

AFC 系统目前的发展方向为识别、发售“生物特征识别车票”，生物特征识别车票包括但不限于人脸、指纹、虹膜、指静脉、声波等虚拟车票。

人脸识别过闸(见图 4-44)、无感过闸是广州地铁《新时代广州轨道交通体系(2025)白皮书》的重要内容之一。目前广州地铁有部分线路支持人脸识别车票与地铁二维码车票绑定、进出闸支持“刷脸支付”功能，满足人脸图像预处理、人脸图像特征提取以及匹配与识别的功能，实现对 Face ID 的分析、验证、确认、反馈，并通过清分系统进行数据交换。

目前人脸识别算法仍不完善，同时存在监管制度及乘客隐私泄露的担忧，故而目前未进一步推广。人脸过闸技术仍需进一步完善，为乘客带来新的过闸体验。

2023 年 5 月 21 日，北京轨道交通大兴机场线刷掌乘车服务正式上线。乘客通过注册开通刷掌乘车服务后，即可在该条地铁线路刷掌过闸乘车。刷掌采用了目前最先进的“掌纹＋掌静脉”识别技术(见图 4-45)，针对“无介质”“非接触”“高便捷”“高安全”等用户需求提供了补充支付方式。促进效率提升的同时，微信刷掌也极大地简化了用户操作，从而让新科技能够对老人更友好、对各类身体不便者更加无障碍。

图 4-44　人脸识别过闸

图 4-45　刷掌过闸

2. 给排水系统

车站的给排水系统是为了满足站内生产生活用水以及消防用水的正常使用，满足生活生产污水的收集和处理，以及车站和车辆段排水通畅。车站给排水系统包括给水系统和排水系统，给水系统包含了生活生产、消防的给水；排水系统包含了污水系统、废水系统和雨水系统。给排水系统的主要设备有水泵、消火栓等。

(1)水泵

根据水泵的工作原理，水泵可分为叶片式泵、容积式泵和其他类型泵。叶片式泵是利用工作液体的高速旋转运动使液体能量增加，容积式泵则是利用工作体对液体的挤压运动使液体能量增加，两者的作用原理不同。其他类型泵是指除叶片式泵和容积式泵以外的其他特殊类型的泵。

(2)消火栓

消火栓是给排水中消防用水的重要设备，按照安装位置的不同可分为室内消火栓和室外消火栓。

室内消火栓常见于车站、控制中心和车辆段等建筑物内。室内消火栓通常以消火栓箱的形式出现，其包括箱体、水带、水枪、消火栓、水阀等设备。

室外消火栓通常与城市自来水管网相连，可供消防车取水，也可直接连接水带和水枪，室外消火栓分为地上消火栓和地下消火栓两种。

3.暖通空调系统

车站的暖通空调系统对车站站台、站厅、设备房、管理用房、隧道等位置进行空气处理，调节空气的温度、湿度、流速和空气品质等因素，以此为乘客创造舒适、健康的乘车环境。但是在地铁网络能源消耗上，空调系统能耗占比约为车站能耗的30%以上，若不计牵引能耗，空调系统能耗更是达到车站常规能耗的50%以上。随着技术的发展，高效节能的环控系统正应用于车站中，而空调系统能耗中，约70%左右的能耗消耗在制冷机房系统内。因此，针对地铁地下车站，高效制冷主机房的设计和运行，对实现地铁地下车站的绿色节能建设和运行是十分有必要的。

根据设备位置的分布，车站暖通空调系统由隧道通风系统、车站公共区通风空调系统、车站设备管理用房通风空调系统和水系统组成。

(1)新型暖通空调系统节能新技术

①设备选型优化。

采用变频螺杆冷水机组，以适应地铁车站空调负荷的时段性和季节性变化，使其能够根据现场负荷变化调节运行频率，耗能量比传统非变频螺杆机少。冷冻冷却水泵、冷却塔、末端空调柜及风机均采用变频控制以匹配冷水机组不同工况下的变频运行。

②冷冻出水高水温优化。

空调冷冻水供水温度提高可提高系统能耗比，在满足车站负荷需求的前提下，同时冷冻水流量满足系统运行所需最低要求时，提高冷冻水出水温度便可降低能耗。

图 4-46　冷水机组

③环控系统实时调节控制。

通过环控节能系统平台，将车站通风制冷设备如冷水机组(见图 4-46)、冷冻水泵(见图 4-47)、冷却塔、环控水泵、空调柜、新风机、设备管路(见图 4-48)进行总体控制，使各个设备运行互相匹配，寻求既满足于现场供冷需求又耗能最低的最优控制工况，从而达到节能降耗的目的。

图 4-47　冷冻水泵

图 4-48　设备管路

(2)新型车站暖通空调系统界面

①通风系统界面(见图 4-49)。

车站通风系统设备运行情况及当前执行模式显示,可直观观测运行频率、车站温度、湿度、二氧化碳浓度信息,从而具备数字化管理功能。

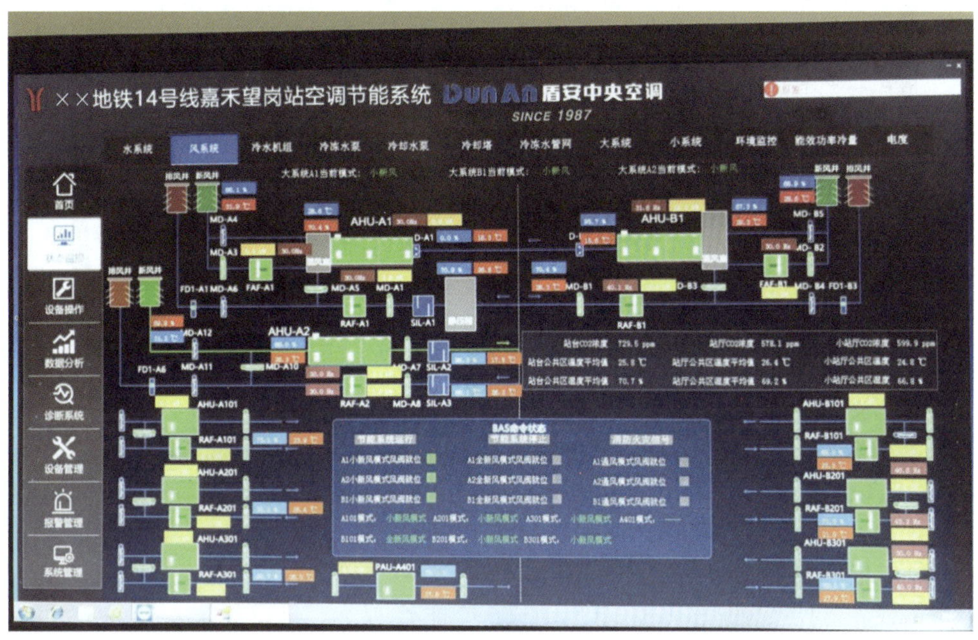

图 4-49　通风系统运行界面

②水系统界面(见图 4-50)。

车站水系统设备运行情况及当前执行模式显示,可直观观测运行频率、流量、压力、水温度信息。

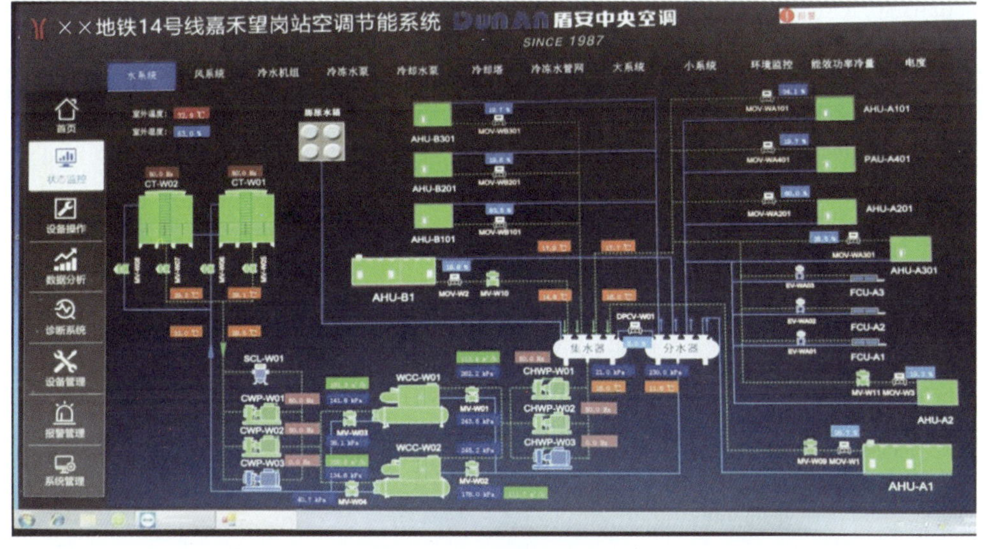

图 4-50　水系统运行界面

③设备操作界面(见图 4-51)。

可对设备进行单体、总体控制操作,并切换手/自动权限。

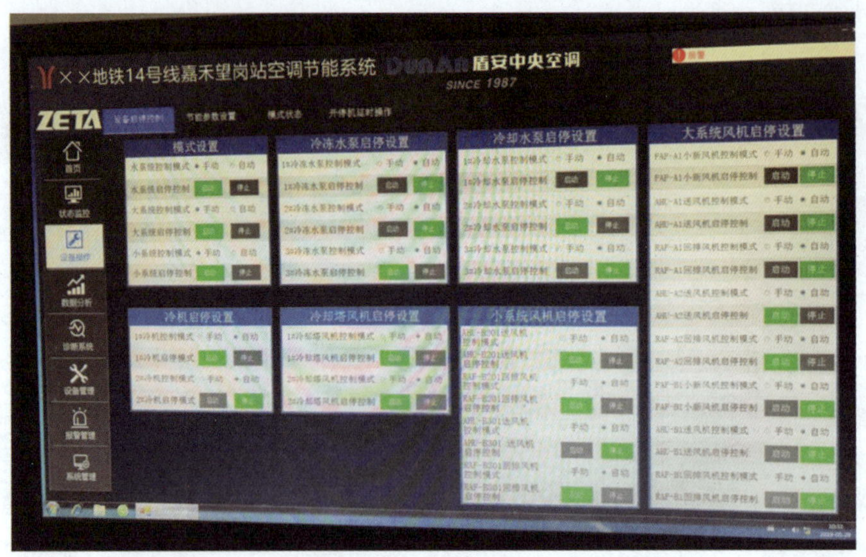

图 4-51　暖通空调系统设备操作界面

4. 环境与设备监控系统

环境与设备监控系统是将环控、低压、照明、给排水、站台门等设备以集中监控为目的而构成的综合自动化系统。机电设备监控系统实现了对现场机电设备运行状态进行实时集中监视、控制和报警,降低了设备操作的复杂性和操作难度。

(1)组成

环境与设备监控系统组成两级(中央级和车站级)管理体系,实现三级控制功能。具体由设置在车站环控电控室的环境与设备监控系统设备、现场系统设备等组成。机电设备监控系统通常由中央、车站、就地三个层级实现对相关设备的监视和控制,作用优先级为中央级＜车站级＜就地级。

(2)功能

①中央级功能。

BAS 系统的监控核心主要是中央级监控系统,它的功能设计面向整个地铁的运营、监控、管理和维护。应用于机电设备运营管理中的数据设置、遥控和模式控制等功能,为环控技术提供全局性和高效实用性的监控操作。

②车站级功能。

车站环境与设备监控系统是以车站为单位的独立系统,只负责完成车站内的环境与设备监控系统功能,主要负责采集信号、转换和传输、显示与诊断、单台设备的控制和联锁的功能。

在突发事件处理中,以消防事件为例,机电设备监控系统有如下功能:

a. 接收火灾自动报警系统发送的火灾信息,控制车站相关设备执行设定的火灾模式,如控制环控系统执行排烟模式,开启紧急疏散导向,切断三级电源。

b. 在列车发生火灾时,接收行车信号系统发送的列车区间停车位置信号,控制隧道通风系统进行排烟。

二、车站控制室 IBP 盘

综合后备盘(integrated backup Panel,IBP)是一种人机接口装置,设置在每个车站的车站控制室。当中央级控制发生通信故障或车站级控制发生人机界面故障时,作为车站主控系统的后备设备,在紧急情况下将控制方式转换到本地后,使用按键式模拟控制,以支持车站的继续监视和控制功能。

IBP 盘一般分信号模块、屏蔽门模块、AFC 闸机模块、门禁系统、环境与设备监控系统 BAS 等盘面,每一个盘面在操作和控制上互不相关,为操作员提供一个集成的硬件安装平台,使车控室整洁美观。

1. 信号模块

当车控室值班人员发现紧急情况,需要列车紧急停车时,比如通过监控发现列车夹人夹物已动车,可在 IBP 盘上(见图 4-52)按下紧急停车按钮(红色),当事件处理完毕后按下取消紧停按钮(黄色)。

2. 站台门模块

当出现紧急情况,车控室内值班人员可通过 IBP 盘(见图 4-53)控制站台门的开关。

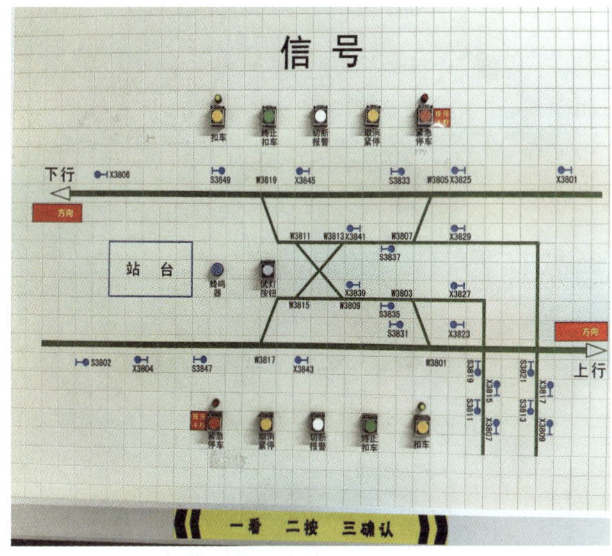

图 4-52　IBP 盘信号模块

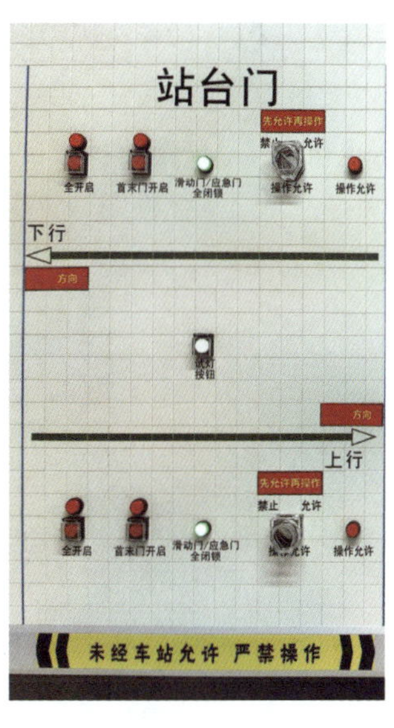

图 4-53　IBP 盘站台门模块

①当需要测试盘面指示灯是否完好时,按压试灯按钮,按下后各状态指示灯亮,表示盘面指示灯完好。

②当按下开门按钮可控制该侧站台门的整侧开,按下关门按钮可控制该侧站台门的整侧关。

3. AFC 闸机模块

当突发情况出现,需要紧急疏散站内人员时,车控室值班人员可通过按压紧急释放按钮,对自动售检票系统的闸机(见图 4-54)进行紧急释放,此时站内闸机处于全开状态。

图 4-54　IBP 盘闸机模块

①若钥匙开关在联动允许位置,火灾自动报警系统(automatic fire alarm system,FAS)系统可直接联动 AFC 闸机紧急释放。

②若钥匙在联动禁止位置，FAS 系统不可以直接联动 AFC 闸机紧急释放。

③无论钥匙开关在什么位置，IBP 盘的紧急释放按钮均能起作用。

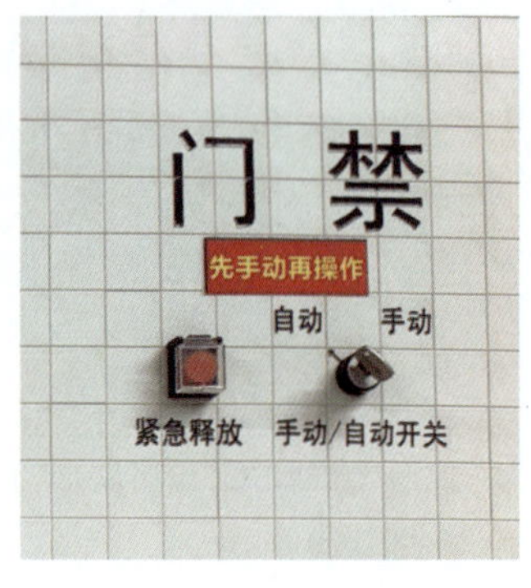

图 4-55　IBP 盘门禁系统

4. 门禁系统（见图 4-55）

紧急情况下实现对门禁系统的紧急释放。

第一步，将钥匙开关置于“允许”位。

第二步，按压紧急释放按钮，通过切断门禁控制器回路电源直接使门禁处于打开状态，实现对门禁系统的紧急释放。

当钥匙开关置于“禁止”位时，IBP 盘无操作权限，按钮不起作用。

5. BAS 模块操作

在 BAS 的操作控制中，遇到紧急情况，可通过 IBP 盘面上的 BAS 模块直接完成灾害模式下的工况转换，BAS 的盘面包括了 IBP 控制及报警、隧道通风系统、车站环控（设备管理用房及车站公共区）、自动扶梯、区间水泵（高水位报警）。

（1）车站通风模块

正常情况下，该盘面的手动/自动钥匙开关置于“自动”位置，环控设备控制权限交由人机界面，也可与 FAS 联动执行灾害模式，如图 4-56 所示。

紧急情况下，可将钥匙开关置于“手动”位，环控设备控制权限交由 IBP 盘面，可在盘面下发火灾、阻塞模式，也可人工按下“火灾撤销模式”按钮，撤销车站灾害模式。

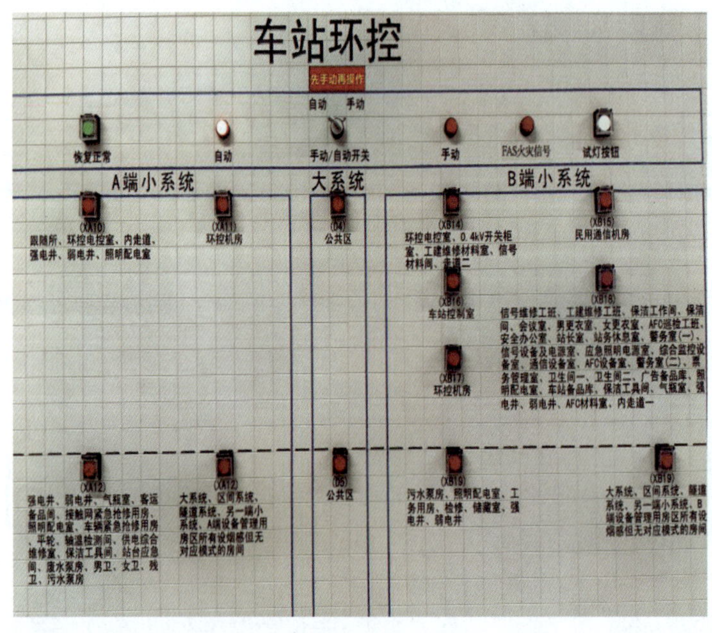

图 4-56　IBP 盘车站环控系统

（2）隧道通风盘面和车站环控盘面

当发生火灾或阻塞时，在确定火灾或阻塞位置后，紧急情况下将 IBP 控制及报警盘面上的钥匙置于“手动”位；按下相应模式按钮，根据地铁车站设计的火灾模式，联动对应系统通风排烟的风机风阀设备及其他系统设备，如图 4-57 所示。

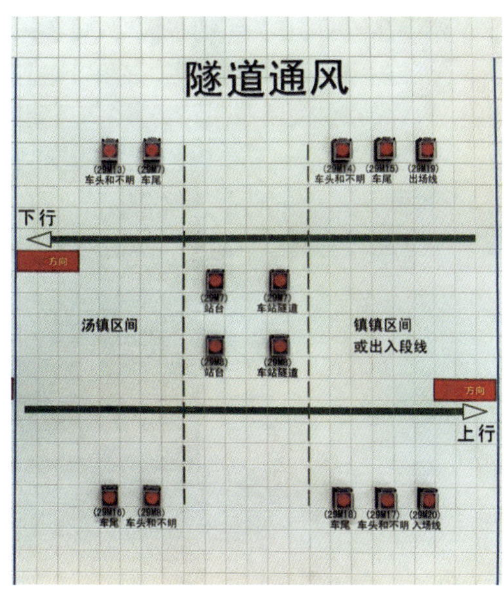

图 4-57　IBP 盘隧道通风模块

火警取消后，按下“撤销火灾模式”按钮，撤销车站灾害模式。或在 IBP 控制及报警盘面上将钥匙置于“自动”位，从人机界面退出对应系统灾害模式，同时将对应系统投入正常运行工况。注意，撤销火灾模式按钮仅撤销火灾模式，不撤销阻塞和正常模式。

(3)自动扶梯盘面

当需要在 IBP 远程停梯时，在确定现场扶梯安全的情况下，按下“急停”按钮，该扶梯停止；当需要扶梯重新运行时，根据运营需要，需人员到现场开启扶梯的上行或下行；扶梯“急停”按钮不受图 4-58 所示 IBP 控制及报警盘面的手动/自动钥匙转换开关限制。

(4)区间水泵盘面

当区间水泵有高水位报警时，声光报警器会启动，向工作人员报警，“报警消音”按钮现场确认后可消除报警，如图 4-59 所示。

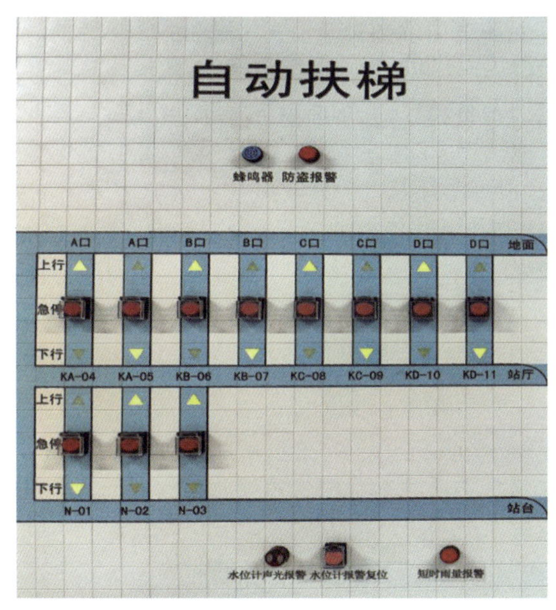

图 4-58　IBP 盘自动扶梯模块

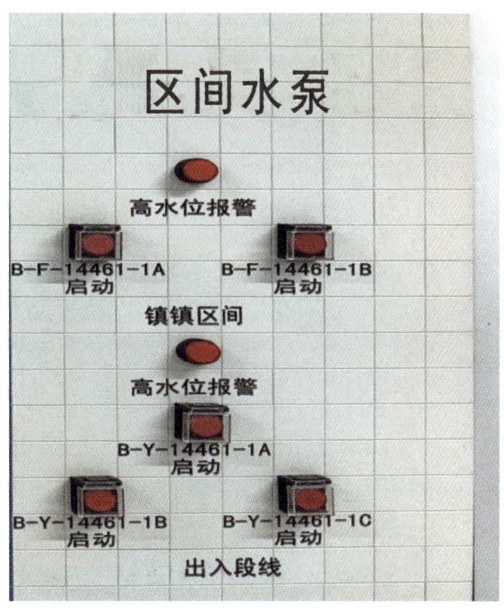

图 4-59　IBP 盘区间水泵模块

技能训练

技能训练一　隧道照明的手动操作

操作前提：一般情况下，区间照明的配电箱在各自区间的端门外，车站日常将此开关打为常开，当远程控制故障需要手动开启时，可在车站低压配电室找到相应区间照明的开关柜。

第一步：确认开关手柄指向“1”位置。

第二步：将“手/自动”开关置于“HAND”手动位，按下“ON”键，确认“ON”指示灯点亮后，表示开启成功。关闭照明只需按“OFF”即可，相应“OFF”指示灯会点亮，见图 4-60。

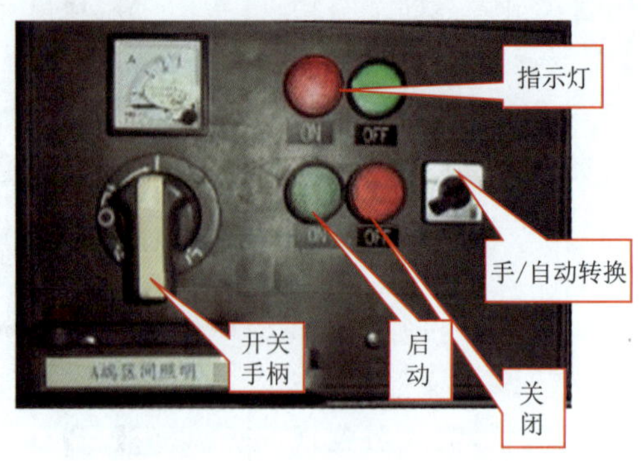

图 4-60　隧道照明操作盘

技能训练二　隧道温度报警处理

第一步：当测温主机发出报警声，同时系统计算机人机界面上对应报警地点的图标颜色发生变化时，表示隧道温度异常（红色图标表示火警，粉红色图标表示二级预警，紫色图标表示一级预警），车控室工作人员应立即在计算机上查看报警信息，并报告给 OCC 环调。

第二步：如果确认属于系统误报，点击软件工具栏中的“”停止按钮，进行报警消音。随后向维修工程部自动化车间调度通报相关报警信息。

第三步：如果确认发生火灾，按照 OCC 环调指令执行。

检查与评价

任务评价见表 4-13。

表 4-13　任务评价

<table>
<tr><td colspan="5">项目四任务 4　车站其他机电设备运用</td><td rowspan="4">综合得分</td></tr>
<tr><td>姓　　名</td><td></td><td rowspan="3">自我评价</td><td rowspan="3">小组评价</td><td rowspan="3">教师评价</td></tr>
<tr><td>组　　别</td><td></td></tr>
<tr><td>组员姓名</td><td></td></tr>
<tr><td>知识
技能评价</td><td>1. 能判断自动售检票系统的技术发展趋势；
2. 能跟踪给排水、暖通空调、环境与设备监控系统的前沿技术；
3. 掌握 IBP 盘的功能组成；
4. 掌握 IBP 盘应急处置的流程；
5. 掌握自动售检票系统、给排水系统、暖通空调系统、环境与设备监控系统的功能；
6. 能识别 IBP 盘上的各个功能模块；
7. 能正确进行 IBP 盘上各个模块的操作；
8. 能利用 IBP 盘对突发事件进行处置</td><td></td><td></td><td></td><td></td></tr>
</table>

续上表

<table>
<tr><td colspan="5">项目四任务 4　车站其他机电设备运用</td><td rowspan="4">综合得分</td></tr>
<tr><td>姓　　名</td><td></td><td rowspan="3">自我评价</td><td rowspan="3">小组评价</td><td rowspan="3">教师评价</td></tr>
<tr><td>组　　别</td><td></td></tr>
<tr><td>组员姓名</td><td></td></tr>
<tr><td>方法
能力评价</td><td>1. 具备根据资讯进行分析推理、归纳总结、建构知识架构的自学能力；
2. 具备 IBP 盘面各模块应急处理时团队协作、沟通交流能力</td><td></td><td></td><td></td><td rowspan="2"></td></tr>
<tr><td>思政评价</td><td>1. 具备车站机电设备操作的安全生产意识；
2. 具备以人为本、安全行车的意识；
3. 具有防微杜渐、细致负责的岗位职业素养；
4. 具有处理紧急情况时团队协作、沟通交流能力</td><td></td><td></td><td></td></tr>
</table>

反馈与改进

通过检查与评价得到反馈，进行反思，并撰写实训指导手册任务总结。

记录人		时间	
总结报告	请通过评价反馈，反思本人对车站 IBP 盘的认知、理解和使用所存在的不足，并谈谈本任务实施过程中的体验和感悟		

完善与拓展

(1)读者可通过图 4-41 所示的“视野拓展”模块学习拓展内容。

(2)进行智慧车站新型机电设备前沿技术的探索。

巩固与提高

一、赛中学

请在 IBP 盘上进行通风模块、闸机模块以及站台门模块的应急操作演示。

二、思考与提高

(1)讨论现有的智慧车站应用还有哪些新技术。

(2)简述环境与设备监控系统的功能体现在哪些方面?

(3)IBP 盘上各个系统模块的控制中，其控制等级是否优先于该系统模块的系统级控制或就地级控制?

参 考 文 献

[1] 费安萍.城市轨道交通运输设备的运用[M].北京:中国铁道出版社有限公司,2020.
[2] 费安萍.城市轨道交通运输设备的运用[M].成都:西南交通大学出版社,2008.
[3] 张唯.铁道运输设备[M].北京:中国铁道出版社,2002.
[4] 林瑜筠.城市轨道交通运输设备[M].北京:中国铁道出版社,2008.
[5] 胡思继.铁路行车组织[M].北京:中国铁道出版社,2008.
[6] 赵况英,冯俊杰.铁路行车组织[M].北京:中国铁道出版社,2002.
[7] 季令,张国宝.城市轨道交通运营组织[M].北京:中国铁道出版社,2003.
[8] 魏晓东.城市轨道交通自动化系统与技术[M].北京:电子工业出版社,2004.
[9] 何宗华,汪松滋,何其光.城市轨道交通运营组织[M].北京:中国建筑工业出版社,2003.
[10] 费安萍.轨道交通运输设备运用[M].北京.中国铁道出版社,2012.
[11] 毛保华,姜帆.城市轨道交通[M].北京:科学出版社,2002.
[12] 郭喜春,王国博,孙龙梅,铁道概论[M].北京:中国铁道出版社有限公司,2023.
[13] 林瑜筠.计算机联锁[M].北京:中国铁道出版社,2016.
[14] 张树峰.铁路运输设备[M].上海:上海交通大学出版社,2020.
[15] 中国铁路总公司.铁路技术管理规程[M].北京:中国铁道出版社有限公司,2020.